F

CODE

DES

BREVETS D'INVENTION,

DE PERFECTIONNEMENT

ET D'IMPORTATION.

PARIS.
{
A. EYMERY, libraire, rue Mazarine, n.º 30.
WARÉE, libraire, Palais de Justice.
DELAUNAY, libraire, Palais-Royal.
}

LYON.
{
DURAND ET PERRIN, imprimeurs, rue du Plat, n.º 15.
BOHAIRE, libraire, rue Puits-Gaillot, n.º 9.
CHAMBET FILS, libraire, quai des Célestins, n.º 2.
}

IMPR. DE DURAND ET PERRIN,
succ. de Ballanche et de Cutty.

CODE

DES

BREVETS D'INVENTION,

DE PERFECTIONNEMENT

ET D'IMPORTATION.

PAR LE CH.ᴇʀ BLANC-S.ᵗ-BONNET,

AVOCAT A LA COUR ROYALE DE LYON.

> L'industrie des peuples et la prospérité
> des manufactures, sont la richesse la
> plus sure d'un état.
>
> COLBERT.

A PARIS,

CHEZ AUDIN, LIBRAIRE,

Quai des Augustins, n.º 25.

OCTOBRE 1823.

AVERTISSEMENT.

DANS le système de notre législation générale, toutes les parties qui la composent ont leur code ou leurs traités particuliers. On cherche vainement dans cette collection *le Code des Brevets d'invention, de perfectionnement et d'importation.* Cependant, la nécessité d'un ouvrage sur cette matière, se fait sentir davantage si l'on considère que les arts et l'industrie en France exercent une grande influence sur la prospérité nationale, sur le bien-être général, sur le commerce intérieur et extérieur.

De toutes parts on s'est occupé de réparer les ruines que la révolution avait laissées. Tout ce qu'il y a d'hommes éclairés, de savans économistes, de profonds jurisconsultes, de législateurs distingués ont travaillé et travaillent avec autant de zèle que d'activité à préparer de bonnes lois, à en donner la pensée au gouvernement, à en réclamer l'adoption; mais, dans cette carrière d'un immense horizon, leurs lumières, leurs efforts et leurs veilles n'ont pas été toujours couronnés du succès. Nos lois sont loin d'avoir atteint à la perfection. L'expérience prouve chaque jour le besoin de réformer en beaucoup de points notre législation civile, criminelle et commerciale, notre système hypothécaire; de donner à l'agriculture un code rural, et personne ne s'est occupé de la législation des Brevets d'invention.

Peut-on nier que ce sujet ne soit d'une haute importance! Les inventeurs, dans les Etats qui les encouragent, agrandissent le domaine de l'industrie; leur génie créateur, en donnant à la matière des formes nouvelles, concourt aux progrès de l'agriculture. Il multiplie les objets du travail; il excite une émulation qui recule les bornes de la puissance humaine; il impose à l'étranger un tribut dont il ne peut s'affranchir. Le législateur ne saurait donc lui accorder une trop grande protection.

Les Brevets d'invention qui assurent à l'inventeur l'exercice exclusif de sa découverte ou de sa création, ne sont ni un privilége attentatoire à la liberté du commerce, ni une faveur préjudiciable, c'est une barrière légale qui garantit sa propriété industrielle de toute violation, de toute invasion de la part des imitateurs.

Les législateurs de 1791, toujours entraînés au-delà des limites d'une sage liberté dans la loi sur les Brevets d'invention, ont paru bien moins s'occuper de la protection qu'ils accordaient à l'inventeur, que des moyens de l'atteindre et de le punir s'il s'écartait des règles strictes qu'ils lui traçaient. On a lieu de s'étonner que les assemblées législatives qui leur ont succédé aient gardé un silence absolu sur un sujet si digne de leur attention.

Toutes les découvertes dont la France s'est enrichie depuis la fin du siècle dernier, sont consignées dans des ouvrages qui ont déjà vieilli, ou qui sont enfouis dans des dépôts qui ne peuvent être facilement consultés que par un petit nombre de personnes ; elles restent le plus souvent ignorées de cette classe d'hommes laborieux à qui le besoin de travailler sans cesse, et fréquemment le manque d'aisance, ne laissent ni le temps de fouiller dans nos riches bibliothèques, ni les moyens de se procurer des ouvrages coûteux.

La *Collection des arts et métiers*, publiée en 1760, n'est plus depuis long-temps dans le commerce de la librairie.

La *Description des machines et procédés spécifiés dans les Brevets d'invention, de perfectionnement et d'importation*, publiée par ordre du gouvernement, forme quatre volumes *in-quarto*, et se trouve seulement dans les mains de quelques personnes.

La collection du Bulletin des lois, depuis 1789, dans laquelle les Brevets d'invention sont publiés, se compose de cent volumes, et cette collection, d'un prix très élevé, ne figure que dans un petit nombre de bibliothèques particulières.

Les lois, décrets, ordonnances, instructions et décisions ministérielles, les arrêts de la Cour de cassation composent le système actuel de la législation en cette matière. On ne les trouve réunis dans aucun corps d'ouvrages ; cependant, pour en saisir l'esprit, il faut nécessairement en avoir l'ensemble sous les yeux.

Cette réunion serait encore insuffisante si l'on

n'y joignait tout ce qui a un rapport direct au sujet.

Cet exposé rapide explique l'ordre que j'ai dû suivre dans mon travail ; sa division en chapitres lui donnera plus de clarté.

Avant d'entrer dans le système de la législation française, j'ai cru devoir donner un abrégé de celui de la législation anglaise, et de celui des Etats-Unis d'Amérique. C'est principalement à ces sources que le législateur pourra puiser les connaissances les plus positives.

L'expérience m'a suggéré les réflexions du chapitre XI sur la nécessité de supprimer les Brevets de perfectionnement et d'importation. Cette disposition de la loi du 25 mai 1791 donne lieu à des procès interminables, et tandis que le génie s'épuise à créer une industrie, le vice de la loi en fait passer l'exploitation en d'autres mains.

C'est encore pour assurer à l'inventeur une justice plus prompte et plus sûre que j'ai critiqué dans le chapitre XII l'attribution donnée aux juges de paix de connaître des contestations en matière de Brevets d'invention, et j'ai pensé qu'il conviendrait d'en investir les Tribunaux de commerce.

Le chapitre XIII *des expositions publiques des produits de l'industrie française* n'est pas une digression sans objet ; les expositions publiques ont l'inappréciable avantage d'améliorer et d'étendre chaque genre d'industrie par la seule mesure de les réunir tous ; l'honneur d'obtenir la palme que le jury décerne au mérite, est sans doute un puissant mobile ; mais le Français envie une récompense plus flatteuse, c'est le suffrage auguste qui daigne applaudir à ses efforts et à ses succès.

Cet ouvrage sera enfin terminé par un tableau général des Brevets d'invention, de perfectionnement et d'importation expirés et non expirés, contenant tous les noms par ordre alphabétique, depuis 1791 jusques en 1823, des inventeurs, *perfectionneurs* et importateurs français et étrangers, ainsi que leurs demeures et l'indication des objets ou machines par eux inventés, perfectionnés ou importés.

Il sera facile de sentir combien d'idées neuves ce tableau peut faire naître. L'homme inventif se livre souvent à des inspirations dont plus tard il rencontre le fonds ou les accessoires, et se trouve ainsi, s'en s'en douter, exposé aux reproches d'en être le plagiaire ou l'imitateur. Les noms des inventeurs et l'indication des objets par eux inventés étant enfouis dans l'immense collection du Bulletin des lois, il en résulte que les découvertes importantes sont pour la plupart inconnues.

Le tableau imprimé aujourd'hui pour la première fois, dans un cadre aussi étroit, offrira encore le double avantage de faire connaître tous les hommes de génie qui ont enrichi leur patrie d'utiles découvertes, et d'indiquer les moyens les plus surs de tirer un parti avantageux, soit des inventions, soit de leurs produits.

Je n'ai point la prétention de croire que mon travail soit complet, mais quelque imparfait qu'il puisse être, tout me porte à croire qu'on applaudira à un essai qui m'a été inspiré par un sentiment qui prend sa source dans l'amour du bien public. Tout ce qu'il peut y avoir de bon n'est point de moi, parce que j'ai adopté la maxime de Bayle : « Une bonne pensée, de quelque endroit qu'elle » parte, vaudra toujours mieux qu'une sottise de » son cru, n'en déplaise à ceux qui se vantent de » tout trouver chez eux et de rien tenir de per- » sonne. » Une plume plus exercée s'emparera du sujet dont je me suis occupé, l'envisagera dans toute son étendue, et suppléera à mon insuffisance. Peut-être même ce sujet si important fixera-t-il les regards et l'attention des chambres, et deviendra-t-il la matière d'une de ces discussions lumineuses d'où sortira une nouvelle loi devenue nécessaire sur les Brevets d'invention; c'est alors que je m'estimerai heureux d'avoir osé signaler les imperfections dont la durée trop prolongée serait aussi préjudiciable à l'industrie française qu'à la fortune des inventeurs.

TABLE

DES CHAPITRES, PARAGRAPHES ET TITRES.

CODE

DES

BREVETS D'INVENTION,

DE PERFECTIONNEMENT ET D'IMPORTATION.

Les besoins et l'industrie ont donné naissance au commerce, et son existence est aussi ancienne que celle de l'ordre social; mais les règles qu'il suit aujourd'hui ont une origine bien plus moderne, parce qu'elles sont l'effet de combinaisons politiques plus récentes aussi.

Malgré le peu que nous savons du commerce des anciens, et notre ignorance presque absolue de la plus grande partie de leurs arts et des procédés qu'ils mettaient en usage, il est permis de croire qu'ils étaient loin d'avoir des règles aussi précises que les nôtres, et qui fussent pour eux des guides aussi sûrs : on peut au moins le présumer ainsi, de ce qu'en ont dit les historiens. Les nations commerçantes de l'Europe sont donc les seules que l'on puisse consulter sur la faveur due aux inventeurs en général. Toutes ont pensé que le gouvernement devait une protection spéciale à l'homme de génie qui enrichissait son pays, soit en ouvrant une route nouvelle au commerce national, soit en étendant le domaine des arts par une découverte, ou même par un perfectionnement.

Les productions de l'esprit ou du génie appartiennent, comme les ouvrages de la main, à celui qui en est l'auteur, et qui n'a ni loué, ni vendu, ni donné à qui que ce soit son temps ou son travail pour ces sortes de productions.

Il y a des productions de l'esprit ou du génie qui participent des ouvrages de la main, comme il y a des ouvrages de la main qui participent des productions de l'esprit ou du génie.

L'invention d'un nouveau procédé dans les arts, qui demande une certaine adresse dans l'exécution manuelle, est une production de l'esprit ou du génie, qui participe des ouvrages de la main. La composition d'un tableau, dont le principal mérite est dans l'exécution, mais qui exige aussi un certain travail de l'esprit, soit pour l'invention, soit pour la disposition du sujet, est un ouvrage de la main, qui participe des productions de l'esprit ou du génie.

La plupart de ces sortes de productions ou ouvrages peuvent se multiplier, par l'impression, par la gravure, par la copie, ou par l'imitation. Elles seraient donc presque vaines ou sans fruit pour les auteurs, si le législateur ne prenait soin de réserver exclusivement à ceux-ci les divers moyens de les multiplier.

Tous les gouvernemens ont reconnu cette nécessité; et tous ont proclamé des lois qui assurent aux auteurs des conceptions utiles, la jouissance exclusive de ces mêmes inventions et des produits qu'ils peuvent en obtenir.

Le mode pour donner cette protection est le même partout; il diffère seulement par les formes et dans les expressions : en Angleterre, la charte protectrice s'appelle *patente d'invention;* en France, sa dénomination est à peu près la même depuis 1789, elle s'y nomme *brevet d'invention*, mais avant 1789, en France comme ailleurs, la charte protectrice était appelée *privilége exclusif.*

Avant l'établissement en France des lois qui consacrent la propriété des découvertes et inventions, dans tous les genres d'industrie, et qui en garantissent à l'auteur la jouissance exclusive pendant un temps déterminé, sauf toutes réclamations sur lesquelles il est prononcé judiciairement, le gouvernement accordait des *priviléges exclusifs* en fait d'industrie et de commerce, dont il avait fixé la durée à quinze ans, par une déclaration du 24 décembre 1762; mais la concession ainsi que la durée de ces priviléges dépendaient uniquement de la volonté du gouvernement, et quoiqu'il fût certain alors comme aujourd'hui que c'est l'esprit d'invention qui mérite d'être encouragé, et qu'on doit la même récompense et la même protection à l'homme sans crédit et sans fortune doué de grands talens, qu'à celui qui joint aux mêmes talens la fortune et le crédit, il arrivait quelquefois qu'on accordait à la faveur ce qui n'était dû qu'au vrai mérite; il était donc indispensable d'établir des règles afin d'empêcher la spoliation d'une heureuse pensée.

Les avantages que l'inventeur d'un nouveau procédé dans les arts peut en retirer, consistent moins en général dans les bénéfices que pourrait lui procurer l'impression de la description de ce procédé, ou la vente des instrumens propres à l'exécuter, que dans la vente des ouvrages même qu'il pourrait fabriquer à l'aide de ce moyen; comme la meilleure manière d'encourager les auteurs d'inventions utiles est de leur assurer tous les avantages qu'ils peuvent en retirer, il était convenable de donner aux inventeurs le droit exclusif, non-seulement d'imprimer et de publier la description de leur procédé, si bon leur semblait, mais encore d'en faire usage pour la fabrication. De-là les lois sur les brevets d'invention ou sur les concessions de privilége pour l'usage exclusif des nouvelles découvertes.

Si le génie créateur cache le secret de ses procédés, au moins en est-on dédommagé en partie en voyant les effets qu'il a produits et les objets qu'il a créés. Sachons-lui même gré de ce mystère qui, d'après les réglemens sur les brevets d'invention, ne peut durer qu'un certain temps, puisqu'il est la source de mille combinaisons, de mille recherches, que des rivaux se hâtent de faire pour deviner ses secrets ou en tirer de nouveaux résultats.

Dans cette noble lutte, le vainqueur et le vaincu ont des droits à notre reconnaissance; et le plaisir que fait éprouver la victoire naît du sentiment le plus sacré, celui d'être utile à ses semblables ou d'ajouter à la gloire de son pays.

Le système de la législation anglaise, relativement aux priviléges exclusifs, était basé sur des principes invariables d'équité et de justice capables de rassurer de toutes manières les auteurs qui invoquaient la protection des lois, afin de pouvoir jouir privativement de leurs découvertes et inventions pendant un temps déterminé, comme de la propriété la plus sacrée; il passait également pour constant, que ce système de législation avait la plus grande influence sur les progrès de l'industrie de ce pays, non-seulement à cause de la confiance qu'il inspire, mais encore par le grand nombre d'inventions et de découvertes dans tous les genres qu'il fait naître chaque jour, et qui sont en général la cause de la prospérité des peuples éclairés et laborieux.

L'assemblée constituante décréta : *Toute idée nouvelle, dont la manifestation ou le développement peut devenir utile à la société, appartient primitivement à celui qui l'a conçue.*

Depuis cette époque, les droits des inventeurs ont été consacrés, ainsi qu'en Angleterre, par des lois qui en règlent les limites, l'exercice et la durée ; et comme ce système de législation est basé sur les mêmes principes (sauf quelques différences) que celui établi en Angleterre pour le même objet, on donnera ici un exposé sommaire de l'un et de l'autre système, avec des observations; on donnera aussi, sur la même matière, les lois des Etats-Unis d'Amérique.

CHAPITRE PREMIER.

ABRÉGÉ

DU SYSTÈME DE LA LÉGISLATION ANGLAISE RELATIF AUX PRI-
VILÉGES EXCLUSIFS, OU PATENTES ACCORDÉES AUX INVEN-
TEURS ET IMPORTATEURS.

Au mot *monopoly*, vol. 2 du Dictionnaire des
lois expliquant l'origine, les progrès et l'état actuel
des lois anglaises, par G. Jacob, et augmenté
par Tomlins, on trouve :

« A l'égard des inventeurs dans les arts d'in-
« dustrie, il a été ordonné par le statut de Jac-
« ques I.er, 21.e année de son règne, chap. 3,
« que la *découverte ou manufacture* doit être
« essentiellement nouvelle et non pas une simple
« amélioration ou addition à une ancienne ma-
« nufacture, pour être comprise dans le présent
« acte; qu'elle doit être telle que personne n'en
« ait établi une pareille à l'époque où les lettres-
« patentes auront été accordées; et que toute ma-
« nufacture antérieure à cette époque ne pourra
« pas être entravée dans aucune de ses opérations
« par l'inventeur, en vertu du privilége exclusif
« que lui accordent de telles lettres-patentes (3.
« inst. 184). Néanmoins, d'après le statut (21.

« Jacq. I.er, chap. 3), le *monopole* pourra être
« accordé au premier inventeur, si l'objet de l'in-
« vention n'a été connu qu'à l'étranger antérieu-
« rement à sa demande, parce que le statut précité
« ne fait mention que des nouvelles manufactures
« indigènes, et qu'il a pour but d'encourager l'im-
« portation de nouveaux procédés également utiles
« aux progrès de l'industrie nationale, soit qu'on
« les ait acquis par sa propre expérience, ou en
« voyageant à l'étranger.

« Il est dit (2. Salk. 44) qu'une nouvelle in-
« vention qui produit, au moyen de machines,
« autant d'ouvrage dans un jour que pourrait en
« faire un très grand nombre de personnes, est
« contraire au statut, par la raison qu'elle expose
« beaucoup d'ouvriers à manquer de travail (3.
« inst. 184); mais l'expérience prononce en faveur
« de telles inventions, parce qu'elles diminuent
« le prix des objets manufacturés et nous mettent
« à même de vendre à meilleur marché que les
« étrangers, soit chez nous, soit au-dehors. »

RÉGLEMENT

RELATIF AUX PRIVILÉGES EXCLUSIFS OU PATENTES, AVEC DES OBSERVATIONS.

1.º *La patente exclusive s'accorde indistinctement à quiconque la demande.*

Principe qui écarte jusqu'au soupçon que l'autorité supérieure puisse avoir de la prédilection pour quelqu'un.

2.º *Toute personne peut par précaution, si elle le juge convenable pour ses intérêts, faire enregistrer au bureau des patentes, moyennant deux guinées, un exposé sommaire de sa découverte ou invention, et ne se procurer définitivement une patente que dans l'espace de deux ans, à dater de l'inscription. L'effet de cette espèce de* caveat *est nul si au bout de deux ans l'inventeur ne s'est pas muni d'une patente suivant les réglemens.*

Cette faculté accordée par la loi aux inventeurs de pouvoir à peu de frais se prémunir contre toute surprise ou indiscrétion de la part de ceux qu'ils auraient employés à diverses expériences, souvent nécessaires pour acquérir la certitude des résultats que promet une idée nouvelle, peut donner lieu à beaucoup d'essais utiles aux progrès des arts : essais qui n'auraient pas été tentés si l'inventeur n'avait pu placer *ses principes et moyens* sous la sauvegarde de la loi avant de faire la dépense d'une *patente.*

3.º *La patente est accordée d'après les plans, modèles et description que l'inventeur est tenu de déposer, et sans examen ni de l'objet, ni des moyens qu'il compte employer, s'il n'y a pas d'opposition ou* caveat.

Cette mesure paraît également sage, parce que si l'administration examine, elle garantit, par le *privilége exclusif* qu'elle accorde, les faits annoncés par celui qui le sollicite, et reconnaît l'utilité de l'objet, ce qui ferme la porte à toutes les réclamations subséquentes de la part des tiers qui seraient lésés, puisqu'elles sont censées avoir été prévues et jugées. Au lieu qu'en accordant sans examen, l'impétrant est garant de tout ce qu'il a avancé et de toutes les suites que peuvent avoir de fausses allégations.

4.º *La durée générale du privilége exclusif est de quatorze ans, mais le patenté peut, en faisant quelques améliorations, et en donnant des preuves suffisantes que les circonstances l'ont empêché d'en tirer le parti que mérite une découverte importante, obtenir une prolongation par acte du parlement.*

La patente de M. Watt, pour les machines à vapeurs, a été prolongée, par acte du parlement, pendant vingt-cinq ans. Néanmoins, la durée de quatorze ans ne peut être prolongée ou renouvelée que pour des raisons majeures. C'est de cette règle invariablement observée, que dépend essentiellement le progrès qu'ont fait diverses branches d'industrie en Angleterre. En effet, s'il est vrai que l'inventeur d'une machine coûteuse n'eût pas fait de dépense pour son établissement, sans un privilége exclusif de quatorze ans, il est également vrai que les machines de ce genre ne se seraient pas multipliées en raison de leur utilité, si, au bout de ce terme, le privilége eût été susceptible de prolongation ou de renouvellement, parce que, dans l'incertitude, personne ne s'empresse d'em-

ployer ses capitaux pour exploiter une branche
d'industrie ou ériger une manufacture, au succès
de laquelle l'invention patentée devient absolument
nécessaire, et que, dans l'espérance de pouvoir
faire prolonger sa jouissance exclusive, l'inventeur
se refuse à des propositions qu'il aurait acceptées
dans le cas contraire.

Richard Arkwright, quelque temps avant l'expiration de la durée de sa patente, accordait le
droit de faire usage de ses machines à filer le coton,
moyennant une *guinée* par chaque broche ; ainsi
se généralisa promptement la filature de coton par
machines à l'avantage de l'inventeur et de la société entière.

D'ailleurs, la durée de quatorze ans suffit à l'inventeur pour retirer de sa découverte les bénéfices
qu'elle lui promet ; et le législateur a présumé avec
raison que d'autres artistes auraient fait la même
découverte dans cet espace de temps.

5.° *La patente assujettit celui qui la de-*
mande à faire enregistrer, dans un mois, un
mémoire ou spécification contenant la nature
de son invention et le procédé qu'il faut suivre
pour l'exécuter, le tout à peine de nullité de la
patente.

Il résulte de cette formalité que le premier inventeur a intérêt à ne rien dissimuler dans sa découverte et sur ses procédés, parce que le mystère
ou la dissimulation l'exposerait à voir accorder une
patente exclusive à un autre qui se dirait inventeur des moyens qui auraient été dissimulés ; il en

résulte en même temps que celui qui se dit inventeur ne peut dépouiller personne de moyens antérieurement employés pour le même objet, les prétentions réciproques ne présentant à juger qu'une pure question de fait que décide la lecture du mémoire ou spécification; en sorte que la propriété du véritable inventeur pendant quatorze ans, les droits d'autrui et la liberté du public au-delà de ce terme, sont également protégés par la loi.

6.° *La patente ne permet ni de céder le privilége à plus de cinq personnes, ni d'ouvrir une souscription au-delà de ce nombre, sous prétexte de se procurer de l'argent pour faire aller l'entreprise, le tout à peine de nullité.*

Il paraît que l'intention du législateur a été de ne pas mettre un inventeur pauvre hors d'état de tirer parti de son invention, et en même temps de prévenir l'agiotage.

7.° *Le prix de la patente pour quatorze ans est de 80 livres sterling (1920 fr). Le prix augmente progressivement lorsque l'inventeur veut étendre son droit exclusif dans les trois royaumes de la Grande-Bretagne.*

CHAPITRE II.

ABRÉGÉ

DU SYSTÈME ACTUEL DE LA LÉGISLATION FRANÇAISE RELATI-
VEMENT AUX PRIVILÉGES EXCLUSIFS TEMPORAIRES.

1.º TOUTE découverte ou nouvelle invention dans tous les genres d'industrie, est la propriété de son inventeur; en conséquence, la loi lui en garantit la pleine et entière jouissance, suivant le mode et pour le temps qui seront ci-après déterminés.

2.º Tout moyen d'ajouter à quelque fabrication que ce puisse être un nouveau genre de perfection sera regardé comme une invention.

3.º Quiconque apportera le premier en France une découverte étrangère, jouira des mêmes avantages que s'il en était l'inventeur. (Voyez le décret du 13 août 1810.)

4.º Afin d'assurer à tout inventeur la jouissance temporaire de son invention, il lui sera délivré un titre ou patente.

5.º Les patentes seront données pour cinq, dix ou quinze années, au choix de l'inventeur; mais ce dernier terme ne pourra être prolongé que dans des cas très rares et pour des raisons majeures, et sans un décret spécial.

6.° Celui qui voudra conserver ou s'assurer une propriété industrielle du genre de celles énoncées ci-dessus, sera tenu de déposer sous cachet, au secrétariat de son département, une description exacte des principes, moyens et procédés qui constituent sa découverte, ainsi que les plans, coupes, dessins et modèles qui pourraient y être relatifs.

7.° Le préfet renvoie le tout au ministre de l'intérieur qui, après ouverture faite du paquet, délivre, sur la simple requête de l'impétrant et sans examen préalable, une patente sous la dénomination de certificat de demande de brevet d'invention, avec cette déclaration : *Le gouvernement, en accordant un brevet d'invention sans examen préalable, n'entend garantir en aucune manière ni la priorité, ni le mérite, ni le succès d'une invention ;* et les brevets sont ensuite délivrés tous les trois mois, et promulgués dans le Bulletin des Lois. (Arrêté du 5 vendémiaire an IX, 27 septembre 1800.)

8.° Le préfet, non plus que le ministre de l'intérieur, ne recevront aucune demande qui contienne plus d'un objet principal avec les objets de détail qui pourraient y être relatifs.

9.° Les préfets sont tenus d'adresser au ministre de l'intérieur les paquets des demandeurs dans la semaine même où la demande aurait été présentée, et le brevet est sur-le-champ dressé d'après le modèle annexé au réglement de la loi du 25 mai 1791.

10.° Tout breveté pourra obtenir un nouveau brevet pour des changemens à l'objet énoncé dans sa première demande, en remettant, dans la forme prescrite, la description de ses nouveaux moyens.

11.º Si le propriétaire de brevet ne veut jouir privatiment de l'exercice de ses nouveaux moyens que pendant la durée de son brevet, il lui sera expédié par le ministre de l'intérieur un certificat dans lequel sa nouvelle déclaration sera mentionnée, ainsi que la remise du paquet contenant la description de ses nouveaux moyens.

12.º Il lui sera libre aussi de prendre successivement de nouveaux brevets pour lesdits changemens, à mesure qu'il en voudra faire, ou de les faire réunir dans un seul brevet quand il les présentera collectivement.

Ces nouveaux brevets seront expédiés de la même manière et dans la même forme que les brevets d'invention, et ils auront les mêmes effets.

13.º Si quelque personne annonce un moyen de perfection pour une invention déjà brevetée, elle obtiendra sur sa demande un brevet pour l'exercice privatif dudit moyen de perfection, sans qu'il lui soit permis, sous aucun prétexte, d'exécuter ou de faire exécuter l'invention principale, et réciproquement sans que l'inventeur puisse faire exécuter par lui-même le nouveau moyen de perfection.

Ne sont point mis au rang des perfections industrielles les changemens de formes ou proportions, non plus que les ornemens, de quelque genre que ce puisse être.

14.º Il ne peut plus être accordé de brevet

d'invention aux établissemens relatifs aux finances. (Voyez la loi du 20 septembre 1792.)

15.º Les années de jouissance d'un brevet d'invention, de perfectionnement ou d'importation, commencent à courir de la date du certificat de demande, délivré par le ministre de l'intérieur. Ce certificat établit en faveur du demandeur une jouissance provisoire qui devient définitive par l'expédition du décret qui doit suivre ce certificat.

16.º La priorité d'invention, dans le cas de contestation entre deux brevetés pour le même objet, est acquise à celui qui le premier a fait au secrétariat de la préfecture du département de son domicile, le dépôt de pièces exigées par l'art. IV de la loi du 7 janvier 1791. (Voyez le décret du 25 janvier 1807.)

17.º Le propriétaire d'un brevet pourra contracter telle société qu'il lui plaira pour l'exercice de son droit, en se conformant aux usages du commerce ; mais lorsqu'il voudra établir son entreprise par *actions*, il sera tenu de se pourvoir de l'autorisation du gouvernement. (Voyez le décret du 25 novembre 1806.)

18.º Lorsque le propriétaire d'un brevet aura cédé son droit en tout ou en partie (ce qu'il ne pourra faire que par un acte notarié), les deux parties contractantes seront tenues, à peine de nullité, de faire enregistrer le transport au secrétariat de leurs départemens respectifs, lesquels en informeront aussitôt le ministre de l'intérieur, afin que celui-ci en instruise les autres départemens.

19.º Il sera libre à tout citoyen d'aller consulter au secrétariat de son département, la liste des inventions nouvelles; il sera libre de même à tout citoyen domicilié de consulter, au dépôt général, établi à cet effet, les spécifications des différentes patentes actuellement en exercice; cependant les descriptions ne seront point communiquées dans le cas où l'inventeur, ayant jugé que des raisons politiques ou commerciales exigent le secret de sa découverte, aurait obtenu une ordonnance particulière sur cet objet.

20.º Lorsque le propriétaire d'un brevet sera troublé dans l'exercice de son droit privatif, il se pourvoira, dans les formes prescrites pour les autres procédures civiles, devant le juge de paix, pour faire condamner le contrefacteur aux peines prononcées par la loi du 7 janvier 1791.

21.º Le juge de paix entendra les parties et leurs témoins, ordonnera les vérifications qui pourront être nécessaires, et le jugement qu'il prononcera sera exécuté provisoirement, nonobstant l'appel.

22.º Il sera procédé de même, en cas de contestation entre deux brevetés pour le même objet; si la ressemblance est déclarée absolue, le brevet de date antérieure demeurera seul valide; s'il y a dissemblance en quelques parties, le brevet de date postérieure pourra être converti, sans payer de taxe, en brevet de perfectionnement, pour les moyens qui ne seraient point énoncés dans le brevet de date antérieure.

23.º Tout inventeur, convaincu d'avoir, en donnant sa description, recélé ses véritables moyens d'exécution, sera déchu de sa patente.

24.º Tout inventeur, convaincu de s'être servi, dans ses fabrications, de moyens secrets qui n'auraient point été détaillés dans sa description, ou dont il n'aurait pas donné sa déclaration pour les faire ajouter à ceux énoncés dans sa description, sera déchu de sa patente.

25.º Tout inventeur, ou se disant tel, qui sera convaincu d'avoir obtenu une patente pour des découvertes déjà consignées et décrites dans des ouvrages imprimés et publiés, sera déchu de sa patente.

26.º Tout inventeur qui, dans l'espace de deux ans, à compter de la date de sa patente, n'aura point mis sa découverte en activité, et qui n'aura point justifié les raisons de son inaction, sera déchu de sa patente.

27.º Tout inventeur qui, après avoir obtenu une patente en France, sera convaincu d'en avoir pris une pour le même objet en pays étranger, sera déchu de sa patente.

28.º La déchéance sera également prononcée par le ministre de l'intérieur, comme dans les cas précédens, si le breveté n'a point acquitté, dans les termes prescrits, la taxe du brevet (voyez pour la taxe la loi du 25 mai 1791); l'exercice de son droit deviendra public, et il en sera donné avis à tous les départemens par le ministre de l'intérieur.

29.º Tout cessionnaire de brevet obtenu pour

un objet que les tribunaux auront jugé contraire aux lois, à la sureté publique ou aux réglemens de police, sera déchu de son droit sans pouvoir prétendre d'indemnité.

30.º Tout acquéreur de droit d'exercer une découverte énoncée dans une patente, sera soumis aux mêmes obligations que l'inventeur, et, s'il y contrevient, la patente sera révoquée, la découverte publiée, et l'usage en sera rendu libre.

31.º A l'expiration de chaque patente ou brevet d'invention, de perfectionnement et d'importation, la découverte ou invention devant appartenir à la société, la description en sera rendue publique et l'usage en deviendra permis dans toute la France, afin que tout citoyen puisse librement l'exercer et en jouir, à moins qu'une ordonnance n'ait prorogé l'exercice du brevet ou n'en ait ordonné le secret.

32.º Les originaux desdits brevets, ainsi que les descriptions, plans, dessins, modèles et échantillons y relatifs, sont déposés au conservatoire des arts et métiers, pour y avoir recours au besoin et servir aux progrès des arts et à l'instruction publique.

33.º Le ministre de l'intérieur charge les membres du conservatoire des arts et métiers de faire imprimer les descriptions et graver les dessins nécessaires pour leur intelligence, et il adresse des exemplaires de chaque brevet, ainsi publié, au préfet de chaque département (arrêté du 8 octobre 1798, et lettre du ministre de l'intérieur du 21 octobre 1799).

OBSERVATIONS.

Par cet exposé sommaire de la législation actuelle sur les droits des inventeurs, on voit que *les brevets d'invention* ne ressemblent pas aux *priviléges exclusifs* que pouvait délivrer le gouvernement avant 1791, priviléges qui concentraient dans les mains d'un petit nombre ou d'un seul, des procédés d'arts qui appartiennent à tous par leur propagation.

Les brevets d'invention, sont une barrière légale qui garantit la propriété individuelle contre l'agression de ceux qui n'eurent aucune part à sa création.

Il n'y a pas de faveur dans l'exécution d'une loi dont tous les citoyens peuvent invoquer l'application à leur bénéfice, lorsqu'ils se trouvent dans les cas prévus par cette loi; et, d'après la même loi, il n'est pas à craindre que l'auteur breveté d'une prétendue découverte, se serve de son privilége exclusif, temporaire, pour entraver une industrie déjà connue et la ravir à ceux qui l'exerçaient antérieurement à l'expédition du brevet ou qui avaient le droit de l'exercer.

A l'égard du *brevet*, ce n'est pas simplement un acte donné à un particulier de sa déclaration d'avoir inventé une machine ou un procédé nouveau, c'est aussi un titre en vertu duquel il s'assure, pendant un certain laps de temps, l'usage exclusif de la machine ou du procédé dont il se dit l'inventeur.

Il est vrai que cette assurance n'est que conditionnelle, et que les tribunaux maintiennent en concurrence la jouissance publique des mêmes machines ou des mêmes procédés, s'il est prouvé que la découverte prétendue avait déjà été décrite et publiée dans des ouvrages imprimés ou gravés, etc.

Dans cet état de choses, il semble qu'on pourrait rendre l'idée des brevets d'invention dans toute son étendue, par la définition que voici :

Un brevet d'invention est un acte donné administrativement à un particulier, à ses risques et périls, de la déclaration qu'il fait d'avoir inventé une machine ou un procédé nouveau dans les arts d'industrie; afin qu'il puisse, sauf toutes les réclamations sur lesquelles il sera prononcé judiciairement, faire de sa découverte l'objet d'une spéculation privée et exclusive, jusqu'à l'époque déterminée dans le titre, où elle devient d'un usage libre et commun.

En résumant cette définition, on pourrait la réduire à ceci :

Les brevets d'invention sont des actes par lesquels le Roi, pour récompenser l'industrie d'un artiste ou d'un manufacturier, lui accorde, pour un certain temps, le droit exclusif de fabriquer et de vendre les objets dont l'invention lui est due.

Avant de rapporter dans ce Code le texte des lois, décrets et arrêtés rendus en France au sujet des brevets d'invention, on va faire connaître la législation des Etats-Unis d'Amérique, afin que le lecteur puisse avoir sous les yeux des sujets de rapprochement et de comparaison.

CHAPITRE III.

ABRÉGÉ

DE LA LÉGISLATION DES ÉTATS-UNIS D'AMÉRIQUE, CONCERNANT LE DROIT DES INVENTEURS.

Du 21 février 1793.

L E sénat et la *maison* des représentans des Etats-Unis d'Amérique, assemblés en congrès, décrètent:

ART. Ier Que quand un ou plusieurs citoyens des Etats-Unis allégueront avoir inventé un nouvel art utile, une mécanique, une manufacture ou une composition de matière, ou une nouvelle amélioration utile à un art, à une mécanique, à une manufacture, à une composition de matière ; amélioration inconnue ou inusitée avant leur application ; s'ils présentent une pétition au secrétaire d'état pour obtenir la propriété exclusive de leur découverte, le secrétaire d'état est autorisé par la loi à faire expédier des lettres-patentes portant le sceau du président des Etats-Unis, faisant mention des allégations et des motifs de la pétition avec une briève description de l'invention ou de la découverte : il accordera par-là aux pétitionnaires, à leurs héritiers ou fondés de pouvoirs, pour un terme qui n'excédera pas quatorze ans, le droit plein et exclusif et la liberté de pratiquer leur invention ou leur découverte, de la construire, de s'en servir et de la vendre à d'autres pour s'en servir. Ces lettres-patentes seront remises au procureur-général des Etats-Unis pour être examinées. Après quinze jours, s'il les trouve conformes à cet acte, il l'attestera au bas et renverra au secrétaire d'état les lettres-patentes ainsi visées, pour les faire signer et y faire apposer le sceau des Etats-Unis. Elles seront bonnes et valables en vertu de cet acte : on les enregistrera dans un livre tenu exprès dans le bureau du secrétaire d'état, et ensuite on les remettra aux patentés ou à leur ordre.

II. Un individu qui aura fait une amélioration dans le principe d'une machine quelconque ou dans le procédé d'une composition de matière déjà patentés, et qui aura obtenu une patente pour cette amélioration, ne sera pas autorisé à construire, à faire ni à vendre la découverte originale, ni à s'en servir ; d'un autre côté, le premier inventeur n'aura pas la liberté de se servir de l'amélioration. Il est en outre déclaré et décrété par cet acte qu'on ne regardera pas comme une découverte les changemens de formes ou de proportions d'une machine ou d'une composition de matière dans un degré quelconque.

III. Tout inventeur, avant de se servir d'une patente, jurera ou affirmera qu'il croit réellement être le vrai inventeur de l'art, de la machine ou de l'amélioration, pour quoi il a sollicité la patente.

Ce serment ou cette affirmation pourront être prononcés devant toute personne autorisée à recevoir les sermens. L'inventeur lui remettra une description de son invention, de la manière de s'en servir ou du procédé de la composition, dans des termes si clairs et si précis qu'on puisse la distinguer de toute autre qui aurait été connue auparavant, et que ceux qui sont versés dans l'art ou dans la science dont elle forme une branche, ou à laquelle elle est le plus étroitement liée, puissent la composer et s'en servir. En cas d'une machine, il donnera une explication lumineuse du principe et des différens points de vue sous lesquels il a envisagé l'application de ce principe ou de ce caractère qui la distingue de toute autre invention. Il faut que le tout soit accompagné de descriptions et même de dessins quand la nature de l'objet le permet, ou bien d'échantillons des ingrédiens et de la composition de la matière suffisante pour pouvoir faire une expérience. Cette description, signée de la main ne l'auteur et attestée par deux témoins, sera déposée à la secrétairerie d'état, et des copies légalisées seront un témoignage suffisant dans les cours de justice où il sera question du droit des patentés. En outre, l'inventeur livrera un modèle de sa machine, en cas que le secrétaire d'état le juge nécessaire.

IV. Tout inventeur ou son fondé de pouvoir ou administrateur est autorisé par la loi à céder en tout temps le titre et l'intérêt dans son invention, et le cessionnaire, après avoir fait enregistrer cette cession à la secrétairerie d'état, tiendra ensuite la place du premier inventeur quant aux droits et à la responsabilité; il en est de même des cessionnaires à un degré quelconque.

V. Si quelqu'un s'arrogeait la découverte faite par un autre qui s'en serait assuré la jouissance exclusive par une patente, ou s'il vendait sans avoir obtenu préalablement, par écrit, le consentement du patenté ou de son fondé de pouvoirs, administrateur, ou de son cessionnaire, il serait condamné à payer au patenté une somme au moins trois fois égale au prix pour lequel le patenté avait coutume de vendre ou de céder l'usage de son invention à d'autres.

VI. Le défendeur dans une pareille contestation aura néanmoins le droit de plaider en définitif; de faire examiner l'acte par les tribunaux, en avertissant le plaignant ou son procureur trente jours avant le plaidoyer, pour prouver que la déclaration énoncée par le plaignant ne contient pas toute la vérité relativement à sa découverte, ou qu'elle contient plus qu'il n'est nécessaire pour produire l'effet désiré; que ces réticences ou additions paraissent évidemment avoir été faites pour tromper le public, ou que la chose dont on s'est assuré la propriété par une patente n'a pas été découverte dans le principe par le patenté, mais qu'elle était en usage ou décrite dans quelque ouvrage public avant sa découverte supposée, ou qu'il avait su se procurer frauduleusement une patente pour la découverte faite par une autre personne. Dans l'un ou l'autre de ces cas, le jugement sera rendu en faveur du défendeur, la patente sera déclarée nulle, et le patenté condamné aux dépens.

VII. Ils décrètent de plus que si, avant l'établissement de la présente forme de gouvernement un ou plusieurs états avaient accordé un droit exclusif pour une invention, la partie intéressée ne pourra pas obtenir un droit exclusif par le présent acte, à moins de renoncer au droit qui lui avait été accordé par l'état particulier; sa renonciation sera évidemment prouvée lorsqu'elle aura obtenu une patente conformément au présent acte.

VIII. Ils décrètent que les individus dont les pétitions pour obtenir des patentes seront pendantes chez le secrétaire d'état, chez le secrétaire de la guerre ou chez le procureur-général, pendant que le sénat est occupé à passer le présent acte intitulé : *Acte pour favoriser le progrès des arts utiles*, pourront poursuivre leurs réclamations respectives et obtenir leurs patentes d'après le même acte, en remplissant les conditions qu'il impose et en payant les droits requis.

IX. Il est décrété qu'en cas de réclamations opposées, elles seront soumises à un arbitrage de trois personnes; chacune des deux parties en choisira une, et la troisième sera nommée par le secrétaire d'état. La décision des arbitres, communiquée au secrétaire d'état par écrit et signée par eux ou par deux d'entre eux, sera finale relativement à celui à qui la patente doit être accordée. Si l'une des parties refusait ou manquait de choisir un arbitre, la patente écherra à la partie adverse; et dans le cas où il y aurait plus de deux réclamans et que les parties intéressées ne s'accorderaient pas sur le choix des trois arbitres, le secrétaire d'état aura le droit de les nommer tous les trois.

X. Il est en outre décrété que si on assure par serment ou par affirmation devant le juge de la cour de district où l'individu patenté, ses fondés de pouvoirs ou ses cessionnaires résident, qu'une patente accordée en vertu du présent acte a été obtenue frauduleusement ou sur de fausses allégations; si la représentation est faite devant cette cour trois ans après que la patente a été accordée, mais pas plus tard, le juge de la cour de district sera légalement autorisé à prendre un *réglement* pour faire comparaître le patenté, son fondé de pouvoirs ou cessionnaire pardevant lui, pour prouver qu'on ne doit pas lui intenter un procès tendant à faire révoquer sa patente. Si ses raisons ne sont pas suffisantes pour prouver le contraire, alors le *réglement* sera absolu, le juge ordonnera la poursuite du procès contre le patenté, ses fondés de pouvoirs ou ses cessionnaires, avec frais et dépens; et si on ne montre pas une raison suffisante pour prouver le contraire, ou s'il parait que le patenté n'est pas le vrai inventeur, la cour rendra un jugement contre lui pour révoquer la patente. Si, au contraire, la partie qui par sa plainte intente le procès est condamnée, elle payera tous les frais que le défendeur aura faits pour plaider sa cause; ces frais seront taxés par la cour, et le recouvrement en sera fait conformément à la loi.

XI. Il est en outre décrété que chaque inventeur, avant de présenter sa pétition au secrétaire d'état pour lui témoigner le désir d'en obtenir une patente, payera au trésor *trente dollars* contre une quittance faite double; il en remettra une au secrétaire d'état en présentant sa pétition. Cet argent qui aura été ainsi versé sera employé pour les différens services qui auront lieu au secrétariat d'état en conséquence de cette même pétition, et sera portée dans le compte des traitemens des commis employés dans ce bureau. Nous enjoignons cependant que, pour chaque copie des pièces relatives à une patente qui aura été accordée, la personne qui l'obtiendra payera audit bureau à raison de vingt *cents* la page d'écriture contenant au moins cent mots, et deux dollars pour chaque copie de dessins qui sera délivrée au pétitionnaire. Un compte exact de ces payemens sera rendu tous les ans à la trésorerie des Etats-Unis. Cet argent sera aussi porté au compte des employés du secrétariat d'état.

XII. Il est en outre décrété que l'acte passé le 10 avril 1790, sous le titre : *Acte pour favoriser le progrès des arts utiles*, est abrogé par celui-ci. Il est de plus enjoint que rien de ce qui est contenu dans cet acte ne sera expliqué de manière à nuire à aucune patente qui aurait été accordée sous cet acte; tous les patentés, leurs fondés de pouvoirs ou cessionnaires, seront garantis par cet acte en tout ce qui pourrait porter atteinte à leurs droits, pourvu toutefois que les tentatives de violation de leurs priviléges aient eu lieu après l'émission du présent acte.

———

ACTE

POUR ÉTENDRE LE PRIVILÉGE D'OBTENIR DES PATENTES POUR DES DÉCOUVERTES ET INVENTIONS UTILES AUX PERSONNES DONT IL Y EST FAIT MENTION, ET POUR ACCROÎTRE ET DÉFINIR LES PEINES PORTÉES CONTRE LA VIOLATION DES DROITS DES PATENTÉS.

———

Du 17 avril 1800.

ART. I.er Il a été résolu par le sénat et la maison des représentans des Etats-Unis d'Amérique, assemblés en congrès, que tous les droits et priviléges particuliers accordés ou destinés aux citoyens des Etats-Unis, concernant les patentes pour de nouvelles découvertes, inventions ou perfectionnemens par l'acte intitulé : *Acte pour favoriser les progrès des arts utiles et pour révoquer l'acte passé antérieurement dans la même intention;* tous ces droits et priviléges seront et sont par le présent acte étendus et accordés à tous les étrangers qui, au moment qu'ils ont présenté leur pétition de la manière prescrite par ledit acte, auront résidé pendant deux ans dans les Etats-Unis. Ces étrangers obtiendront ces priviléges, en feront usage et en jouiront avec autant d'extension et aux mêmes conditions, *limitations* et restrictions prescrites par le même acte relativement aux citoyens des Etats-Unis. Il est toutefois ordonné que toute personne qui, conformément à cet acte, demandera une patente pour une invention ou une découverte, fera, avant d'obtenir la patente, le serment ou l'affirmation devant une personne autorisée à recevoir les sermens, qu'il croit et qu'il est convaincu que cette invention, cet art ou cette découverte, n'a pas encore été mis en usage ni dans ce pays, ni dans un pays étranger; et que toute patente qui serait accordée, conformément à cet acte, pour une invention, un art ou une découverte, que l'on apprendrait ensuite avoir déjà été connus et pratiqués avant la demande pour obtenir une patente, sera nulle et de nulle valeur.

II. Il est en outre ordonné que si une personne qui aurait fait une nouvelle invention, découverte ou un nouveau perfectionnement pour lequel on lui aurait accordé une patente, en vertu du présent acte ou de l'acte susmentionné; si cette personne venait à mourir avant d'en avoir obtenu la patente et sans laisser de testament, le droit de réclamer et d'obtenir cette patente est dévolu à ses représentans légaux comme un dépôt pour ses héritiers légitimes; mais, dans le cas contraire, ses légataires en deviennent les dépositaires avec autant de latitude et aux mêmes conditions, limitations et restrictions auxquelles le défunt l'aurait obtenue, aurait pu la réclamer ou en jouir pendant sa vie; et quand une demande pour obtenir une patente sera faite par de tels représentans légalement reconnus, le serment ou l'affirmation qui est enjoint dans la troisième section de l'acte susmentionné sera modifié de manière à leur convenir.

III. Il est de plus décrété que quand une patente aura été accordée conformément à ce présent acte ou à l'acte ci-dessus mentionné; si quelqu'un, sans avoir préalablement obtenu par écrit le consentement du patenté, de son fondé de pouvoirs, de son administrateur ou cessionnaire, faisait construire la chose dont la propriété exclusive a été assurée au patenté, qu'il s'en servît ou la fît vendre, un tel contrevenant sera puni et payera, en raison de cette offense, au patenté, à ses fondés de pouvoirs, à ses administrateurs ou cessionnaires, une somme égale à trois fois le dommage réel qu'éprouvera le patenté, ses fondés de pouvoirs, administrateurs ou cessionnaires. Cette somme pourra être recouvrée, en vertu du présent acte ou de celui mentionné, par des poursuites faites devant la cour du cercle des Etats-Unis, qui est compétente en pareil cas.

IV. Il est enfin décrété que la cinquième section de l'acte ci-dessus mentionné sous le titre d'*Acte pour favoriser le progrès des arts utiles et pour révoquer l'acte fait antérieurement pour atteindre le même but*, sera et est révoqué par celui-ci.

Telle est la législation actuelle des Etats-Unis

d'Amérique, sur les découvertes utiles et les brevets d'invention.

Maintenant, avant de rapporter les lois et la jurisprudence qui régissent cette partie de notre législation, il importe de faire connaître le rapport de M. de Boufflers, qui a précédé la loi du 7 janvier 1791, avec quelques observations par annotation.

———

CHAPITRE IV.

RAPPORT

FAIT A L'ASSEMBLÉE NATIONALE PAR M. DE BOUFFLERS, LE 30 DÉCEMBRE 1790, SUR LA PROPRIÉTÉ DES AUTEURS DE DÉCOUVERTES ET D'INVENTIONS EN TOUT GENRE D'INDUSTRIE.

COMME tous les arts, et ceux dont nous jouissons, et ceux dont nous jouirons, ont une mère commune, et que tous doivent ou devront leur naissance à l'invention, il paraît à propos de fixer d'abord vos regards sur les inventeurs dont la seule dénomination rappelle à votre pensée les premiers, les véritables bienfaiteurs du monde, et promet encore à la société de nouveaux bienfaits. Tels sont les hommes jusqu'à présent trop peu connus, trop mal accueillis, dont votre comité vous porte aujourd'hui les plaintes pour le passé, les vœux pour l'avenir, au sujet d'une protection spéciale qu'ils réclament à si juste titre, et que le gouvernement a tant d'intérêt à leur accorder.

Quels sont les droits des inventeurs, et quelles obligations la société peut-elle leur imposer?

Quelle a été jusqu'à présent notre législation à cet égard? quelle est celle des autres nations? et quels sont les différens effets de ces législations différentes?

5

S'il existe pour un homme une véritable propriété, c'est sa pensée; celle-là du moins paraît
hors d'atteinte; elle est personnelle, elle est in-
dépendante, elle est antérieure à toutes les transactions; et l'arbre qui naît dans un champ n'appartient pas aussi incontestablement au maître de
ce champ, que l'idée qui vient dans l'esprit d'un
homme n'appartient à son auteur. L'invention,
qui est la source des arts, est encore celle de la
propriété : elle est la propriété primitive, toutes les
autres ne sont que des conventions, et ce qui rap-
proche et ce qui distingue en même temps ces deux
genres de propriétés, c'est que les unes sont des concessions de la société, et que l'autre est une véritable concession de la nature; peut-être même,
la seule étymologie du mot suffirait-elle (1) pour
nous prouver que, dans l'origine des choses, la propriété a été regardée comme le partage du premier, et par conséquent comme le droit de l'inventeur.

Tant qu'un inventeur n'a pas dit son secret,
il en est le maître, et rien ne l'empêche ou

(1) Il faudrait bien peu connaître l'organisation de
la langue latine pour ne pas voir que le mot *proprietas*
est formé de la particule *pro*, et de *pri*, syllabe radicale
des mots qui distinguent la primanté. L'étymologie des
mots, alors qu'elle est incontestable, est en général
d'une grande ressource pour leur définition. Elle a
éclairci plus d'un doute; et dans la plupart des questions de ce genre, il n'y a pas de meilleur parti à prendre que de s'en rapporter au grand sens des premiers
inventeurs du langage.

de le tenir caché, ou de fixer les conditions auxquelles il consent de le révéler; il est libre en contractant avec la société, comme la société en contractant avec lui : le contrat une fois passé, elle est engagée envers lui comme il est engagé envers elle; et tant qu'il est fidèle à ses engagemens, elle ne lui doit pas moins de protection dans les moyens qu'il prend pour le développement de sa nouvelle idée, qu'elle ne lui en accorderait pour l'exploitation de son patrimoine.

Voici, si je ne me trompe, à quoi se peut réduire le premier contrat entre l'inventeur et la société. L'inventeur désire qu'on le laisse jouir paisiblement d'une chose qui vient de lui, qui est à lui : et la preuve qu'il en offre, c'est qu'elle n'est connue que de lui; il demande pour cela qu'on interdise d'avance à tout autre de s'en emparer quand il l'aura fait connaître, et ce n'est qu'à cette première condition qu'il manifestera ce qu'il appelle sa découverte. Or, cette première proposition, ainsi que la condition qu'on y attache, est essentiellement juste, et le corps social ne peut s'y refuser; car l'exposé de l'inventeur est vrai ou faux : dans le premier cas, la société a quelque chose à gagner; dans le second, elle n'a rien à perdre.

Mais, pour que l'inventeur ne soit point troublé dans sa jouissance par des concurrens avides ou jaloux, il faut qu'il soit ouvertement protégé par la puissance publique, envers laquelle dèslors il contracte deux obligations indispensables.

Sa première obligation est de témoigner une confiance entière dans l'autorité protectrice, et de lui donner une connaissance exacte de l'objet pour lequel il la requiert, afin que la société sache positivement à quoi elle s'engage, et afin que dans tous les cas l'inventeur ait un titre clair et précis auquel il puisse recourir.

La seconde obligation du citoyen protégé par la société est de s'acquitter envers elle, ce qu'il ne peut faire qu'en partageant avec elle, de manière ou d'autre, l'utilité qu'il attend de sa découverte. Or, la forme la plus naturelle de ce partage est que le particulier jouisse, pendant un intervalle donné, sous la protection du public, et qu'après cet intervalle expiré, le public jouisse du consentement du particulier.

Cependant, comme les avantages que l'inventeur promet à la société et qu'il se promet à lui-même sont encore éloignés et douteux, et que la protection qu'il en réclame, et que la sécurité qu'il lui doit, sont un bien actuel et réel, il convient qu'il dépose des arrhes entre les mains du corps social avec lequel il vient de transiger, et le contractant lui-même fera volontiers cette proposition : 1.º pour convaincre qu'il est dans l'intention de tenir son marché; 2.º pour dédommager la partie publique des services qu'il en recevra; 3.º pour donner un gage de l'utilité qu'il attache à sa découverte, en offrant d'avance à la patrie des prémices réelles pour des fruits encore en espérance.

Av... ... ... arrêter, il est bon de nous assurer s'il ... ... trouve personne de lésé dans un pareil contrat, et quelle serait la partie plaignante. Serait-ce la société? mais elle acquiert des jouissances nouvelles sans avoir rien perdu des anciennes. Serait-ce l'inventeur? mais il jouit du fruit de son génie sous une sauvegarde qu'il a lui-même invoquée. Serait-ce enfin les autres agens de l'industrie nationale? mais ils ne se trouvent gênés ni dans leur travail ni dans leur commerce. Ils ne sont privés de rien, ils restent comme ils étaient; ils jouiront un jour de la découverte qui vient d'éclore; et quels que soient leurs intérêts présens (1), s'ils prétendaient s'opposer à cette nouvelle disposition, ils se rendraient coupables ou d'un acte de tyrannie contre l'inventeur, en le dépouillant du droit naturel qu'il avait sur son idée; ou d'un attentat contre la société, en faisant

(1) Est-ce bien aux agens de l'industrie à redouter les inventeurs, eux qui ne doivent jamais perdre l'espérance de le devenir? Mais s'ils ne deviennent pas inventeurs, qu'ils deviennent au moins citoyens, et qu'ils voient eux-mêmes sur qui porte leur inquiétude. Ils craignent qu'une nouvelle invention ne vaille mieux que tout ce qu'on a trouvé jusque-là dans le même genre, car autrement la perte serait pour l'inventeur et non pour eux : ils craignent donc que les arts fassent un pas de plus; ils craignent donc que le royaume soit un peu plus florissant; ils craignent donc que les hommes soient un peu plus heureux. Non, non, ils ne se livreront point à ce découragement condamnable, et s'il leur reste quelque inquiétude, le sentiment de leur devoir et celui de leurs ressources ne tarderont pas à les rassurer.

avorter les avantages qu'elle pouvait attendre de la publicité de l'invention.

Ceux qui voudraient donner à un pacte aussi raisonnable et aussi juste, le nom de privilége exclusif, reviendront bientôt de cette erreur.

Un privilége exclusif d'entreprise, c'est-à-dire un monopole dans les objets actuellement connus d'industrie et de commerce, est une concession qu'on ne pouvait pas faire. Un titre d'invention, au contraire, est une autorisation qu'on ne pouvait pas refuser : l'un attaque les droits de la grande communauté, l'autre les étend; l'un donne à un particulier ce qui appartient à tous, l'autre assure au particulier ce qui n'appartient qu'à lui, et, en protégeant sa propriété contre l'invasion, il l'excite à la mettre en valeur au profit de la société.

Combien et pendant combien de temps tous les efforts de notre industrie n'ont-ils point été contrariés par un tissu de réglemens contraires à tous les progrès des arts, à tous les développemens des facultés naturelles, à toute invention autre que celle d'enchaîner les talens? Quelle barbarie n'a point exercée contre l'amour de la nouveauté, si naturel et si reproché aux Français, ce respect superstitieux pour la routine, qui défend d'ouvrir de nouvelles routes et qui rend les anciennes impraticables? Et lorsque des hommes extraordinaires ont osé sortir des chemins battus, ou, pour mieux dire, dégradés, quels obstacles ou quels piéges n'ont-ils point rencontrés sous

leurs pas? ignorant dans le bien, habile dans le
mal, ne craignons pas de le dire, le fisc a tout
gâté, il a vicié les institutions les plus sages,
il a faussé toutes les bonnes directions. Toujours
enhardi par les besoins publics que ses perfides
secours ne cessaient d'augmenter, il s'est armé
de toute la force qu'il a ravie à l'autorité légale,
pour faire la guerre à tous les intérêts légitimes;
il a tout dégradé, et nos principes, et nos mœurs,
et nos lois, et notre génie; il a tout écrasé du
poids des impôts, tout, jusqu'au travail, sans
penser, sans voir que le travail est lui-même un
premier impôt, une juste corvée que l'homme
paye à la nature et à la société; qu'il est la source
de la richesse, et que l'impôt doit porter sur les
produits et non sur les moyens, sur la récolte et
non sur le labour.

Les arts eux-mêmes, ainsi que toutes les professions utiles qui s'honorent de les servir, le fisc
s'en est emparé; il les a isolés, il les a comprimés,
il les a dénaturés, il en a fait autant d'institutions
fiscales (1); et bientôt ces mêmes arts qui sont

(1) Tout privilége exclusif dans les objets actuellement connus d'industrie et de commerce, était un
monople; et pour s'en convaincre, il suffit de jeter les
yeux sur ces corporations connues depuis plusieurs siècles sous le nom de maîtrises et jurandes, c'est-à-dire
sur ce nombre fixe d'hommes à qui seuls il était permis
de faire et de vendre ce que les autres hommes peuvent
faire et vendre aussi bien qu'eux. Il est cependant un
témoignage honorable qu'on doit rendre et qu'on rend
bien volontiers à ces antiques associations, c'est que

tous frères, ces arts dont la force et dont la gloire est dans leur union, ces arts dont plusieurs sont appelés libéraux, et qui devraient l'être tous, se sont montrés inquiets, jaloux, intéressés, ennemis les uns des autres : et ce beau royaume de France, où tout les appelait pour étonner l'univers, est devenu le théâtre de leurs guerres, au lieu d'être celui de leurs prodiges.

Ne craignons point de porter nos regards sur les premières causes de tant de maux prêts à finir. Que d'embarras, que d'obstacles, que de chagrins, que de dégoûts, de tout temps réservés à ceux qui osaient se présenter à notre administration comme inventeurs de découvertes utiles au genre humain ! Peignez-vous un de ces hommes simples et tels que l'incompréhensible nature se plaît à les choisir

dans tous les temps elles ont toujours été composées des hommes les plus honnêtes, et que nulle autre classe de la société n'avait plus religieusement conservé la décence et la simplicité des mœurs de nos pères : quoique l'institution fût imparfaite, la profession n'en était pas moins estimable; aussi parmi ces hommes, il en était une partie qui ne se doutait point de la charge dont ils étaient pour l'état, et une autre qui en gémissait; et même en conversant sur ces matières avec la plupart d'entre eux, il était aisé de reconnaître que ces sortes de corporations étaient autant de priviléges exclusifs, mais au profit du fisc et non des privilégiés. (Toutefois, malgré les reproches qu'on a faits aux corporations, le moment n'est peut-être pas très éloigné ou l'on sera forcé de les rétablir dans l'intérêt même du commerce.)

Note de l'auteur du Code de brevets d'invention.

pour ses plus intimes confidens; peignez-vous, dis-je, cet homme admis avec bien de la peine auprès d'un sous-ordre, qui s'applaudit de ne pas lui ressembler, et qui se croit en droit, non de l'entendre, mais de le condamner. Le malheureux client, que son Aristarque intimide, ose à peine lui présenter ce mémoire, objet de tant d'espérances et fruit de tant de veilles; on le reçoit d'un air importuné, on le parcourt d'un air distrait, on le rend d'un air dédaigneux, et presque toujours on y joint cette ancienne maxime qui, sur ce point, renferme presque toute la jurisprudence des bureaux: *Sur cent projets de cette espèce, il n'y en a pas un de raisonnable;* réponse outrageante et plus absurde encore que les plus absurdes projets, puisqu'elle a plus d'une fois sacrifié sans retour les avantages de la nation à la tranquillité d'un commis; et tel est cependant, et tel sera toujours le sort des meilleures choses quand elles dépendront du caprice des hommes, et non de la bienveillance des lois.

Et pourtant cet arrêt insensé d'un juge inconnu à la loi a bien souvent été définitif; car le vrai talent, presque toujours fier dans sa modestie, a peine à s'exposer deux fois à de pareils rebuts. Mais si par hasard l'inventeur ne se rebutait point, s'il trouvait un accès plus favorable, s'il obtenait que le rapport de son affaire fût porté à l'administrateur en chef, ordinairement on lui nommait des commissaires, c'est-à-dire une censure pour donner et motiver un avis sur la chose proposée.

Ce serait peut-être ici le lieu de montrer l'injustice et l'inconséquence réelle de cette ancienne manière de procéder, si juste et si sage en apparence. Et qu'est-ce, en effet, que des censeurs en pareille occasion ? c'est un tribunal qui juge des choses qui n'existent point encore, et qui, à son gré, leur permet ou leur défend de naître; un tribunal qui craint d'être responsable lorsqu'il autorise, et qui ne risque rien lorsqu'il proscrit; un tribunal qui n'entend que lui-même, qui procède sans contradiction, et qui prononce sans appel dans des causes inconnues, où l'expérience serait la seule procédure convenable, et où le public est le seul juge compétent; et à quels hommes osait-on confier une aussi étonnante magistrature à exercer dans le domaine de la pensée ? Les mieux choisis sans doute étaient les savans; mais les savans eux-mêmes ne sont-ils pas quelquefois accusés d'être partie au procès ? ont-ils toujours été justes envers les inventeurs ? Convenons-en, l'étude a peine à croire à l'inspiration, et des hommes accoutumés à tracer les chemins qui mènent à toutes les connaissances supposent difficilement qu'on puisse y être arrivé à vol d'oiseau. Quelquefois les censeurs étaient des agens du fisc, attachés par état et comme par religion à l'intolérance administrative; quelquefois c'étaient des membres de ces corporations exclusives d'arts et métiers, qui, dans toute nouveauté, voient le germe d'une concurrence dangereuse, et qui regardent un inventeur comme un ennemi qu'il faut étouffer en naissant.

Jusqu'à présent nous avons reproché des torts personnels envers les inventeurs : voici le moment de relever des erreurs politiques au sujet des inventions. En partant du principe incontestable, qu'il était juste de récompenser et de publier une idée nouvelle alors qu'elle est utile, on a cru satisfaire à tout par une transaction quelconque entre l'inventeur et le gouvernement, et cette manière d'acheter en herbes les moissons du génie trouve encore des défenseurs. Alors, dit-on, la société demeure quitte envers l'auteur, et l'industrie nationale acquiert les avantages que renfermait la découverte. Je n'examinerai point s'il est impossible à un intrigant habile d'exagérer au gouvernement le prix d'une chose inconnue ; je n'examinerai point non plus si un acquéreur tout-puissant comme le gouvernement ne pourrait se prévaloir de sa force et de la faiblesse, ou même de l'indigence du vendeur : je suppose un moment que dans la transaction les deux parties contractantes ont été parfaitement sincères et parfaitement libres, et je demande encore si la transaction peut être parfaitement juste. Vous ne connaissez pas ce que vous achetez, pourrait-on dire au gouvernement : la chose peut être utile ou ne l'être point ; car l'usage est le véritable indicateur de l'utilité, et l'utilité le véritable indicateur du prix : mais ce prix indéterminé est la mesure exacte de la propriété de l'inventeur, puisqu'il est essentiellement renfermé dans son idée. C'est au propriétaire de cette idée à la faire valoir, il en a le droit, il ne lui faut plus que la sécurité. Protégez-le donc, et ne le payez point : en ne le protégeant point, vous lui refuseriez ce qui lui est dû; en le payant, vous lui donneriez autre chose que ce qui lui est dû; en un mot, point de marché, car ce marché sera libre ou forcé; s'il est forcé, vous êtes tyrans; s'il est libre, vous êtes téméraires. Dans cet étrange marché, qui sera l'appréciateur? sera-ce le gouvernement qui achète ou l'inventeur qui vend? et dans tous les cas où est l'acheteur assez riche pour payer un homme ce qu'il s'estime? où est l'homme assez modeste pour ne s'estimer que ce qu'il vaut? où est l'expert en état de les mettre d'accord?

Quelques partisans de la liberté indéfinie croiront voir à nos principes des conséquences dangereuses. Qu'entend-on par liberté? est-ce la faculté de disposer de ce qu'on a, ou de ce qu'on n'a point? Si on adopte la seconde définition, il n'y a plus de loi ni de société; si au contraire il faut, avec tous les honnêtes gens, s'en tenir à la première, que peut-on trouver dans la théorie que nous avons d'abord exposée qui donne à l'inventeur au-delà du droit d'user de ce qui est à lui, et qui porte la moindre atteinte à ce droit chez les autres membres de la société? Remontons à nos principes : l'idée nouvelle de l'inventeur lui appartient-elle ou non? tout ce que cette idée contient, et le développement de ce contenu ne lui appartient-il pas aussi par une conséquence nécessaire? quel autre que lui peut avoir droit à ces choses avant de les connaître ? et quel autre peut connaître ces choses sans l'aveu de celui qui les possède, ou, pour mieux dire, qui les renferme ? Ne peut-il pas dire : Je ne les découvrirai qu'à condition que personne n'en usera que de mon consentement? Ne peut-il pas dire à la force publique : Garantissez-moi cette condition, et je parle; sinon je me tais ? Et la force publique serait-elle une force protectrice si elle répondait : Je ne veux me mêler en rien de ce qui vous regarde, je ne m'informe point si la chose est utile ou non, c'est à vous à le savoir et à le montrer; si vous êtes troublé, défendez-vous comme vous pourrez : pour moi je ne m'en charge point? Mais, répondrait l'inventeur, s'il osait : Je vous demande de contenir ceux qui voudraient envahir ma propriété; c'est contre l'usurpation, contre la fraude, contre le vol que je vous implore, et non contre les droits de personne; je demande à mettre ma récolte, bonne ou mauvaise, sous la foi publique. Sera-t-il donc défendu de toucher aux autres récoltes, et permis d'enlever la mienne? Osera-t-on encore nous répéter que, sous des termes déguisés, nous demandons des priviléges exclusifs? et confondra-t-on toujours, sous la même dénomination, ce qu'il y a de plus sacré avec ce qu'il peut y avoir d'injuste? Toute préférence personnelle, lorsqu'elle est gratuitement donnée par les hommes, est arbitraire, et par conséquent absurde, et dèslors elle est révocable; mais elle est respectable quand elle est donnée par la nature. Pourquoi cette

distinction ? c'est que nous pouvons demander
aux hommes raison de ce qu'ils font, et que la
nature n'est point obligée de nous en donner de
ce qu'elle fait; nous ne saurons jamais pourquoi
il lui a plu d'établir les différences qui nous frap-
pent entre des hommes qui paraîtraient avoir des
droits égaux à ses dons, comme elle leur a donné
des droits égaux à nos soins; elle ne l'a pas fait:
elle a répandu comme au hasard la force, la grâce,
l'adresse, l'intelligence et tous les divers attributs
dont elle pouvait douer les êtres sortant de ses
mains; et, en les traitant ainsi, elle a donné à chacun tout ce qui devait résulter de ces premiers
avantages. Ainsi donc, une loi qui contrarierait
le libre développement de tous ces dons naturels
tant que l'exercice n'en serait point immoral, au
lieu d'être une loi de liberté, serait une violence
et une vexation perpétuelles; et par la même raison, une loi qui laisse chacun comme il était, et
qui permet à chacun d'être ce qu'il peut être, ne
doit point être regardée comme un privilége, mais
comme une protection : voilà précisément le cas
où se trouvent les inventeurs. La loi que nous sol-
licitons en leur faveur n'est qu'une pure et simple
protection; c'est l'esprit inventif, c'est l'invention
elle-même qui est un privilége, et celui-là, nous
ne pouvons ni le conférer, ni le révoquer.

Qu'arrivait-il autrefois de ces transactions entre
l'inventeur et le gouvernement? ou le secret, dès
le premier instant de sa manifestation, était condamné à un éternel oubli, et alors l'utilité ou

l'inutilité de la découverte revenait au même, en périssant avec elle; ou si quelqu'une échappait à cette fatalité, on se déterminait enfin à éprouver si elle était réelle ou chimérique, avantageuse ou nuisible : alors de deux choses l'une, ou l'essai manquait, et le prix de l'invention achetée était perdu; ou il réussissait, et bientôt une foule de concurrens, effrayés d'une idée utile comme d'un stratagème de guerre, prenaient les mesures convenables pour en empêcher l'exécution; et les moyens manquaient rarement pour de pareils desseins, sous un régime de bureaucracie hérissé de mille formalités au moins aussi favorables à la ruse qu'au bon droit. Voilà comme chaque lumière nouvelle, allumée pour un instant dans le champ des arts, était pour jamais éteinte par le souffle impur de l'envie qu'elle offusquait; voilà comme, depuis des siècles, notre industrie et notre administration ont erré d'un pas égal dans les mêmes ténèbres. Et par la réunion, et par le funeste enchaînement de tant et tant d'obstacles, entre lesquels il s'en trouvait toujours un insurmontable, le génie de l'invention, tantôt assoupi, tantôt enchaîné, tantôt découragé, tantôt indigné, ou ne se montrait point, ou ne prospérait point, ou fuyait vers des nations plus hospitalières, enlevant à la France des richesses dont on avait méconnu la source, et portant à nos rivaux une supériorité que la nature nous avait inutilement destinée (1).

(1) Il semble que ce soit pour nos inventeurs français

Sur ce point tous les peuples de l'Europe sont encore plus ou moins éloignés de connaître leurs vrais intérêts : un seul a vu la lumière; un seul a pris sur les autres les avantages des clairvoyans sur les aveugles. Chez les Anglais, aucun essor de l'esprit n'est arrêté; chez eux, tout homme qui se croit inspiré d'une idée utile a droit de la faire connaître et d'en partager les avantages; chez eux, une découverte est déclarée la propriété de celui qui l'a manifestée; chez eux, enfin, l'intelligence humaine est regardée comme un do-

qu'ont été faits ces vers : *Sic vos non vobis......* Entre beaucoup d'exemples qu'on pourrait citer, quelques-uns suffiront.

Le balancier pour frapper les médailles fut imaginé en 1615 par Nicolas Briot, qui, ne pouvant le faire adopter en France, trouva plus d'accès en Angleterre; et, sans l'autorité du chancelier Séguier, peut-être l'usage du balancier nous serait-il encore inconnu.

Le moulin à papier et à cilindre, inventé en France en 1630, fut porté en Hollande, et n'est revenu que long-temps après dans sa véritable patrie.

Le métier à bas fut d'abord inventé à Nîmes. L'inventeur, contrarié en France, passa en Angleterre, où il fut magnifiquement récompensé; mais les Anglais, toujours orgueilleux dans leurs générosités, eurent la faiblesse d'envier la gloire de cette belle découverte à un Français et de l'attribuer à un de leurs compatriotes. Les Anglais nous doivent de même une nouvelle matrice pour la monnaie, un nouveau métier à gaze, la teinture de coton en rouge, et plusieurs autres découvertes dont les auteurs n'ont point été prophètes dans leur pays. Ne regrettons rien et tâchons seulement que jamais nos abeilles ne portent leur miel hors de la ruche.

maine illimité, où la sagesse publique encourage les nouvelles cultures; et un coup-d'œil rapidement jeté sur cette partie de la législation anglaise montre combien l'accueil que, depuis près de deux siècles, cette nation éclairée fait à toutes les nouvelles inventions, assure de supériorité à son industrie sur celle de tous les peuples.

En Angleterre, tout inventeur de nouvelles découvertes ou de nouvelles perfections en fait d'arts et métiers, s'adresse à la loi qui ne repousse personne; la chancellerie est obligée d'appointer sa requête, et sur-le-champ il signifie un acte d'opposition, connu sous le nom de *caveat*, pour prendre date de sa déclaration et prévenir toutes celles qui pourraient se faire sur le même objet; on adresse aussitôt des patentes avec une clause de rigueur, qui oblige l'inventeur à fournir, dans l'intervalle de quatre mois, une description exacte, appelée *spécification*, de la découverte qu'il vient d'annoncer; et sur cette *spécification* on lui délivre un extrait de la patente, afin de lui servir de titre pour la fabrication et la distribution exclusive de sa nouvelle découverte; mais sous la double condition que les moyens spécifiés par l'inventeur n'ont point encore été employés dans les fabrications nationales, et que l'inventeur ne se servira que des moyens détaillés dans la spécification qu'il dépose. Ces mêmes patentes autorisent celui qui les obtient à céder son droit à qui bon lui semble, ou à ouvrir une souscription pour rassembler les fonds nécessaires à

7

l'entreprise, à la charge toutefois de ne pas admettre plus de cinq associés ou souscripteurs à
l'exercice de sa patente.

Les frais de ces diverses expéditions s'élèvent
environ à 80 guinées, et la taxe des patentes
devient, par leur nombre, une branche du revenu
public : le reste va de soi-même ; et la patente
une fois expédiée, le gouvernement ne s'informe
point si l'inventeur a été sincère ou non dans sa
déclaration, s'il est ou non fidèle à ses engagemens ; la loi est faite : s'il y contrevient, si
d'autres y contreviennent, c'est à la partie lésée
à se plaindre, et aux tribunaux à prononcer ; et
qu'on ne soit point effrayé pour ces tribunaux de
la tâche qui leur est imposée : quand une fois les
droits respectifs de chacun sont fixés avec précision, il est aisé d'y comparer les prétentions
respectives ; alors tous les obstacles disparaissent,
toutes les obscurités s'éclaircissent, toutes les
complications se simplifient ; et ce qui répond à
tout, c'est que, depuis cent cinquante ans, dans
un pays où la plainte est libre, où la presse
est libre, où les hommes sont libres, on n'a connaissance d'aucune réclamation contre les applications les plus rigoureuses de cette loi tutélaire
de l'industrie (1).

- (1) Nous sommes loin de croire que les Anglais et leur
législation soient aussi parfaits qu'on veut nous le dire ;
on préconise sans cesse cette nation au préjudice de la
nation française, et cependant, par ses institutions et
ses mœurs, le peuple français sera toujours le premier
peuple du monde.

Revenons sur nous-mêmes, et pour ne voir encore que la partie la plus excusable de nos erreurs, c'est-à-dire les prétendus encouragemens prodigués depuis plusieurs siècles aux prétendus auteurs de nouvelles découvertes, évaluons, et ces achats dispendieux de mille et mille secrets, ou que l'on connaissait auparavant, ou dont on ne s'est point souvenu depuis, et ces protections offensives, et ces franchises injustes, et ces attributions de revenus publics, si souvent accordées à des entrepreneurs intrigans, et tant de bâtimens fastueux, mais encore plus chers, élevés à la sollicitation de ces mêmes hommes et sous leur direction, aux frais du gouvernement, et tant et de si fortes avances auxquelles ce même gouvernement n'a cessé d'ajouter de nouveaux secours; et tant de prêts qui ne lui furent et qui ne lui seront jamais remboursés; et tant d'actions, tant de parts d'entreprises dont il a si soüvent fait les fonds et si rarement touché le dividende. Ce serait peu d'additionner toutes ces munificences, il faudrait encore les apprécier et par les valeurs de l'argent aux différentes époques de notre monarchie, et par la pénurie habituelle de notre trésor, et par l'intérêt toujours croissant à mesure qu'on remonte vers des périodes plus reculées; enfin il faudrait, après avoir supputé ce que ces dépenses ont dû coûter, y ajouter ce qu'elles auraient pu valoir, et chercher ce qu'elles ont rapporté.

Comparons à présent cette marche avec celle d'un gouvernement qu'une loi juste et prudente

éloigne de tant d'écueils ; qui, toujours favorable
aux nouvelles entreprises, ne partage aucun de leurs
dangers ; qui ne fait aucune avance, et recueille
toujours quelque avantage ; qui, dans chacune de
ses opérations, offre un bienfait et rencontre un
profit ; et que la reconnaissance et la prospérité
toujours croissante de sa nation récompensent à
chaque instant du respect religieux qu'il conserve
pour les droits de chacun, et de la sage protection qu'il accorde à ceux du citoyen. Et qui de
nous ne penserait, en observant ce triste contraste, que nous nous sommes toujours mis en
frais pour payer les moyens d'assurer notre dé-
cadence ? et chez les Anglais, au contraire, la
fortune elle-même semble acheter le droit de les
combler de ses dons.

Et que serait-ce donc, si je vous faisais
observer cette insidieuse variété de fabrications
anglaises, étalée avec faste chez tous les [mar-
chands, chez tous nos citoyens, dans toutes nos
cités, et dans toutes nos demeures, pour reporter ensuite vos regards sur nos productions
dans les mêmes genres d'industrie, qui demeurent
entassées et comme emprisonnées au fond des magasins de nos manufactures désertes, et les chefs
de ces manufactures découragés et réduits souvent à l'humiliante condition de facteurs du commerce anglais ! Nos goûts, nos fantaisies, nos
caprices, nos modes, sont dans les intérêts de
l'Angleterre, et notre vanité même nous méprise.
Tout s'avilit ici par la routine ; là, tout se régénère

par l'invention ; c'est l'invention toujours reconnais-
sante envers sa patrie adoptive, qui, en Angleterre, par des moyens et des effets toujours surs
et toujours imprévus, inspire sans cesse à l'opu-
lence de nouveaux désirs, et prescrit au travail
de nouvelles tâches ; c'est elle qui présente toujours aux riches de nouveaux moyens d'enrichis-
sement (1), entretient leurs fonds dans une circulation toujours plus rapide, grossit le trésor
public, ajoute à la fortune commune, rend la

(1) Les nouvelles entreprises en tout genre d'industrie
sont depuis long-temps, en Angleterre et en France, la
manière la plus avantageuse de placer des capitaux ; et
si l'on veut y réfléchir, de tous les moyens d'accroître
une grande fortune, il n'en est point de plus séduisant
pour l'intérêt personnel et de plus satisfaisant pour les
jouissances de l'amour de son pays ; chaque découverte
utile qui prospère est une conquête sur l'ignorance et
un tribut sur le genre humain. Que l'on compare cette
manière vraiment honorable de s'enrichir avec cet
obscur agiotage vers lequel tous les calculs et toutes les
méditations de nos joueurs *à la hausse et à la baisse* ne
cessent de se tourner ; qu'ils rentrent en eux-mêmes et
qu'ils voient si les premiers élémens de la religion et de
la morale permettent de spéculer incessamment sur de
nouvelles variations et par conséquent sur de nouvelles
convulsions politiques ; qu'ils conviennent, s'ils l'osent,
des fausses alarmes qu'ils ont l'art de répandre à propos
dans les esprits plus simples que les leurs, soit qu'ils
veuillent vendre trop cher ou acheter trop bon marché.
Qu'ils nous expliquent enfin ce jeu scandaleux où les
hommes les plus rusés font tous les gains, et les honnêtes gens font toutes les pertes et dont quelquefois le
gouvernement paye les frais. Est-il question, au con-

cupidité même utile, et bannit l'aspect affligeant de la pauvreté loin du pays qu'elle favorise (1) ; c'est encore elle qui, tourmentant sans relâche un sol toujours prêt à se refroidir, le féconde, le ranime, et répand sur les campagnes anglaises un éclat et une vie dont la nature et le climat s'étonnent également ; c'est elle enfin, c'est toujours l'invention qui assujettit l'Europe, que dis-je ! le monde, à un tribut volontaire, mais régulier, envers une nation qu'on peut regarder tout en-

traire, d'une nouvelle découverte, le particulier qui en a conçu l'idée et ceux qui lui ont fourni les fonds nécessaires pour la mettre en activité, proposent à leur caution une entreprise dont ils font les premières avances, dont ils courent les premiers hasards, et dont ensuite ils partagent avec elle tous les avantages : et ceux de leurs concitoyens dont les dépenses volontaires ont contribué à les enrichir, n'en sont-ils pas amplement dédommagés et par les jouissances nouvelles qu'ils se sont procurées et par l'accroissement de prospérité du commerce de leur patrie ! En un mot, l'agioteur dans les fonds publics désire sans cesse ; et lorsqu'il le peut, il occasionne à son pays tous les maux dont il pense tirer profit. L'entrepreneur d'une nouvelle entreprise, au contraire, commence par faire tous les sacrifices dont l'état peut tirer quelque avantage et ne trouve ses profits qu'après avoir assuré ceux de ses citoyens.

(1) L'Angleterre est le pays qui, en raison du nombre de ses habitans, renferme le plus de pauvres : chacun sait que la moitié de la population anglaise est forcée de subvenir aux besoins de l'autre moitié, et cependant voilà le royaume dont on nous vante sans cesse la grande prospérité !

tière comme une grande corporation d'arts et métiers : effrayante association dans laquelle et les plus habiles ouvriers et les premiers manufacturiers, et surtout les génies les plus inventifs de toutes les nations, s'empressent à se faire agréger.

Cependant, malgré tant de ressorts d'une part, malgré tant d'entraves de l'autre, notre industrie, en plus d'un genre, a conservé la supériorité sur l'industrie des Anglais ; ils ne l'ignorent pas ; ils savent que notre nation ne leur cède en rien, ni pour l'aptitude au travail, ni pour les facultés de l'esprit, ni pour les dons du génie, et que la France est plus riche en population ; ils savent que notre terre est plus féconde, que nos productions sont plus variées, que notre sol offre de lui-même la plupart des matières premières que leur commerce va chercher au-delà des mers ; ils savent que chez nous une étendue plus vaste, une position plus heureuse, se prêteraient à presque toutes les cultures, et que notre climat est, à la zone tempérée, ce que cette zone elle-même est aux autres climats.

Ainsi donc, les deux peuples ont chacun leurs avantages ; mais ceux des Anglais, nous pouvons les acquérir, et les nôtres ne seront jamais qu'à nous. La nature nous a plus favorisés que nos rivaux ; donnons à la vivacité française un libre essor dans une juste direction ; appelons aussi le génie de l'invention à notre aide, ou seulement ne le repoussons point ; il est indigène en France, il habite parmi nous : qu'il soit libre enfin, qu'il rentre dans ses droits et bientôt nous le reconnaîtrons à ses bienfaits (1), bientôt il saura découvrir à mille citoyens des trésors cachés au fond

(1) Il serait difficile de se représenter combien un premier rayon d'espoir de recouvrer une propriété qu'on peut considérer comme celle de soi-même a fait germer d'idées nouvelles dans l'esprit de nos artistes français. Mille genre d'industrie, ou qui n'étaient point encore venus dans la pensée des hommes, ou qui demeuraient ensevelis avec leurs premiers auteurs, ou que d'autres peuples avaient eu soin de conserver mystérieusement à leur usage et à leur profit, ont enrichi la France ; les sciences ont tracé aux arts de nouvelles routes, en même temps que les arts ont offert aux sciences de nouveaux moyens de réaliser leurs grandes conceptions.

Et qui pourrait calculer tout ce que la physique, la chimie, la médecine et la chirurgie ont préparé de secours et de consolations à notre faiblesse et à nos infirmités! qui pourrait se représenter toutes les merveilles que la mécanique, cette extension incalculable de la force, de l'adresse humaine, a opéré en France depuis trente années? Il semble que les imaginations françaises soient autant d'ateliers invisibles où se sont exécutés des supplémens à tout ce que nous connaissons. Toutes ces idées, toutes ces méditations, tous ces essais, tous ces travaux utiles se dirigent et tendent avec une sorte d'émulation au soulagement et à l'embellissement de la société : servir le monde ou lui plaire, voilà le but commun de tous les inventeurs. On a vu les uns proposer et trouver ce qui manquait à la perfection des filatures et des tissus ; d'autres sont parvenus à multiplier les moyens d'économie et de sûreté dans l'intérieur de nos demeures. Un autre a trouvé le moyen de de leur pensée; bientôt, n'en doutons point, il viendra dans nos ateliers seconder nos efforts,

diminuer la consommation excessive des matières combustibles; là, ce sont d'infaillibles précautions imaginées contre les dangers multipliés des voyages (nous avons des voitures inversables); ici, l'on présente à l'homme une armure ingénieuse qui le rend insubmersible ; plus loin, on lui offre la facilité de vivre dans un autre élément, et de travailler sous les eaux, pendant qu'ailleurs on a trouvé des procédés pour rendre les marais à la culture et à la salubrité, et que plus loin, au moyen de machines à vapeurs et de machines hydrauliques, on porte l'arrosement et la fécondité dans des terreins qui paraissaient condamnés par la nature à une éternelle stérilité.

Applaudissons aux hommes ingénieux qui ont su confier au tissu du velours, les traits du tableau le plus fini et qui sont parvenus à douer, pour ainsi dire, une navette des talens d'un grand peintre : on doit cette belle découverte aux Lyonnais, ainsi qu'une multitude d'autres beaucoup plus importantes : cette cité renferme dans son sein des hommes de génie qui en dotant leur patrie de précieuses inventions, jouissent de leur gloire et ont immortalisé leurs noms.

A côté des artistes qui s'appliquent aux ouvrages les plus délicats, on voit des savans essayer de déterminer la pesanteur réelle des corps au milieu des fluides qui les contre-balancent, et tenter d'offrir au commerce universel un poids à l'abri de l'influence des temps et des climats. On a entrepris de montrer une mesure toujours égale à elle-même, dans une ligne géométriquement correspondante à la distance de deux étoiles fixes, et l'on a conçu l'espoir d'opposer la régularité des corps célestes aux variations inévitables et perpétuelles des substances de notre globe.

8

faciliter nos travaux (1), perfectionner nos ouvrages, inspirer (de préférence peut-être) nos plus

Plusieurs amis de l'humanité, à l'envi l'un de l'autre,
ont travaillé avec quelques succès à faciliter et régulariser la mouture, cette première et importante prépa-
tion de l'aliment universel.

Depuis trente ans les arts en France ont fait éclore
des merveilles ; il fut un temps que nous n'aurions pas
voulu croire à celles qui nous étonnent aujourd'hui ; espérons donc que nos laborieux et infatigables artistes
en produiront de plus étonnantes encore. C'est rarement
le génie qui doute du génie ; il sait trop bien que rien
ne lui est impossible, pourvu qu'on lui donne un libre
essor, pourvu que Prométhée ne reste plus attaché au
Caucase.

(1) Rendre facile ce qui est utile, et produire plus
d'effets avec moins d'efforts, voilà la tâche commune que
les arts se sont proposée de tout temps, et le but vers
lequel ils ne cesseront jamais de s'avancer.

Le premier artiste qui a imaginé le moyen de subs-
tituer le travail d'une femme ou d'un enfant, à celui
d'un homme fait, a rendu un service signalé à la société ; mais ceux qui ont trouvé le moyen de diminuer
et quelquefois même de réduire jusques à un le nombre
des ouvriers employés à une fabrication quelconque,
sont dignes des plus grands éloges, et méritent la reconnaissance publique et l'attention du Roi, père de
son peuple, qui ne laisse échapper aucune occasion
d'encourager et de récompenser ceux de ses sujets qui,
par leur génie et leur esprit, étendent le domaine des
sciences et des arts.

Voici l'occasion de rassurer les inquiétudes ordinaires
de la plupart de nos ouvriers, et de les guérir, s'il se
peut, d'un préjugé dont, plus d'une fois, les suites
ont été funestes à l'industrie française.

modestes artisans, et les faire passer soudain d'une
longue obscurité, à tout l'éclat de la fortune et

Ces utiles citoyens, accoutumés à n'avoir que leur
travail pour patrimoine, étaient excusables dans le
principe, en pensant que diminuer le nombre des
employés à un travail, c'était enlever à plusieurs d'entre eux les moyens de subsister; mais, égarés par cette
inquiétude, ils se sont portés en plusieurs occasions
aux excès les plus dangereux ; et dans leur désespoir
ils ont quelquefois brisé des machines imaginées pour
suppléer, d'une manière supérieure, à l'imperfection
du travail manuel. Il faut les plaindre, et par conséquent les excuser, mais si l'on pouvait leur parler
à tous, voici ce qu'on leur dirait : « Vous savez tous
que le prix de la plupart des fabrications dépend presque en totalité de la cherté ou du bon marché de la
main-d'œuvre. Vous savez encore que le débit de telle
ou telle fabrication est plus grand à mesure que le prix
en devient moins considérable. Vous savez que lorsque
les étrangers parviennent à fabriquer les mêmes objets
à un prix fort inférieur au nôtre, ils deviennent aussitôt nos concurrens, que bientôt ils nous priment, et
qu'alors nous n'avons plus de débit à espérer. » On a
beau faire des défenses et des saisies, les fabrications
étrangères semblent sortir de dessous terre, et se mon-
trent dans tous nos magasins. Alors nos maîtres de manufactures voient leurs marchandises leur rester: et
comment feront-ils pour soutenir leurs établissemens ?
Ils avaient auparavant beaucoup d'ouvriers chez eux;
ils ne peuvent plus les occuper, ils ne peuvent plus les
payer. Voilà des entrepreneurs ruinés, voilà des ouvriers sans pain, et cependant l'argent de France passe
à l'étranger. Si les ouvriers y réfléchissaient, ils verraient que ce malheur, trop commun, tenait ordinairement à la cherté de la fabrication française, et que

de la renommée : un mot peut le réaliser, et les Anglais n'auront plus qu'à se glorifier de nous avoir montré la route du bonheur.

cette cherté venait, la plupart du temps, de la quantité d'ouvriers qu'on y employait. Il est donc presque toujours vrai de dire que ceux qui emploieront plus de monde à leur fabrication, finiront par ne plus fabriquer du tout, et par conséquent, par ne plus occuper personne. Pour rendre la chose plus sensible, on suppose et on prend pour exemple, une étoffe dont le prix de fabrique serait en France de 24 francs ; on suppose un moment que les étrangers qui possèdent des inventions propres à diminuer le nombre des ouvriers, peuvent précisément donner la même qualité d'étoffe à 20 fr. Le gouvernement a pris des mesures pour empêcher l'introduction de ces étoffes en France ; mais on sait qu'il y a toujours des moyens, presque assurés, de faire la contrebande ; et enfin, il peut arriver que ces mêmes étoffes se trouvent rendues dans nos magasins et qu'elles y soient débitées à 22 fr., au lieu de 24 fr. qu'elles coûtaient dans nos fabriques. Il est bien clair que les étoffes à 22 fr. feraient tomber celles de 24 fr., puisqu'on y trouverait la même qualité et qu'on les payerait 2 fr. de moins. C'en serait donc fait de nos manufacturiers et de nos artisans ! Un homme habile survient, il s'adresse à un chef de manufacture prêt à congédier ses ouvriers, ou même à leur faire banqueroute, et il lui enseigne un moyen de simplification qui diminue de moitié le nombre de bras autrefois employés à la fabrication de cette même étoffe ; or, cette diminution réduit le prix de l'étoffe au moins d'un tiers, et par conséquent, ce que nos manufacturiers ne pouvaient livrer que pour 24 fr., ils le livrent pour 16 fr. Qu'arrive-t-il alors ! les ouvriers auraient-ils vraiment le droit de se plaindre ! non, car ils allaient tous être renvoyés,

Mais, dira-t-on, pour les égaler, faut-il donc les imiter ? il le faut pour les surpasser. S'il n'était qu'un chemin pour arriver au bien, nous en écar-

et dans ce cas, le manufacturier en garde au moins la moitié ; mais l'autre moitié restera-t-elle sans ressource ! non encore, car le débit sera considérablement augmenté, plus de gens voudront de la même étoffe, parce que son prix est mis à la portée de plus de monde ; il faut donc augmenter les ouvriers à proportion du débit. Mais les choses en resteront-elles à ce point-là ? non encore, car tous les avantages que les étrangers pouvaient avoir sur nous, nos inventeurs nous les ont donnés sur eux. Nous sommes les maîtres à notre tour ; ce que nous leur achetions autrefois, nous le leur vendons ; le débit est triplé, quadruplé, nos manufactures n'y suffisent pas ; il faut monter de nouveaux ateliers, il faut former de nouveaux établissemens ; le nombre total d'ouvriers que nous avions autrefois est trop petit, il faut y en ajouter au lieu d'en retrancher. Les maîtres en trouvent difficilement, on est obligé d'augmenter les salaires pour s'en procurer. Et voilà comme une simplification utile devient un avantage pour ceux même à qui d'abord elle avait paru contraire. Après la découverte de l'Anglais Arkwright, qui a successivement inventé les différentes machines actuellement en usage dans son pays pour la filature du coton, les Anglais avaient d'abord pensé que leurs femmes et leurs enfans ne gagneraient plus comme auparavant leur vie à filer du coton ; mais on ne tarda pas à s'apercevoir, qu'à mesure qu'il fallait moins d'ouvriers pour le même travail, il se présentait beaucoup plus de travail à distribuer aux ouvriers, et que l'augmentation de l'ouvrage commandé était toujours plus forte en proportion de la main-d'œuvre, en sorte que personne ne restait oisif, et qu'on voyait au contraire à toute heure de nouveaux

terions-nous parce que d'autres y seraient entrés ?
Ils n'ont point eu ce vain scrupule, ces fiers Américains, qui dans leur constitution ont adopté la
législation de l'industrie anglaise, comme le plus
sûr moyen d'assurer aussi la prospérité de leur
industrie ; eh quoi ! cette manie d'imitation, dont
nous avons été trop souvent et trop justement accusés, ne portera-t-elle jamais que sur des objets
frivoles, et s'arrêtera-t-elle au moment où l'imitation devient raisonnable ? Tout adopter est d'un
enfant, tout rejeter est d'un insensé ; la sagesse ennoblit l'imitation même : celui qui n'imite qu'après
avoir examiné se rend indépendant de ses modèles, et ne les suivrait point dans leurs erreurs ;
il ne suit personne, il marche à la perfection ;
et, comme le disait un ancien, s'il est ami de
Platon, il l'est encore plus de la vérité (1).

ateliers en mouvement ; enfin, les choses en sont venues
au point, qu'au lieu de deux cent mille bras employés
autrefois dans ce pays à la filature du coton, lorsque
les Anglais ne connaissaient encore que le simple rouet
des anciens temps, on en compte aujourd'hui plus de
six cent mille occupés à ce genre de travail, où les
plus petits enfans gagnent de quoi nourrir leurs pères
et mères, et les plus faibles vieillards de quoi nourrir
leurs enfans. C'est pourtant un seul homme, c'est un
inventeur auquel tout un peuple a d'aussi grandes obligations.

(1) Ce rapport renfermant l'exposé et la discussion de
la loi sur les brevets d'invention, on a donc dû le comprendre dans ce travail. Toutefois, on fait remarquer
en passant, que son auteur, en s'abandonnant à sa bril-

OBSERVATIONS

Il y a trente ans que la loi sur les brevets d'invention a été rendue, mais, où sont ses bienfaits ? aurait-on tort de lui en demander de nouveaux et de plus grands? En 1791, on présenta les priviléges exclusifs sous le point de vue le plus défavorable : on montra le pouvoir dilapidateur trafiquant de son autorité pour opprimer le génie : les priviléges exclusifs furent proscrits. Il eût mieux valu sans doute en régulariser l'emploi : mais lorsqu'un ressort a été comprimé, s'il reprend son élasticité, il vibre au-delà de sa tension naturelle et calculée, c'est une réaction.

Toutefois, qu'a-t-on substitué à ces priviléges? c'est ce qu'il est bien important d'examiner : les brevets d'invention, tels qu'ils auraient dû exister en France, et tels qu'ils existent en Angleterre, sont de véritables priviléges exclusifs, parce qu'ils y jouissent d'une protection puissante, et c'est ainsi que les sociétés se régissent; il faut partout raison et justice, il faut de plus la force qui fait

lante imagination, s'est souvent écarté de son sujet et a professé des principes politiques qui ne devaient pas trouver place dans le cadre qu'il s'était tracé.

respecter ces deux compagnes : raison, justice et force sont les trois arcs-boutans de l'ordre social.

Examinons si ce but que M. de Boufflers se proposait a été atteint.

« Il entre, dit cet orateur, dans vos desseins « paternels de ressusciter l'industrie française..... « Mais tous les arts ont une mère commune, l'in- « vention. Il est à propos de fixer vos regards sur « les inventeurs, ces premiers, ces véritables bien- « faiteurs du monde. Nous allons exposer d'abord « les bases de la théorie qui doit dicter la loi, pour « descendre ensuite aux formes d'exécution. »

De cet exposé naissent les questions suivantes :

1.º Quels sont les droits des inventeurs, et quelles obligations ont-ils à remplir envers la société ?

2.º Quelle a été jusques ici notre législation ? quelle est celle des autres gouvernemens ? quels sont les effets des diverses législations comparées ?

Le rapporteur établit d'abord que s'il existe pour l'homme une véritable propriété, c'est sa pensée, et que l'invention, source de tous les arts, est encore celle de la propriété ; qu'elle est en effet la propriété primitive : car, dit-il, toutes les autres ne sont que des conventions. Il dérive de-là, que tant qu'un inventeur n'a pas révélé sa pensée, il en reste le maître, et peut la tenir scellée ou la mettre au jour à des conditions, que la société, si elle s'engage envers lui, doit exécuter : il l'a appelée au partage de sa propriété primitive. Quel sera donc le contrat entre le cédant et le cessionnaire, c'est-à-dire entre l'inventeur et la société! Le premier demande à jouir d'une chose qui est à lui et qui n'appartient qu'à lui; il en rapporte une preuve irréfragable, c'est qu'elle n'est connue que de lui. Si cette dernière proposition est vraie, la condition qu'il y attache est essentiellement juste: d'ailleurs la société gagne tout à lui assurer cette jouissance, c'est une conquête qu'elle est appelée à partager un jour, pourvu qu'elle en prenne actuellement la défense. C'est de là que naît son droit à imposer des conditions qui sont tellement dans la nature des choses, que la première sera de lui donner l'objet trouvé; mais comme cet objet n'est pas là, sous la main du juge, elle sera forcée, malgré sa puissance, de mettre des bornes au désir qu'elle a de posséder; on renverra cette possession à un temps plus éloigné; elle garantit la jouissance exclusive à l'inventeur depuis le jour du traité jusqu'au jour fixé pour la faire cesser.

La seconde condition, dérive de cette même puissance qu'elle est à même d'employer pour tenir la garantie promise; elle force l'inventeur à témoigner une confiance entière à l'autorité protectrice qu'il invoque; elle exige qu'on lui donne une connaissance entière de l'objet qu'elle doit défendre : « Votre précision dans la manière de remplir cet acte de confiance, vous dit-elle, deviendra un jour, en cas de contestation, un titre en votre faveur, puisqu'il vous était impossible de défendre seul votre propriété contre tous; car tous pouvaient chercher à l'envahir. Puisque tous

9

au contraire auront consenti à vous défendre, il faut qu'ils soient associés ensuite aux avantages dont ils vous auront fait jouir privativement. Lorsque des clauses sont aussi précises et aussi équitables, il paraît que leur exécution sera facile, prompte et entière. Résumons donc les conditions qui ont été arrêtées.

1.º Confiance absolue, et révélation complète de l'objet trouvé.

2.º Jouissance exclusive accordée à l'inventeur pour un temps limité.

3.º Garantie promise contre tous, pendant le temps fixé.

4.º Abandon au profit de tous après l'expiration de ce terme.

C'est ici qu'il faut bien se pénétrer de cette vérité que ce contrat, dont l'effet doit être réciproque, est exécuté tout entier par l'inventeur, lorsque la société ne lui a encore donné que des promesses. Aussi combien il a de droits à leur sévère exécution! Quelle force protectrice, quel appareil de puissance la loi va déployer en sa faveur pour prix de sa confiance et de sa bonne foi! cela devait être et cela n'a pas été! l'article XII est le seul qui s'occupait de la garantie à accorder aux inventeurs; les dix–sept autres se livrent au soin de les lier, de les punir même s'ils n'ont pas rempli scrupuleusement tous les devoirs qui leur sont imposés: Et que portait enfin cet article protecteur de la pensée, cette propriété si respectable, a dit le rapporteur? il portait : *Sous bonne et suffisante caution, on pourra requérir la saisie des objets contrefaits, et traduire les contrefacteurs devant les tribunaux* (1). Ainsi donc, le droit de faire un procès, celui de courir de tribunaux en tribunaux, d'éprouver toutes les chicanes, toutes les incertitudes attachées au jugement des hommes, est le seul que je tienne de cette puissante garantie qui a été si solennellement annoncée et promise : mais si jamais promesse fut illusoire, c'est celle-ci sans doute. Le rapporteur, en présentant le projet de loi, consacre l'existence d'importantes vérités et les articule fortement; et c'est ainsi encore que les mesures d'exécution, que le texte de la loi même, ne répondent pas aux vues du rapport, et ne tiennent pas les promesses du législateur. On remarque même un esprit de faiblesse dans les dispositions prescrites pour l'avenir, qui se fait d'autant plus apercevoir qu'il contraste avec le désir évident de blâmer tout ce qui s'est fait précédemment. En effet, une critique très amère de la conduite des sous-ordres, dans la concession des priviléges exclusifs, succède à l'exposition des principes qui doivent diriger pour les brevets d'invention. Il est nécessaire de

---

(1) A peine la loi fut-elle rendue, qu'elle parut trop protectrice, car, par une nouvelle disposition législative, elle défendit l'exécution des art. X et XII, et ôta le droit de saisie même sous caution, et ne laissa que ce qu'on ne pouvait pas retrancher sans anéantir la loi en totalité, c'est-à-dire le droit de traduire devant les tribunaux.

faire remarquer que ces priviléges si déprimés et avec tant de force, étaient l'abus de la chose, et non pas la chose elle-même. En effet, on s'élève contre les priviléges, donnés pour enlever au reste de la société le droit d'user d'une branche d'industrie déjà commune à tous, mais personne n'a jamais essayé, au moins de bonne foi, de défendre ces lettres de cachet lancées contre l'industrie nationale, pour protéger un véritable monopole.

La législation anglaise citée fréquemment dans le rapport n'a pas servi de modèle à la nôtre. Celui qui dans ce pays possède un brevet d'invention, est pourvu d'une arme terrible qui porte des coups certains; croit-il avoir découvert un contrefacteur, sur-le-champ les ateliers sont mis sous le scellé et le marchandises déposées; les machines ne marchent plus, tout est suspendu; enfin, celui qui est attaqué ne peut tenter aucune opération relative à l'objet contesté. L'homme dont on arrête aussi subitement les moyens de travail, a le plus pressant besoin d'échapper à l'oppression. On suppose qu'il a été attaqué injustement : la législation prescrit alors, dans cette partie, des formes courtes, claires et faciles. A peine le procès est commencé, et déjà le jugement va se rendre. (Et cependant, en Angleterre, les lois civiles sont un dédale qui rend souvent l'issue des procès incertaine, et qui toujours du moins les prolonge d'une manière indéfinie.) La décision est prompte, parce que, de quelle part

que soit le tort, le délinquant est trouvé en fla-
grant délit. Si donc la contrefaçon n'existe pas,
des dommages et intérêts considérables sont adju-
gés au saisi; aussi y a-t-il très peu d'exemples que
l'on se soit permis d'user légèrement de la loi :
l'intérêt personnel rend circonspect, la méchan-
ceté ne se saisira donc pas d'une arme dont elle
finirait par se voir frappée. Si le saisissant n'a fait
qu'user d'un droit légitime, alors il est pleinement
vengé; l'amende prononcée est proportionnée plutôt à l'insulte faite à la loi, qu'elle ne l'est au tort
réel, puisqu'elle l'excède toujours.

Quelle différence entre l'application des principes! mais aussi quelle sécurité de la part des
inventeurs! avec quelle joie ils acquittent les droits
dus au fisc pour l'expédition de leur patente! Comment se fait-il que de toute la législation anglaise,
nous n'ayons su bien retenir que la partie fiscale,
celle qui fait rentrer l'or du pétitionnaire dans le
trésor public? Que l'on n'essaie point d'objecter
que les brevets d'invention remplissent pleinement leur institution en France, puisque sans
cesse on prie le gouvernement d'en accorder.
Toutefois, on fait observer qu'il est généralement
reconnu que les moyens de garantie sont très
insuffisans ; mais, attendu que la loi n'en fournit
pas d'autre, on préfère encore l'employer pour
ne pas paraître tout-à-fait désarmé. L'espoir de
se défendre remplace, chez beaucoup d'inventeurs
la possibilité de le faire avec succès; la loi n'accorde donc pas des garanties suffisantes à la pro-

priété industrielle : les nombreux arrêts qui se trouvent dans cet ouvrage prouvent combien l'imperfection de notre législation, sur cette matière, a fait naître de procès qui ont souvent consumé la fortune des plaideurs, et privé l'état de découvertes utiles.

CHAPITRE V.

LOI

RELATIVE AUX DÉCOUVERTES UTILES, ET AUX MOYENS D'EN
ASSURER LA PROPRIÉTÉ A CEUX QUI SERONT RECONNUS EN
ÊTRE LES AUTEURS.

7 janvier 1791.

Louis, par la grâce de Dieu, etc. :

Considérant que toute idée nouvelle, dont la manifestation ou le développement peut devenir utile à la société, appartient primitivement à celui qui l'a conçue, et ce serait attaquer les droits de l'homme dans leur essence que de ne pas regarder *une découverte industrielle* comme la propriété de son auteur; considérant, en même temps, combien le défaut d'une déclaration positive et authentique de cette vérité peut avoir contribué jusqu'à présent à décourager l'industrie française, en occasionnant l'émigration de plusieurs artistes distingués, et en faisant passer à l'étranger un grand nombre d'inventions nouvelles, dont ce royaume aurait dû tirer les premiers avantages; considérant enfin, que tous les principes de justice, d'ordre public et d'intérêt national, commandent im-

périeusement de fixer désormais l'opinion des citoyens français sur ce genre de propriété par une
loi qui la consacre et qui la protége, ordonnons
ce qui suit :

ART. I.er Toute découverte ou nouvelle invention, dans tous les genres d'industrie, est la propriété de son auteur ; en conséquence, la loi lui
en garantit la pleine et entière jouissance, suivant
le mode et pour le temps qui seront ci-après déterminés.

II. Tout moyen d'ajouter à quelque fabrication
que ce puisse être un nouveau genre de perfection (1) sera regardé comme une invention.

(1) L'obscurité que plusieurs personnes ont cru trouver dans cet article paraît venir de ce qu'on a pu confondre un *degré* de perfection avec un *genre* de perfection. Le degré de la perfection d'un ouvrage peut
tenir au choix de la matière, à la forme, à la grâce,
à la proportion, à l'accord, au fini de toutes les parties, enfin à tout ce qui dépend du goût de l'artiste,
du soin du maître et de l'adresse de l'ouvrier ; c'est
alors l'espèce de perfection dont l'ouvrage est susceptible ; c'est un degré de perfection de plus, mais ce
n'est point un nouveau genre de perfection. Ce qu'on
entend par un nouveau genre de perfection tient à une
nouvelle pensée que les autres agens de l'industrie, que
l'inventeur même de la chose n'avait point conçue, et
qui procure ou une *facilitation* de travail, ou une extension d'utilité ; or, ce moyen inconnu de perfection,
souvent d'une grande minutie en apparence, mais d'une
grande utilité réelle, devient nécessairement la propriété de son inventeur. Ici, quelques personnes sont
encore tombées dans une méprise dont il est aisé de

III. Quiconque apportera le premier en France une découverte étrangère jouira des mêmes avantages que s'il en était l'inventeur.

IV. Celui qui voudra conserver ou s'assurer une propriété industrielle du genre de celles énoncées aux précédens articles sera tenu,

1.º De s'adresser au secrétariat du directoire de son département (aujourd'hui préfecture), et d'y déclarer par écrit si l'objet qu'il présente est d'invention, de perfection, ou seulement d'importation;

2.º De déposer sous cachet une description exacte des principes, moyens et procédés qui constituent la découverte, ainsi que les plans, coupes, dessins et modèles qui pourraient y être relatifs, pour ledit paquet être ouvert au moment où l'inventeur recevra son titre de propriété.

les faire revenir. On a cru que le titre accordé à l'auteur de la perfection enlevait au premier auteur de la découverte l'exercice privatif de son titre d'inventeur; mais il n'en est pas ainsi, l'invention est le sujet, la perfection est une addition : ces deux choses différentes appartiennent à leurs auteurs respectifs; l'une est l'arbre et l'autre est la greffe. Si le premier inventeur veut présenter sa découverte perfectionnée, il doit s'adresser au second, et réciproquement le second inventeur ne peut tenir que du premier le sujet auquel il veut appliquer son nouveau genre de perfection; ils se verront désormais obligés, quoi qu'ils fassent, de travailler l'un pour l'autre; et dans toutes les suppositions, la société y trouve son profit; car, ou bien ils se critiquent, et alors le public est plus éclairé, ou bien ils s'accordent, et alors le public est mieux servi.

V. Quant aux objets d'une utilité générale , mais d'une exécution trop simple et d'une imitation trop facile pour établir aucune spéculation commerciale, et dans tous les cas , lorsque l'inventeur aimera mieux traiter directement avec le gouvernement, il lui sera libre de s'adresser, soit aux assemblées administratives, soit au corps législatif, s'il y a lieu, pour confier sa découverte, en démontrer les avantages et solliciter une récompense (au ministre de l'intérieur par l'intermédiaire des préfets.)

VI. Lorsqu'un inventeur aura préféré aux avantages personnels assurés par la loi l'honneur de faire jouir sur-le-champ la nation des fruits de sa découverte ou invention, et lorsqu'il prouvera par la notoriété publique, et par des attestations légales, que cette découverte ou invention est d'une véritable utilité, il pourra lui être accordé une récompense sur les fonds destinés aux encouragemens de l'industrie.

VII. Afin d'assurer à tout inventeur (1) la propriété et la jouissance temporaire de son invention, il lui sera délivré un *titre* ou *patente*, selon la

(1) Deux hommes , dira-t-on , peuvent inventer la même chose en même temps. Pour qui sera la patente? pour celui qui se sera présenté le premier. La loi ne connaît que les choses et non les personnes : mais l'autre est inventeur aussi? cela se peut , il est peut-être le véritable inventeur? cela se peut encore ; on lui fait donc une injustice? non encore une fois, puisque la chose a été accueillie dès qu'elle s'est présentée, car le but de la société n'est pas d'enrichir l'inventeur , mais de s'enrichir de l'invention.

forme indiquée dans le réglement qui sera dressé pour l'exécution de la présente loi.

VIII. Les patentes seront données pour cinq, dix ou quinze années, au choix de l'inventeur; mais ce dernier terme ne pourra jamais être prolongé sans un décret particulier du corps législatif.

IX. L'exercice des patentes accordées pour une découverte importée d'un pays étranger ne pourra s'étendre, au-delà du terme fixé dans ce pays, à l'exercice du premier inventeur.

X. Les patentes expédiées en parchemin et scellées du sceau de l'état seront enregistrées dans les secrétariats des directoires de tous les départemens du royaume (préfecture), et il suffira pour les obtenir de s'adresser à ces directoires qui se chargeront de les procurer à l'inventeur. (La loi du 25 mai 1791 a apporté le changement suivant à cet article : « L'inventeur sera tenu, pour obtenir lesdites patentes de s'adresser au directoire de son département (aujourd'hui préfecture) qui en requerra l'expédition. La patente envoyée à ce directoire y sera enregistrée, et il en sera en même temps donné avis par le ministre de l'intérieur aux préfets des autres départemens. »)

XI. Il sera libre à tout citoyen d'aller consulter au secrétariat de son département le catalogue des inventions nouvelles; il sera libre de même à tout citoyen domicilié de consulter au dépôt général établi à cet effet les *spécifications* des différentes patentes actuellement en exercice; cependant les *descriptions* ne seront point communiquées dans les cas où l'inventeur, ayant jugé que des raisons politiques ou commerciales exigent le secret de sa découverte, se serait présenté au corps législatif (au ministre de l'intérieur) pour lui exposer ses motifs, et en aurait obtenu un décret particulier sur cet objet.

Dans le cas où il sera déclaré qu'une description demeurera secrète, il sera nommé des commissaires pour veiller à l'exactitude de la description, d'après la vue de moyens et procédés, sans que l'auteur cesse pour cela d'être responsable par la suite de cette exactitude.

XII. Le propriétaire d'une patente jouira privativement de l'exercice et des fruits des découverte, invention ou perfection pour lesquelles ladite patente aura été obtenue; en conséquence, il pourra, en donnant bonne et suffisante caution, requérir la saisie des objets contrefaits (la loi du 25 mai 1791 ordonne la suppression des mots renfermés dans cet article et que voici : « *en donnant bonne et suffisante caution, requérir la saisie des objets contrefaits* ») et traduire les contrefacteurs devant les tribunaux ; lorsque les contrefacteurs seront convaincus, ils seront condamnés en sus de la confiscation à payer à l'inventeur des dommages-intérêts proportionnés à l'importance de la contrefaçon, et en outre à verser dans la caisse des pauvres du district une amende fixée au quart du montant desdits dommages-intérêts, sans toutefois que ladite amende puisse excéder la somme de 3000 livres, et au double en cas de récidive.

XIII. Dans le cas où la dénonciation pour contrefaçon d'après laquelle la saisie aurait eu lieu (ces mots : « *d'après que la saisie aura eu lieu* » sont supprimés de cet article par la loi du 25 mai 1791) se trouverait dénuée de preuves, l'inventeur sera condamné envers sa partie adverse à des dommages et intérêts proportionnés au trouble et au préjudice qu'elle aura pu en éprouver, et en outre à verser dans la caisse des pauvres du district une amende fixée au quart du montant desdits dommages et intérêts, sans toutefois que ladite amende puisse excéder la somme de 3000 livres, et au double en cas de récidive.

XIV. Tout propriétaire de patente aura droit de former des établissemens dans toute l'étendue du royaume, et même d'autoriser d'autres particuliers à faire l'application et l'usage de ces moyens et procédés; et dans tous les cas, il pourra disposer de sa patente comme d'une propriété mobiliaire.

XV. A l'expiration de chaque patente, la découverte ou invention devant appartenir à la société, la description en sera rendue publique, et l'usage en deviendra permis dans tout le royaume, afin que tout citoyen puisse librement l'exercer et en jouir, à moins qu'une loi n'ait prorogé l'exercice de la patente, ou n'en ait ordonné le secret dans les cas prévus par l'article XI.

XVI. La description de la découverte énoncée dans une patente sera de même rendue publique, et l'usage des moyens et procédés relatifs à cette découverte sera aussi déclaré libre dans tout le royaume lorsque le propriétaire de la patente en sera déchu, ce qui n'aura lieu que dans les cas ci-après déterminés.

1.º Tout inventeur, convaincu d'avoir, en donnant sa description, recélé ses véritables moyens d'exécution, sera déchu de sa patente.

2.º Tout inventeur, convaincu de s'être servi dans ses fabrications de moyens secrets qui n'auraient point été détaillés dans sa description, ou dont il n'aurait pas donné sa déclaration pour les faire ajouter à ceux énoncés dans sa description, sera déchu de sa patente.

3.º Tout inventeur, ou se disant tel, qui sera convaincu d'avoir obtenu une patente pour des découvertes déjà consignées et décrites dans des ouvrages imprimés et publiés, sera déchu de sa patente.

4.º Tout inventeur qui, dans l'espace de deux ans, à compter de la date de sa patente, n'aura point mis sa découverte en activité, et qui n'aura point justifié les raisons de son inaction, sera déchu de sa patente.

5.º Tout inventeur qui, après avoir obtenu une patente en France, sera convaincu d'en avoir pris une pour le même objet en pays étranger, sera déchu de sa patente.

6.º Enfin, tout acquéreur du droit d'exercer une découverte énoncée dans une patente sera soumis aux mêmes obligations que l'inventeur, et, s'il y contrevient, la patente sera révoquée, la découverte publiée, et l'usage en deviendra libre dans tout le royaume.

XVII. Il n'est porté aucune atteinte aux priviléges exclusifs ci-devant accordés pour *inventions et découvertes*, lorsque toutes les formes légales auront été observées pour ces priviléges, lesquels auront leur plein et entier effet, et seront au surplus, les possesseurs de ces anciens priviléges, assujettis aux dispositions de la présente loi.

Les autres priviléges fondés sur de simples arrêts du conseil, ou sur des lettres-patentes non enregistrées, seront convertis sans frais *en patentes*, mais seulement pour le temps qui leur reste à courir, en justifiant que lesdits priviléges ont été obtenus pour découvertes et inventions du genre de celles énoncées aux précédens articles.

Pourront les propriétaires desdits anciens priviléges enregistrés, et de ceux convertis en patentes, en disposer à leur gré, conformément à l'article XIV.

XVIII. Le comité d'agriculture et de commerce, réuni au comité des impositions, présentera à l'assemblée nationale un projet de réglement qui fixera les taxes des patentes d'inventeurs suivant la durée de leur exercice, et qui embrassera tous les détails relatifs à l'exécution des divers articles contenus dans la présente loi.

LOI

PORTANT RÉGLEMENT SUR LA PROPRIÉTÉ DES AUTEURS D'IN-
VENTIONS ET DÉCOUVERTES EN TOUT GENRE D'INDUSTRIE, ET
RÉGLEMENT POUR L'EXÉCUTION DE LA LOI DU 7 JANVIER 1791.

———

25 mai 1791.

———

TITRE PREMIER.

ART. I.er En conformité des trois premiers articles de la loi du 7 janvier 1791, relative aux nouvelles découvertes et inventions en tous genres d'industrie, il sera délivré sur une simple requête au Roi, et sans examen préalable, des *patentes nationales*, sous la dénomination de *brevets d'invention* (dont le modèle est annexé au présent réglement, sous le n.º 2) à toutes personnes qui voudront exécuter ou faire exécuter dans le royaume des objets d'industrie jusqu'alors inconnus.

II. Il sera établi à Paris, conformément à l'article XI de la loi, sous la surveillance et l'autorité du ministre de l'intérieur, chargé de délivrer lesdits brevets, un dépôt général sous le nom de *Directoire des brevets d'invention*, où ces brevets seront expédiés ensuite des formalités préalables, et selon le mode ci-après déterminé.

III. Le directoire des brevets d'invention (ministre de l'intérieur) expédiera lesdits brevets sur les demandes qui lui parviendront des secrétariats des départemens (préfectures). Ces demandes contiendront le nom du demandeur, sa proposition et sa requête au Roi; il y sera joint un paquet renfermant la description exacte de tous les moyens qu'on se propose d'employer, et à ce paquet seront ajoutés les dessins, modèles et autres pièces jugés nécessaires pour l'explication de l'énoncé de la demande, le tout avec la signature et sous le cachet du demandeur. Au dos de l'enveloppe de ce paquet sera inscrit un procès-verbal (dans la forme jointe au présent réglement, sous le n.º 1) signé par le secrétaire du département (préfet) et par le demandeur, auquel il sera délivré un double dudit procès-verbal, la date du dépôt, l'acquit de la taxe, ou la soumission de la payer suivant le prix et dans le délai qui seront fixés au présent réglement.

IV. Les directoires des départemens (préfectures), non plus que le directoire des brevets d'invention, ne recevront aucune demande qui contienne plus d'un objet principal avec les objets de détail qui pourront y être relatifs.

V. Les directoires des départemens seront tenus d'adresser au directoire des brevets d'invention les paquets des demandeurs, revêtus des formes ci-dessus prescrites, dans la semaine même où la demande aurait été présentée.

VI. A l'arrivée de la dépêche du secrétariat du département au directoire des brevets d'invention, le procès-verbal inscrit au dos du paquet sera enregistré, le paquet sera ouvert et le brevet sera sur-le-champ dressé d'après le modèle annexé au présent réglement (sous le n.º 2). Ce brevet renfermera une copie exacte de la description, ainsi que des dessins et modèles annexés au procès-verbal; ensuite de quoi ledit brevet sera scellé et envoyé au département, sous le cachet du directoire des brevets d'invention; il sera en même temps adressé à tous les tribunaux et départemens du royaume, une *proclamation du Roi* relative au brevet d'invention, et dans la forme ci-jointe (n.º 3), et ces proclamations seront enregistrées par ordre de date, et affichées dans lesdits tribunaux et départemens.

VII. Les descriptions des objets dont le gouvernement, dans les cas prévus par l'article XI de la loi du 7 janvier, aura ordonné le secret, seront ouvertes et inscrites par numéros au directoire des inventions, dans un registre particulier, en présence de commissaires nommés à cet effet, conformément audit article de la loi; ensuite ces descriptions seront cachetées de nouveau, et procès-verbal en sera dressé par lesdits commissaires. Le décret qui aura ordonné de les tenir secrètes sera transcrit au dos du paquet; il en sera fait mention dans la proclamation du Roi, et le paquet demeurera cacheté jusqu'à la fin de l'exercice du brevet, à moins qu'un décret n'en ordonne l'ouverture.

VIII. Les prolongations des brevets qui, dans des cas très rares et pour des raisons majeures, pourront être accordées par le gouvernement, seulement pendant la durée de la législature, seront enregistrées dans un registre particulier au directoire des inventions, qui sera tenu de donner connaissance de cet enregistrement aux différens départemens et tribunaux du royaume.

IX. Les arrêts du conseil, lettres-patentes, mémoires descriptifs, tous documens et pièces relatives à des priviléges d'invention, ci-devant accordés pour des objets d'industrie, dans quelque dépôt public qu'ils se trouvent, seront réunis incessamment au directoire des brevets d'invention.

X. Les frais de l'établissement ne seront point à la charge du trésor public; ils seront pris uniquement sur le produit de la taxe des brevets d'invention, et le surplus employé à l'avantage de l'industrie nationale.

TITRE II.

ART. I.er Celui qui voudra obtenir un brevet d'invention sera tenu, conformément à l'article IV de la loi du 7 janvier, de s'adresser au secrétariat du directoire de son département (préfecture), pour y remettre sa requête au Roi, avec la description de ses moyens, ainsi que les dessins et modèles relatifs à l'objet de sa demande, conformément à l'article III du titre I.er; il y joindra un état fait double et signé par lui de toutes les pièces contenues dans le paquet; un de ces doubles devra être renvoyé au secrétariat du département par le directeur des brevets d'invention, qui se chargera de toutes les pièces par son *récépissé* au pied dudit état.

II. Le demandeur aura le droit, avant de signer le procès-verbal, de se faire donner communication du catalogue de tous les objets pour lesquels il aura été expédié des brevets, afin de juger s'il doit ou non persister dans sa demande.

III. Le demandeur sera tenu, conformément à l'article III du titre I.er, d'acquitter au secrétariat du département la taxe du brevet, suivant le tarif annexé au présent réglement (sous le n.º 4); mais il lui sera libre de ne payer que la moitié de cette taxe en présentant sa requête, et de déposer sa soumission d'acquitter le reste de la somme dans le délai de six mois.

IV. Si la soumission du breveté n'est point remplie au terme prescrit, le brevet qui lui aura été délivré sera de nul effet; l'exercice de son droit deviendra libre, et il en sera donné avis à tous les départemens par le directoire des brevets d'invention.

V. Toute personne pourvue d'un brevet d'invention sera tenue d'acquitter, en sus de la taxe dudit brevet, la taxe des patentes annuelles imposées à toutes les professions d'arts et métiers par la loi du 17 mars 1791.

VI. Tout propriétaire de brevet qui voudra des changemens à l'objet énoncé dans sa première demande sera obligé d'en faire sa déclaration, et de remettre la description de ses nouveaux moyens au secrétariat du département (préfecture), dans la forme prescrite par l'article I.er du présent titre, et il sera observé à cet égard les mêmes formalités entre les directoires des départemens (préfectures) et celui des brevets d'invention.

VII. Si ce breveté ne veut jouir privativement de l'exercice de ces nouveaux moyens que pendant la durée de son brevet, il lui sera expédié par le directoire des brevets d'invention un certificat dans lequel sa nouvelle déclaration sera mentionnée, ainsi que la remise du paquet contenant la description de ses nouveaux moyens (1).

Il lui sera libre aussi de prendre successivement de nouveaux brevets pour lesdits changemens, à mesure qu'il en voudra faire, ou de les faire réunir dans un seul brevet quand il les présentera collectivement.

Ces nouveaux brevets seront expédiés de la même manière et dans la même forme que les brevets d'invention, et ils auront les mêmes effets.

VIII. Si quelque personne annonce un moyen de perfection pour une invention déjà brevetée, elle obtiendra sur sa demande un brevet pour l'exercice privatif dudit moyen de perfection, sans qu'il lui soit permis, sous aucun prétexte, d'exécuter ou de faire exécuter l'invention principale;

(1) Le directoire des brevets d'invention est aujourd'hui remplacé par le ministre de l'intérieur, et à ce ministère il existe un comité consultatif des brevets d'invention, de perfectionnement et d'importation, auquel toutes les demandes sont soumises.

et réciproquement sans que l'inventeur puisse faire exécuter par lui-même le nouveau moyen de perfection.

Ne seront point mis au rang des *perfections industrielles* les changemens de formes ou de proportions, non plus que les ornemens, de quelque genre que ce puisse être.

IX. Tout concessionnaire de brevet obtenu pour un objet que les tribunaux auront jugé contraire aux lois du royaume, à la sureté publique ou aux réglemens de police, sera déchu de son droit, sans pouvoir prétendre d'indemnité, sauf au ministère public à prendre, suivant l'importance du cas, telles conclusions qu'il appartiendra.

X. Lorsque le propriétaire d'un brevet sera troublé dans l'exercice de son droit privatif; il se pourvoira, dans les formes prescrites pour les autres procédures civiles, devant le juge de paix, pour faire condamner le contrefacteur aux peines prononcées par la loi.

XI. Le juge de paix entendra les parties et leurs témoins, ordonnera les vérifications qui pourront être nécessaires, et le jugement qu'il prononcera sera exécuté provisoirement, nonobstant l'appel.

XII. Dans le cas où une saisie juridique n'aurait pu faire découvrir aucun objet fabriqué ou débité en fraude, le dénonciateur supportera les peines énoncées dans l'article XIII de la loi, à moins qu'il ne légitime sa dénonciation par des preuves légales, auquel cas il sera exempt desdites peines sans pouvoir néanmoins prétendre aucuns dommages-intérêts.

XIII. Il sera procédé de même, en cas de contestation entre deux brevetés pour le même objet : si la ressemblance est déclarée absolue, le brevet de date antérieure demeurera seul valide ; s'il y a dissemblance en quelques parties, le brevet de date postérieure pourra être converti, sans payer de taxe, en brevet de perfection, pour les moyens qui ne seraient point énoncés dans le brevet de date antérieure.

XIV. Le propriétaire d'un brevet pourra contracter telle société qu'il lui plaira pour l'exercice de son droit, en se conformant aux usages du commerce ; mais il lui sera interdit d'établir son entreprise par *actions*, à peine de déchéance de l'exercice de son brevet (1).

XV. Lorsque le propriétaire d'un brevet aura cédé son droit en tout ou en partie (ce qu'il ne pourra faire que par un acte notarié), les deux parties contractantes seront tenues, à peine de nullité, de faire enregistrer ce transport (suivant le modèle sous le n.º 3) au secrétariat de leurs

(1) La disposition de l'article 14 du titre II de la loi du 25 mai 1791, portant règlement sur la propriété des auteurs de découvertes en tout genre d'industrie, est abrogée en ce qui concerne la défense d'exploiter les brevets d'invention par *actions*.

Ceux qui voudraient exploiter leurs titres de cette manière, seront tenus de se pourvoir de l'autorisation du gouvernement. (*Décret du 25 novembre 1806.*)

départemens respectifs, lesquels en informeront aussitôt le directoire des brevets d'invention, afin que celui-ci en instruise les autres départemens.

XVI. En exécution de l'article XVII de la loi du 7 janvier, tous les possesseurs de priviléges exclusifs, maintenus par ledit article, seront tenus, dans le délai de six mois après la publication du présent réglement, de faire enregistrer au directoire d'invention les titres de leurs priviléges, et d'y déposer les descriptions des objets privilégiés, conformément à l'article I.er du présent titre, le tout à peine de déchéance.

TITRE III.

ART. I.er L'assemblée nationale renvoie au ministre de l'intérieur les mesures à prendre pour l'exécution du réglement sur la loi des brevets d'invention, et le charge de présenter incessamment à l'assemblée les dispositions qu'il jugera nécessaires pour assurer cette partie du service public.

N.º 1.

Modèle d'un procès-verbal de dépôt pour un brevet d'invention.

N......... département de......., aujourd'hui....... jour du mois de...................., à..... heures du matin (ou du soir), le sieur N. a (ou sieurs N. N.

ont) déposé entre nos mains le présent paquet scellé de son (ou de leur) cachet, qu'il nous a (on ont) dit renfermer toutes les pièces descriptives (*ici l'énoncé fidèle de l'objet*), pour lequel objet il se propose (ou ils se proposent) d'obtenir un brevet d'invention de 5 (10 ou 15) années, ainsi qu'il est porté dans la requête aussi contenue dans ledit paquet. Nous a (ou ont) déclaré ledit sieur N. (ou lesdits sieurs N. N.) qu'il est (ou qu'ils sont) inventeur (ou inventeurs), perfectionneur (ou perfectionneurs), importateur (ou importateurs) dudit objet; il nous a (ou ils nous ont) remis le montant de la moitié et sa (ou leur) soumission pour payer dans...... mois...... l'autre moitié du droit de brevet d'invention, fixé dans le réglement du 25 mai 1791, sur la loi du 7 janvier précédent, en nous priant de faire parvenir, dans le plus court délai, ce paquet au directoire des brevets d'invention, ce que nous avons promis. Desquels dépôt et réquisition, ledit sieur N. nous a (ou lesdits N. N. nous ont) demandé acte, que nous lui (ou leur) avons accordé; et, après l'apposition du sceau de notre département, l'avons (ou les avons) invité de signer avec nous; et a (ou ont) signé. Fait à la préfecture du département d......, le................

Signé N. N. N.

————

N.º 2.

Modèle de brevet d'invention.

Louis, par la grâce de Dieu, Roi de France et de Navarre, à tous présens et à venir SALUT :

Le sieur N. de (ou les sieurs N. N. de)...... nous ayant fait exposer qu'il désire (ou qu'ils désirent) jouir des droits de propriété assurés par la loi du 7 janvier 1791, aux auteurs des découvertes et inventions en tout genre d'industrie, et en conséquence obtenir un brevet d'invention qui durera l'espace de (*ici l'on énoncera en toutes lettres si c'est pour* 5, *pour* 10 *ou pour* 15 *années*), pour fabriquer, vendre et débiter dans tout le royaume (*ici l'on transcrira l'énoncé de l'objet, tel qu'il a été fourni par le demandeur*), dont il a (ou ils ont) déclaré être l'inventeur (les inventeurs), le perfectionneur (les perfectionneurs), l'importateur (les importateurs), ainsi qu'il résulte du procès-verbal dressé lors du dépôt fait à la préfecture du département d.... en date du................. Vu la requête de N. (ou N. N.) ensemble le mémoire explicatif (ou descriptif), les plans, coupes et dessins (s'il y en a) adressés par l'exposant (ou les exposans) au directoire des brevets d'invention, duquel mémoire (ou desquels mémoires et dessins) s'ensuivent la teneur et la copie;

(*Ici seront fidèlement transcrits lesdits mémoires et copies, les plans et dessins, comme cela se pratique dans les patentes anglaises.*)

Nous avons, conformément à la susdite loi du 8 janvier 1791, conféré, et, par ces présentes signées de notre main, conférons au sieur N. (ou aux sieurs N. N.) un brevet d'invention pour fabriquer, vendre et débiter dans tout le royaume, pendant le temps et espace de 5 (10 ou 15) années entières et consécutives, à compter de la date des présentes (*ici l'on doit répéter l'énoncé de l'objet breveté*), exécuté par les moyens consignés dans la description ci-dessus, et sur lequel sera appliqué un timbre ou cartel, avec les mots *brevet d'invention*, et le nom de l'auteur (ou des auteurs), pour par lui (ou eux), et ses (ou leurs) ayant-causes, jouir dudit brevet dans toute l'étendue du royaume, pour le temps porté ci-dessus, le tout en conformité des dispositions de la loi du 7 janvier 1791.

Faisons très expresses inhibitions et défenses à toutes personnes d'imiter ou contrefaire les objets dont il s'agit, sous quelque prétexte que ce puisse être. Voulons, pour assurer à N. (ou N. N.) la jouissance de son (ou de leur) brevet, qu'il soit fait sur icelui une proclamation en notre nom, à ce que nul n'en ignore.

MANDONS et ordonnons à tous les tribunaux, corps administratifs et municipalités, de faire jouir et user pleinement et paisiblement des droits conférés par ces présentes le sieur N. (ou les sieurs N. N.) et ses (ou leurs) ayant-causes, cessant et faisant cesser tous troubles et empêchemens contraires. Leur mandons aussi qu'à la première réquisition du breveté (ou des brevetés) les présentes ils fassent transcrire sur leurs registres, lire, publier et afficher dans leurs ressorts et départemens respectifs, et exécuter pendant leur durée comme loi du royaume. En foi de quoi nous avons signé et fait contre-signer cesdites présentes, auxquelles nous avons fait apposer le sceau de l'état. A......, le..... jour du mois de......, l'an de grâce......... de notre règne le......

Signé LOUIS.

N.° 3.

Modèle d'enregistrement d'un transport de brevet d'invention.

N.......... département de........

Aujourd'hui........ jour du mois de..............., le sieur N. (ou sieurs N. N.) s'est présenté (ou se sont présentés) en notre secrétariat, pour requérir l'enregistrement de la cession qu'ils ont (ou qui leur a été) faite au sieur N. (ou sieurs N. N.) par le sieur N. (ou les sieurs N. N.) par acte du.... devant M.°......, notaire à......, de la totalité (ou partie) du brevet d'invention accordé le....., pour l'espace de 5 (10 ou 15) années, à raison (*énoncer ici l'objet du brevet*); lequel enregistrement nous lui (ou leur) avons accordé; et il nous a été payé la somme de...... pour les droits fixés dans

le tarif annexé au réglement du 25 mai 1791,
sur la loi du 7 janvier de la même année, et
a ledit sieur (ou ont lesdits sieurs) signé avec
nous.

Fait à......., le................

Signé N. N. N.

N.º 4.

Tarif des droits à payer au directoire d'invention (ministère de l'intérieur).

Taxe d'un brevet pour cinq ans. . . . . 300 fr.
Taxe d'un brevet pour dix ans 800
Taxe d'un brevet pour quinze ans. . . . 1,500
Droit d'expédition des brevets. 50
Certificat de perfectionnement, changement et addition. 24
Droit de prolongation d'un brevet. . . 600
Enregistrement du brevet de prolongation. 12
Enregistrement d'une cession de brevet en totalité ou en partie 18
Pour la recherche et la communication d'une description. 12

Tarif des droits à payer au secrétariat du département.

Pour le procès-verbal de remise d'une
description ou de quelque perfectionne-

ment, changement et addition, et des pièces relatives, tous frais compris . . . . 12 fr.

Pour l'enregistrement d'une cession de brevet en totalité ou en partie, tous frais compris. 12

Pour la communication du catalogue des inventions et droits de recherches. . . 3

L'assemblée nationale décrète les changemens qui suivent au texte de la loi du 7 janvier 1791.

A l'article X, a été substitué cette nouvelle rédaction :

« L'inventeur sera tenu, pour obtenir lesdites « patentes, de s'adresser au directoire de son « département (préfecture), qui en requerra l'ex- « pédition. La patente envoyée à ce directoire y « sera enregistrée, et il en sera en même temps « donné avis par le ministre de l'intérieur au di- « rectoire des autres départemens. »

L'assemblée a décrété la suppression des mots suivans :

Article XII, *en donnant bonne et suffisante caution, requérir la saisie des objets contrefaits.*

Article XIII, *d'après laquelle saisie aura eu lieu.*

———

LOI

RELATIVE AUX GRATIFICATIONS ET SECOURS A ACCORDER
AUX ARTISTES.

———

12 septembre 1791.

———

TITRE PREMIER.

Distribution des récompenses nationales.

ART. I.er Sur le fonds des deux millions destinés, par le décret du 4 août 1790, à être an-
nuellement employés en dons, gratifications, encouragemens, il sera distribué une somme de trois
cent mille francs, selon le mode ci-après déterminé, en gratifications et secours aux artistes,
qui, par leurs découvertes, leurs travaux et leurs
recherches dans les arts utiles, auront mérité
d'avoir part aux récompenses nationales.

II. Lesdites récompenses seront accordées,
d'après les instructions envoyées au sujet des différens artistes, par le directoire du département
de leur domicile ordinaire (préfecture), ensuite de
l'attestation de leur district et du certificat de leur
municipalité.

Il suffira cependant à ces artistes d'un certificat des corps administratifs de leur domicile

actuel, lorsque ces corps se trouveront suffisamment instruits pour le leur délivrer.

III. Les travaux pour lesquels il pourra être accordé des récompenses nationales, seront divisés en deux classes principales; ceux qui ont pu exiger des sacrifices, de quelque genre que ce soit, et ceux qui, par leur nature, n'en exigent point.

Dans les récompenses affectées à chacune de ces classes, il sera établi trois degrés, sous les noms de *minimum*, *medium* et *maximum*, applicables en proportion du mérite des objets, d'après l'avis motivé d'un bureau de consultation pour les arts, qui sera établi à cet effet à Paris, et dont la composition sera déterminé dans le titre II de la présente loi.

Le *medium* sera d'un quart, et le *maximum* d'une moitié en sus du *minimum*.

Dans la première classe, le *minimum* sera de quatre mille francs, le *medium* de cinq mille francs, et le *maximum* de six mille francs.

Dans la seconde classe, le *minimum* sera de deux mille francs, le *medium* de deux mille cinq cents francs, et le *maximum* de trois mille francs.

Ceux des artistes qui auront passé l'âge de soixante ans, obtiendront, en sus de la récompense qui leur aura été fixée, une somme égale au *minimum* de leur classe.

IV. Indépendamment de ces deux classes, il pourra être accordé des gratifications particulières aux artistes indigens dont les talens auront été reconnus par des approbations de corps savans, et dont l'honorable pauvreté sera certifiée par les corps administratifs.

Le *minimum* de ces gratifications sera de . . . . 200 fr.

Le *medium*, de 250

Le *maximum*, de 300

Ceux de ces artistes récompensés qui auront passé l'âge de soixante ans, obtiendront, conformément à l'article III, une somme égale au *minimum* de leur classe.

V. Le ministre de l'intérieur sera néanmoins autorisé à proposer à l'assemblée nationale, d'accorder un supplément de récompense pour les découvertes d'une importance majeure, faites dans le royaume ou importées des pays étrangers, particulièrement lorsque ces découvertes seront dues à des travaux pénibles ou à des voyages longs et périlleux.

VI. Partie des mêmes fonds pourra aussi être employée, d'après les instructions des corps administratifs, soit à la publication d'ouvrages qui auraient été jugés utiles aux progrès des arts, soit en expériences, essais et constructions de modèles ou même de machines dont les avantages et la possibilité seraient vérifiés par le bureau de consultation, mais dont les frais excéderaient les facultés de leurs auteurs.

VII. Il sera publié tous les ans, par la voie de l'impression, un état nominatif des artistes qui, dans le cours de l'année, auront obtenu des récompenses nationales, avec le compte général des sommes employées à ces récompenses, ainsi qu'aux publications d'ouvrages et aux frais d'expériences et de constructions ordonnées par le ministre de l'intérieur, d'après les avis du bureau de consultation.

VIII. Les pensions assurées par un brevet signé du Roi, aux artistes qui, à ce prix, ont ci-devant cédé à l'état leurs inventions, découvertes ou importations légalement constatées, seront regardées comme faisant partie de la dette publique et en conséquence renvoyées à la liquidation.

IX. Les artistes avec lesquels l'administration du commerce a ci-devant contracté des engagemens conditionnels, et qui justifieront avoir satisfait aux conditions stipulées, seront aussi regardés comme créanciers de l'état pour les sommes qui ne leur auraient point encore été payées, et en cette qualité renvoyés à la liquidation.

X. Les artistes dont les machines importées de l'étranger ou nouvellement construites, d'après les demandes de l'administration du commerce, auraient été détruites lors des troubles populaires survenus en quelque partie du royaume, seront indemnisés de leurs pertes, sur une attestation des corps administratifs desdits lieux, à laquelle devra être jointe une évaluation faite par des hommes à ce connaissant; ces attestations tiendront lieu de titres et seront comme telles reçues à la liquidation.

XI. Les objets déjà récompensés ou achetés

par le gouvernement ou par lesquels les artistes auraient acquis des brevets d'invention, ne seront point susceptibles des récompenses nationales.

XII. Nul artiste, quels qu'aient été ses travaux, ne pourra être admis dans la même année à recevoir au-delà du *maximum* de la première classe; mais il en sera fait une mention honorable lors de la publication de la liste des récompensés, et qui pourra y être admis l'année suivante.

———

DÉCRET

QUI AUTORISE PROVISOIREMENT LE MINISTRE DE L'INTÉRIEUR A ACCORDER DES SECOURS AUX ARTISTES INDIGENS.

———

10 septembre 1791.

En attendant que l'assemblée ait statué sur l'organisation du bureau de consultation des arts et métiers, elle autorise le ministre de l'intérieur à distribuer, jusqu'à la concurrence de la dixième partie des fonds affectés auxdites récompenses, en secours provisoires, depuis cent jusques à trois cents francs, aux artistes indigens dont les travaux, constatés par les corps administratifs, auront obtenu des approbations authentiques de l'académie des sciences, et lesdits secours seront en déduction des gratifications qui pourraient être accordées à ces mêmes artistes sur l'avis du bureau de consultation des arts et métiers.

LOI

RELATIVE AUX BREVETS D'INVENTION DÉLIVRÉS POUR DES ÉTABLISSEMENS DE FINANCES.

———

20 septembre 1792.

L'assemblée nationale, considérant que les brevets d'invention qui sont autorisés par la loi du 7 janvier 1791, ne peuvent être accordés qu'aux auteurs de toutes découvertes ou nouvelles inventions, dans tous les genres d'industrie, seulement relatifs aux arts et métiers; que les brevets d'invention qui pourraient être délivrés pour des établissemens de finances deviendraient dangereux, et qu'il est important de prendre des mesures pour arrêter l'effet de ceux qui ont été déjà délivrés ou qui pourraient l'être par la suite; décrète que le pouvoir exécutif ne pourra plus accorder de brevets d'invention aux établissemens relatifs aux finances, et supprime l'effet de ceux qui auraient été accordés (1).

(1) Avant la promulgation de cette loi, le gouvernement de cette époque avait seulement délivré quatorze brevets d'invention pour des établissemens de finances. Il est rendu compte de ces quatorze brevets à la fin du premier volume de la *Description des machines et procédés spécifiés dans les brevets d'invention, de perfectionnement et d'importation*, par C. P. Molard, administrateur du conservatoire des arts et métiers.

ARRÊTÉ

CONCERNANT LA PUBLICATION DES BREVETS D'INVENTION.

8 octobre 1798.

ART. I.er Les brevets d'invention expédiés depuis la loi du 25 mai 1791, et qui ont atteint le terme prescrit à leur durée, seront incessamment publiés par les soins du ministre de l'intérieur, l'usage des procédés industriels qu'ils ont pour objet est déclaré libre et permis dans tout le royaume.

II. Les originaux desdits brevets seront déposés au conservatoire des arts et métiers, pour y avoir recours au besoin. Le ministre chargera les membres du conservatoire de faire imprimer les descriptions et graver les dessins nécessaires pour leur intelligence, et il adressera des exemplaires de chaque brevet ainsi publié aux administrations centrales de départemens (préfectures).

III. La dépense qu'exigera cette publication sera prise sur le produit de la taxe des brevets et subsidiairement sur les fonds généraux destinés à l'encouragement des arts.

LETTRE

DU MINISTRE DE L'INTÉRIEUR A MM. LES MEMBRES DU CON-
SERVATOIRE DES ARTS ET MÉTIERS, SUR LA PUBLICATION
DES BREVETS D'INVENTION PAR LA VOIE DE L'IMPRESSION ET
DE LA GRAVURE.

20 octobre 1798.

Je vous transmets la copie d'un arrêté pris le 8 de ce mois, relativement à la publication des brevets d'invention, dont la durée est expirée et au moyen de rendre cette publication aussi utile qu'elle peut l'être au progrès des arts et à l'instruction publique.

Aux termes de l'article II de cet arrêté, les originaux des brevets qui ont atteint le terme prescrit à leur durée, doivent être déposés au conservatoire pour y avoir recours au besoin.

Vous voudrez bien de suite vous occuper de faire imprimer les descriptions et graver les dessins que vous jugerez nécessaires pour l'intelligence des procédés relatifs à chacun des brevets en particulier; il conviendra que ces impressions et ces gravures soient faites sous votre inspection immédiate et pour ainsi dire sous vos yeux, au nombre de quatre cents exemplaires. Aussitôt que cette double opération sera terminée, vous me ferez passer les exemplaires que j'adresserai circulairement aux administrations centrales de départemens (préfectures).

ARRÊTÉ

RELATIF AU MODE DE DÉLIVRANCE DES BREVETS D'INVENTION.

---

27 septembre 1800.

ART. I.er A compter de ce jour, le certificat de demande d'un brevet d'invention sera délivré par le ministre de l'intérieur, et les brevets seront ensuite délivrés tous les trois mois par le Roi et promulgués dans le Bulletin des lois.

II. Pour prévenir l'abus que les brevetés peuvent faire de leurs titres, il sera inséré par annotation au bas de chaque expédition, la déclaration suivante :

« Le gouvernement en accordant un brevet d'in« vention, sans examen préalable, n'entend ga« rantir en aucune manière, ni la priorité, ni le « mérite, ni le succès d'une invention. »

DÉCRET

QUI ABROGE UNE DISPOSITION DE LA LOI DU 25 MAI 1791 SUR LA PROPRIÉTÉ DES AUTEURS DE DÉCOUVERTES.

---

25 novembre 1806.

ART. I.er La disposition de l'article XIV du titre II de la loi du 25 mai 1791, portant réglement sur la propriété des auteurs de découvertes en tout genre d'industrie, est abrogée en ce qui concerne la défense d'exploiter les brevets d'invention par *actions*.

Ceux qui voudraient exploiter leurs titres de cette manière seront tenus de se pourvoir de l'autorisation du gouvernement.

DÉCRET

QUI FIXE L'ÉPOQUE A LAQUELLE COMMENCENT A COURIR LES ANNÉES DE JOUISSANCE DES BREVETS D'INVENTION, DE PERFECTIONNEMENT ET D'IMPORTATION.

---

25 janvier 1807.

ART. I.er Les années de jouissance d'un brevet d'invention, de perfectionnement ou d'importation, commencent à courir de la date du certificat de demande, délivré par le ministre de l'intérieur. Ce certificat établit, en faveur du demandeur, une jouissance provisoire qui devient définitive par l'expédition du décret qui doit suivre ce certificat.

II. La priorité d'invention, dans le cas de contestation entre deux brevetés pour le même objet, est acquise à celui qui le premier a fait au secrétariat de la préfecture du département de son domicile le dépôt des pièces exigées par l'article IV de la loi du 7 janvier 1791.

RÈGLES ET FORMALITÉS

A SUIVRE PAR LES INVENTEURS QUI DÉSIRENT OBTENIR
DES BREVETS D'INVENTION.

Les brevets d'invention ont été établis par les lois des 7 janvier et 25 mai 1791; ils n'ont aucune ressemblance avec les priviléges exclusifs délivrés jusques en 1791; ils ne sont que l'acte donné à un particulier de la déclaration qu'il fait d'avoir inventé une machine ou un procédé d'où résulte une nouvelle branche d'industrie. On ne peut les obtenir qu'après avoir rempli différentes formalités que l'on va exposer.

Le pétitionnaire doit déposer d'abord au secrétariat de la préfecture du département de son domicile un paquet cacheté et contenant:

1.º Sa pétition, sur papier timbré, au ministre de l'intérieur, afin d'obtenir un brevet de cinq, dix ou quinze ans, à son choix;

2.º Le mémoire descriptif et détaillé des moyens qu'il emploie;

3.º Des dessins doubles exacts et signés par lui, ou un modèle de l'objet de la découverte;

4.º Un état fait double et signé par lui des pièces renfermées dans le paquet.

Il doit en outre payer une taxe plus ou moins considérable suivant la durée du brevet, qui ne peut excéder quinze ans:

300 fr. pour un brevet de cinq ans;

14

800 fr. pour un brevet de dix ans ;

1,500 fr. pour un brevet de quinze ans ;

Plus, 50 fr. pour frais d'expédition. (*Voyez le tarif n.º 4 annexé à la loi du 25 mai 1791, portant réglement sur la propriété des auteurs d'inventions*, page 93.)

Le pétitionnaire est tenu de payer de suite la moitié de la taxe ; il lui est libre de n'acquitter l'autre moitié que dans six mois en déposant sa soumission. Mais si cette soumission ne se trouve point remplie au terme prescrit, il s'expose à voir annuller son brevet, et à ce que l'exercice en soit permis à tout le monde (*article IV du titre II de la loi du 25 mai 1791*).

Le secrétaire général de la préfecture, après avoir dressé procès-verbal sur l'enveloppe du paquet, conformément au modèle annexé à la loi du 25 mai, délivre au pétitionnaire acte du dépôt qu'il vient de faire. Le préfet adresse ensuite ce paquet au ministre de l'intérieur.

On ne délivre pas seulement des brevets pour des découvertes nouvelles, la loi permet encore d'en accorder pour des perfectionnemens ou pour l'importation d'une branche d'industrie inconnue. Ne sont point considérés comme perfectionnemens les ornemens ou les changemens de formes ou de proportions ; il faut qu'il y ait une addition à la découverte (*article VIII du titre II de la loi du 25 mai*).

Le gouvernement n'est point juge de la réalité ou des avantages de l'objet pour lequel on sollicite un brevet. Quiconque a rempli les formalités prescrites par les lois des 7 janvier et 25 mai peut l'obtenir, ces lois statuant d'une manière formelle qu'il sera délivré *sur simple requête et sans examen préalable.* Cette disposition a été dictée par plusieurs considérations, et surtout pour épargner aux inventeurs la nécessité d'une communication, dont ils peuvent craindre l'abus ou du moins l'inutilité.

On peut donc demander un brevet pour le procédé le plus vulgairement connu, la législation étant coordonnée de manière qu'il devient nul et même préjudiciable à celui qui l'obtient si l'objet pour lequel il a été accordé n'a aucune réalité, ou s'il a été connu et pratiqué avant la date du brevet. En effet, si la découverte est purement imaginaire, les frais qu'a occasionnés l'obtention sont perdus. Si le procédé était déjà connu, l'article XVI de la loi du 7 janvier 1791 prononce la déchéance. De cette manière les droits que confère le brevet ne sont que conditionnels, c'est-à-dire qu'il n'assure une jouissance exclusive qu'autant qu'on est réellement inventeur.

Les articles XII et XIII de la loi du 7 janvier 1791, et X, XI, XII, XIII du titre II de la loi du 25 mai de la même année, règlent la manière de procéder relativement aux contestations qui surviendraient entre des particuliers au sujet des brevets d'invention.

Le ministre de l'intérieur prononce la déchéance en cas de défaut de payement de la dernière moitié de la taxe, ou lorsque l'inventeur n'a pas mis sa découverte en activité dans l'espace de deux ans, époque fixée par la loi.

Les lois des 7 janvier et 25 mai ne sont pas les seules qui aient été rendues relativement aux brevets d'invention; il existe une autre loi sous la date du 20 septembre 1792, qui défend de délivrer des titres de cette nature pour des objets autres que ceux relatifs aux arts mécaniques. Des demandes de brevets pour des opérations financières et commerciales ont donné lieu à cette défense. Depuis il a été pris un arrêté sous la date du 5 vendémiaire de l'an IX uniquement relatif au mode de délivrance des brevets; ils étaient auparavant accordés par le pouvoir suprême dans l'ordre administratif; ils le sont maintenant par le ministre de l'intérieur. Le certificat de demande que délivre ce ministre n'est qu'un titre provisoire; ce titre devient définitif par l'expédition du décret qui proclame les brevets délivrés dans le courant de chaque trimestre. Des difficultés s'étaient élevées sur la question de savoir si, avec le certificat de demande, on pouvait poursuivre le contrefacteur d'une découverte, ou s'il fallait attendre que ce certificat eût été approuvé. Le décret du 25 janvier 1807 les a fait cesser, en prononçant *que les années de jouissance d'un brevet commencent à courir de la date du certificat, lequel établit provisoirement cette jouissance.* Le même décret a décidé que la priorité d'invention, dans le cas de contestation entre deux brevetés pour le même objet, est acquise à celui qui le premier a fait au secrétariat de la préfecture du département de son domicile le dépôt des pièces exigées par l'article IV de la loi du 7 janvier 1791.

————

LETTRE

DU MINISTRE DE L'INTÉRIEUR AUX PRÉFETS DES DÉPARTEMENS, CONCERNANT LES FORMALITÉS A REMPLIR POUR L'OBTENTION DES BREVETS D'INVENTION AVEC INDICATION DES PIÈCES SOUMISES A LA FORMALITÉ DE L'ENREGISTREMENT.

————

3 octobre 1806.

Monsieur, la loi du 7 janvier 1791, relative à la propriété des auteurs, en tout genre d'industrie, veut que tout particulier qui sollicite un brevet d'invention, de perfectionnement ou d'importation, dépose au secrétariat du département de son domicile, un paquet cacheté et contenant sa pétition, un mémoire descriptif de l'objet de sa découverte, des dessins, des nouvelles machines qu'il se propose d'employer, et une déclaration faite double des pièces envoyées ; au dos de ce paquet doit être inscrit le procès-verbal dont le modèle, sous le n.° 1, est annexé à la loi réglementaire du 25 mai 1791 ; copie de ce procès-verbal doit être remis au pétitionnaire pour être représentée au besoin et constater qu'il a rempli les formalités prescrites.

Jusqu'à ce jour les pétitionnaires, considérant le

brevet comme un acte purement administratif, ont négligé la formalité du timbre et de l'enregistrement expressément ordonnée par les lois des 13 brumaire et 22 frimaire an VII; il importe que cette négligence, sur laquelle le ministre de finances a appelé mon attention, n'ait plus lieu à l'avenir; le brevet d'invention est un acte formant titre en faveur d'un particulier, qui lui assure une jouissance exclusive, et qui n'a, en un mot, pour but que son intérêt. Aussi toutes les fois qu'un particulier demandant ce brevet, viendra déposer à votre secrétariat le paquet contenant les pièces qu'il doit fournir, vous exigerez que l'enveloppe de ce paquet soit timbrée : le procès-verbal inscrit au dos sera enregistré, au droit fixe d'un franc, et la copie qui en sera remise au pétitionnaire devra également être sur papier timbré, les mêmes formalités auront lieu pour les demandes de certificats, d'additions, changemens et perfectionnemens, même pour les demandes de prolongation de brevet, par la raison que les actes subséquens sont le résultat éventuel de l'acte primitif.

Veuillez, Monsieur, tenir la main à ce que les dispositions dont je vous entretiens reçoivent leur pleine et entière exécution. S'il en était autrement, je me verrais forcé de vous renvoyer le paquet que vous m'auriez adressé, ce qui entraînerait des retards que le pétitionnaire ne pourrait attribuer qu'à sa négligence d'avoir satisfait aux lois des 13 brumaire et 22 frimaire an VII.

LETTRE

DU MINISTRE DE L'INTÉRIEUR AUX PRÉFETS, CONCERNANT LE NOUVEAU MODE DES VERSEMENS A FAIRE PAR LES INVENTEURS QUI SOLLICITENT DES BREVETS D'INVENTION.

———

20 décembre 1822.

Monsieur, le produit de la taxe des brevets d'invention, de perfectionnement et d'importation, sera versé au trésor royal, à partir du 1.er janvier 1823, conformément à l'ordonnance du Roi, du 14 septembre 1822. Quelques dispositions dont je vais vous donner connaissance, ont été arrêtées à cet effet entre le département des finances et celui de l'intérieur.

Toute personne qui, à dater, du 1.er janvier 1823, voudra présenter au secrétariat de votre préfecture une demande en brevet, sera préalablement tenue, 1.º de compter à la caisse du receveur général une somme de *cinquante francs*, montant des frais d'expédition, du titre qu'elle se propose d'obtenir, plus la première moitié de la taxe de ce titre, savoir, *cent cinquante francs*, si elle en fixe la durée à cinq ans; *quatre cents francs*, si elle s'étend à dix ans, et *sept cent cinquante francs*, si son désir est d'avoir pendant quinze années la jouissance exclusive des principes, procédés et moyens dont elle se déclarera l'inventeur ou l'importateur; 2.º de déposer à la même caisse une obligation ou soumission de payer dans le terme de six mois, la somme qui formera la seconde moitié et le complément de la taxe. Le receveur général délivrera au déposant une quittance des espèces qu'il aura reçues, et un récépissé de l'obligation qui aura été déposée entre ses mains.

Ces deux pièces, qui devront toujours être séparées et distinctes, vous seront remises, M. le préfet, et vous me les adresserez avec le paquet cacheté qui contiendra celles relatives à la demande.

Il n'est pas nécessaire de vous faire observer que si, aux termes de la première partie de l'article III du titre II, de la loi du 25 mai 1791, le demandeur en brevet versait tout à la fois le montant entier de la taxe et les frais d'expédition, il ne lui serait délivré qu'une seule quittance, que vous auriez à me transmettre.

Dans le cas où le titulaire d'un brevet n'acquitterait pas son obligation à l'échéance, sur l'avis qui vous en sera donné par le receveur général, vous inviterez par écrit le débiteur à se libérer sans délai : il sera nécessaire de m'en informer en même temps, afin que j'examine s'il y aura lieu, de provoquer la déchéance de son titre, ainsi qu'il est prescrit par l'aticle IV, titre II, de la loi précitée, ou de prendre à son égard toute autre mesure, que je vous communiquerai, et dont vous ferez part au receveur général.

Le mode que j'ai indiqué pour le recouvrement de la première moitié de la taxe et des frais d'expédition, sera également suivi, pour celui du droit

de certificats, d'additions et de perfectionnemens,
et pour celui du droit de cession et transport de
brevets; le montant de ces deux droits, dont le
premier est de *vingt-quatre francs*, et le second
de *dix-huit francs*, devra aussi être préalablement
compté à la recette générale du département. Vous
m'en adresserez également les quittances, avec les
doubles des procès-verbaux, soit de cession, soit
de dépôt de pièces concernant les demandes de
certificats, d'additions et de perfectionnemens.

Quant au droit de *douze francs* alloué par le
tarif de la taxe au secrétaire général de la préfecture,
pour un procès-verbal de dépôt de pièces
et pour celui d'une cession de brevet, il continuera
d'être perçu directement par ce fonctionnaire
et à son profit, à la charge par lui de pourvoir
aux frais de timbre et d'enregistrement des
actes dont il est question.

Je crois utile de vous rappeler que ces actes où
l'on mentionnera à l'avenir les quittances et les
récépissés délivrés par le receveur général, doivent
être faits doubles et sur papier timbré; que
chaque double est signé par le requérant et par le
secrétaire général de la préfecture; que celui destiné
au ministère de l'intérieur, lequel peut être
inscrit au dos du paquet cacheté contenant les
pièces à l'appui des demandes, soit de brevets,
soit de certificats, d'additions et de perfectionnemens,
ou que l'on fait adhérer à ce paquet par
l'application du sceau de la préfecture, sur une
de ses extrémités qui l'y attache, ne saurait, en

15

aucun cas, être soustrait à la formalité de l'enregistrement; qu'il reçoit cette formalité au droit fixe d'un franc, non compris le décime additionnel; enfin, que celui des deux doubles qui n'est pas enregistré reste déposé à votre secrétariat général.

DE LA CESSION DES BREVETS D'INVENTION.

Le concessionnaire d'un brevet d'invention a droit de former des établissemens dans toute l'étendue du royaume et même d'autoriser d'autres particuliers à faire l'application et l'usage de ses moyens et procédés; et dans tous les cas il peut disposer de son brevet comme d'une propriété mobilière.

Ainsi, il peut céder son droit, en totalité ou en partie, à qui bon lui semble; mais cette cession ne peut être faite que par acte notarié, et les deux parties contractantes sont tenues, à peine de nullité, de faire enregistrer le transport au secrétariat de leurs préfectures respectives.

Formule de cession de brevet d'invention.

PARDEVANT, etc., fut présent M. J. B. (*prénoms, nom, qualité et demeure du cédant.*)

Lequel a, par ces présentes, cédé et transporté à M. J. M. (*prénoms, nom, qualité et demeure du cessionnaire*), présent et acceptant son droit au brevet d'invention qu'il a obtenu du Roi, pour l'exercice exclusif pendant . . . . années, à compter du (*tel jour*), des moyens et procédés par lui inventés pour la fabrication de, etc. . . . ., le tout suivant le brevet à lui expédié en date du. . . .

Pour jouir par M. J. M. et ses ayant-droit du droit et du privilége exclusif résultant dudit brevet d'invention, à compter du. . . .

Cette cession est faite à la charge par M. J. M., qui s'y oblige d'exécuter les conditions imposées, tant par les lois sur les brevets d'invention que par le brevet accordé au cédant.

M. J. M. promet de payer les droits et frais auxquels la présente cession donnera lieu.

La présente cession faite et convenue moyennant la somme de....., etc., que M. J. M. a présentement et réellement payée à M. J. B., qui le reconnaît et en passe quittance.

Fait et passé, etc.

———

CHAPITRE VI.

RÉPONSE

DE M. DE BOUFFLERS AUX OBJECTIONS ÉLEVÉES CONTRE LA LOI
DU 7 JANVIER 1791, AU NOM DU COMITÉ D'AGRICULTURE ET
DU COMMERCE, PRONONCÉE A L'ASSEMBLÉE NATIONALE.

MESSIEURS,

Beaucoup d'objections tardives se sont tout-à-coup élevées contre la loi qui consacre le droit naturel de l'inventeur sur son invention.

On nous dit que le sens de cette loi était obscur.

Mais sur quoi porte l'obscurité qu'on nous reproche ! est-ce sur le premier principe que nous avons avancé, en exposant le droit qu'un homme a de dire ou de taire sa pensée, et par conséquent de faire ses conditions avant de la manifester ! Répétons ici, en d'autres termes, la première convention que nous avons supposée entre l'inventeur et le corps social. Que dit l'inventeur ? « J'ai une « idée qui peut à la fois vous être utile et me de- « venir profitable, mais qui ne pourrait m'être « profitable qu'autant que vous la trouveriez utile : « si je ne vous la disais point, peut-être ne la sau- « riez-vous jamais ; et en même temps, si je vous

« demandais un prix pour vous la confier, vous
« craindriez avec raison de faire un mauvais mar-
« ché. D'après cette considération, voici une pro-
« position qui ne peut compromettre que moi; je
« consens à vous faire connaître ma découverte,
« pourvu que, pendant un temps déterminé, vous
« empêchiez que personne autre ne s'en empare,
« et que, pendant ce temps, la chose dont il s'agit
« reste uniquement à ma disposition : c'est à vous
« ensuite à la prendre chez moi si elle vous con-
« vient, ou à la laisser si elle ne vous convient
« point. En attendant, je vous offre un tribut pro-
« portionné à la durée de la protection particulière
« que j'invoque; et souvenez-vous encore une fois
« que je ne l'invoque, cette protection, que pour
« des objets que je crois inconnus parmi vous ;
« car si je me suis trompé, si j'ai cru nouveau ce
« qui est ancien, si j'ai cru à moi ce qui était à
« d'autres, vous n'êtes engagés en rien ; le tribut
« que j'ai déposé est en pure perte, et devient la
« punition de ma témérité : ainsi, vous n'avez rien
« à risquer, puisque tous les frais commencent
« par être à ma charge, et qu'ensuite vous êtes né-
« cessairement associés à mes profits, sans l'être
« à mes pertes : voyez donc si vous acceptez ma
« proposition, ou bien j'irai la faire ailleurs. »

On continue à nous combattre, et l'on se rejette sur la distinction de l'*invention* première et
de la *perfection* ajoutée. Continuons à nous défendre ; et, après avoir introduit l'auteur de l'invention devant la société rassemblée, faisons pa-

raître à son tour l'auteur de la perfection. « Vous
« venez, dirait-il, d'accueillir la proposition de
« cet inventeur, et vous avez pensé, et je pense
« comme vous, que son invention peut être utile;
« mais il en pouvait tirer plus de parti, comme
« il me serait facile de le prouver par une nou-
« velle idée qui s'accorde parfaitement avec la
« mienne, et qui lui donne encore plus de mé-
« rite; assurez-moi donc la même protection qu'à
« lui, aux mêmes conditions qu'à lui, et tous les
« deux, ensemble ou séparément, nous travail-
« lerons pour votre utilité. Que risquez-vous?
« rien; que risque-t-til? rien, car, ou je me
« trompe, et alors vous vous en tiendrez à son
« idée, ou j'ai raison, et alors vous adopterez
« mon idée avec la sienne. Je lui laisse ce qui
« est à lui : qu'il me laisse ce qui est à moi. »
Cherchons un exemple, et remontons par la
pensée à la première enfance du plus beau de tous
les arts, de la navigation. Supposons qu'un homme
vient d'inventer la coque du navire; que peu après
un autre a inventé la rame, un autre le gouvernail, un autre la voile, etc. Il est clair que chacun de ces hommes a pu faire un traité particulier
avec la société, et se faire assurer une propriété
particulière; il est clair qu'une nouvelle perfection
est aussi distincte de l'invention première que le
navire et le gouvernail; il est clair enfin qu'on a
mis cent fois plus d'esprit à confondre ces deux
choses qu'il ne fallait de bon sens pour les distinguer.

On abandonne le principe et l'on en vient aux conséquences : cette loi, dit-on, sera dangereuse par sa facilité. Et où sont donc ces dangers ? est-ce que les plus grandes inepties seraient admises sans examen ? oui, mais aussi elles seraient rejetées sans crupule, et alors elles tourneraient au détriment de leur auteur. Mais, dira-t-on, pourquoi jamais de contradicteur ? mais, dirais-je à mon tour, pourquoi toujours des contradictions ? Le contradicteur que vous demandez est absolument contraire à l'esprit de la loi : l'esprit de la loi est d'abandonner l'homme à son propre examen, et de ne point appeler le jugement d'autrui sur ce qui pourrait bien être impossible à juger. Souvent ce qui est inventé est seulement conçu, et n'est point encore né ; laissez-le naître, laissez-le paraître, et puis vous le jugerez. Vous voulez un contradicteur : je vous en offre deux, dont l'un est plus éclairé que vous ne pensez, et l'autre est infaillible : l'intérêt et l'expérience.

Me direz-vous que la loi ne doit rien faire qu'après un examen approfondi ? cela est vrai pour les récompenses et les punitions qu'elle assigne à tel ou tel individu, mais non point pour la protection qu'elle accorde indistinctement à tous les êtres qui la réclament. Rien n'est si bon que la loi ; elle ne cesse de tendre une main secourable à qui peut en avoir besoin ; elle assure à chacun un droit égal sur ce qui est commun à tous ; elle assure à chacun un droit particulier sur ce qui lui est propre ; elle protége les campagnes ouvertes et

les enclos ; et l'inventeur ne demande que le droit
d'enclore sa possession. Me demandez-vous ce qui
prouve à la loi que cet homme dit la vérité ? je
vous réponds que la loi le présume, et qu'elle attend qu'on lui prouve le contraire. La loi, pour
juger équitablement, commence par préjuger fa-
vorablement. Vous le savez, dans un accusé même,
elle voit un innocent jusqu'à ce qu'elle trouve un
coupable ; et, par une conséquence naturelle, tout
homme qui s'adresse à la loi ne doit-il pas lui paraître sincère jusqu'à ce qu'il soit déclaré trompeur ?

Enfin, quels étaient donc ces contradicteurs si
regrettés ? j'en vois de deux sortes, qu'il est impossible de confondre : les membres des corps savans, et les suppôts du fisc. Commençons par les
premiers ; ils le méritent bien. Que perdent-ils !
un droit d'inspection souvent impossible à exercer,
un droit dont ils s'accusaient eux-mêmes d'user
avec trop d'indulgence, et dont on les accuse avec
trop de rigueur ; attribution peu désirable, lorsqu'aucune réclamation ne pouvait y soustraire ;
fonctions glorieuses, lorsqu'elles seront librement
déférées. Les conseils de la science ne seront-ils
pas toujours invoqués par les arts ? Les artistes,
dans presque tous leurs différens, ne choisiront-
ils pas les savans pour arbitrer, et les tribunaux
eux-mêmes, dans toutes leurs incertitudes, ne
demanderont-ils point l'avis des savans ? car la raison se tourne toujours vers la science, comme l'œil
vers la lumière ? Rapportons-nous-en d'ailleurs à
l'intérêt de l'inventeur, pour ne point négliger une

formalité, libre à la vérité, mais qui fonde son crédit, et ne pensons point qu'il dédaigne de se pourvoir d'un témoignage qui préparera l'opinion et qui tiendra lieu au public d'une demi-expérience. C'est alors que les veilles de ces hommes utiles seront dignement récompensées par une juste confiance; alors on regardera l'étude comme un mérite public, alors la science deviendra la plus belle des magistratures et la plus douce à exercer; magistrature d'autant plus honorable, qu'elle sera toujours méritée, parce qu'elle sera toujours élective, et que dans ces sortes d'élections, on verra la vertu, si naturellement associée à la science, en recevoir et lui prêter un nouveau lustre.

Je ne crains point d'en promettre autant à plusieurs des administrateurs autrefois attachés à cette partie; car l'autorité n'exclut ni le savoir ni la vertu.

On vous a dit que tous les agens de l'industrie ordinaire étaient effrayés d'avance des suites d'une loi qui va leur susciter de dangereux concurrens. J'ai peine à supposer que cette partie de nos concitoyens, au lieu de chercher dans leurs professions respectives la perfection de l'art et l'avantage de la patrie, se livre à des terreurs aussi contraires à toute espèce de bien public; et, dans tous les cas, ceux d'entre eux qui seraient capables de les concevoir mériteraient que, pour eux du moins, elles fussent réalisées. Mais pourquoi donc s'effraieraient-ils, ces citoyens utiles, à la vue d'une carrière nouvelle où ils sont appelés les premiers, et qui présente à beaucoup d'entre eux les plus vastes espérances? On nous dit que ces espérances sont pour le petit nombre, et que le grand nombre en sera la victime. Remarquez qu'on en peut dire autant de tous les moyens de tendre à la perfection; tous les hommes y marchent d'un pas inégal, mais faut-il s'arrêter pour l'intérêt de ceux qui restent derrière?

Vous croyez, nous dit un autre, allumer le flambeau des arts, et ce sera celui de l'envie. Il me semble qu'il y a deux sortes d'envie, l'une utile et l'autre nuisible; l'émulation et la jalousie : l'une est le sentiment de ses forces, et l'autre celui de sa faiblesse; l'une excite l'homme à s'élever, s'il le peut, au-dessus des autres; l'autre le porte à rabaisser les autres, s'il le peut, à son niveau. Voyez, dans la guerre que vous annoncez entre les inventeurs et les agens de l'industrie ordinaire, de quel côté serait l'émulation, de quel côté la jalousie. Que demandent les uns? que les arts fassent des progrès; que demandent les autres? que les arts restent où ils en sont. J'en appelle à tous les entrepreneurs, artistes, artisans, ouvriers, manouvriers de toutes les classes. Il suffit qu'ils soient Français : aucun d'eux n'est assez lâche, assez stupide, assez ennemi de sa patrie et de lui-même, pour former un aussi coupable vœu. Et ne sait-on point que toute l'industrie n'est qu'invention, qu'elle n'est que la somme de toutes les inventions des hommes jusqu'à nos jours; que c'est le rassemblement de tout ce qu'ils ont imaginé, de tout ce qu'ils imaginent journellement pour adoucir une condition dont ils ne seront jamais entièrement satisfaits? Etre utile aux hommes, voilà le but de tous les efforts de l'invention. Arrêter ses efforts ou les décourager, c'est se rendre coupable envers toute l'humanité. Soyez donc inventeurs si vous le pouvez, dirais-je à nos fabricans, et ne troublez point ceux qui le sont. Que pouvez-vous disputer à des gens qui ne vous disputent rien, et qui ne veulent s'établir que hors de votre domaine? Que diriez-vous d'un laboureur qui s'opposerait aux défrichemens d'un champ limitrophe, sur lequel il n'aurait aucun droit? Que diriez-vous d'une peuplade barbare qui, satisfaite d'un petit pays assez mal cultivé, ne voudrait point de voisin? Songez que si vous vous opposez chez vous aux progrès de l'industrie, elle en fera ailleurs; songez qu'alors vos concitoyens eux-mêmes vous laisseront pour s'adresser aux étrangers, et que vous resterez sans débit dans vos comptoirs, sans ouvrages dans vos ateliers, environnés d'ouvriers que vous ne pourrez ni occuper ni solder. Voilà quel serait le fruit de ces inquiétudes que vos calomniateurs vous supposent, et qui ne conviennent ni à l'industrie ni au patriotisme, mais bien à l'ignorance et à la cupidité.

Je conviens cependant que certains intérêts paraîtront d'abord compromis, en ce que, d'un côté, l'on pourra voir quelquefois baisser les prix des anciennes fabrications décréditées par la supériorité des nouvelles, et que, de l'autre, il faudra quelquefois hausser le salaire des ouvriers qui, désormais certains d'être recherchés et bien payés par les inventeurs, seront moins à la discrétion de leurs anciens maîtres.

J'aperçois ici, comme en beaucoup d'autres occasions, l'intérêt des vendeurs en opposition avec celui des acheteurs, l'intérêt des riches en opposition avec celui des pauvres, l'intérêt du petit nombre en opposition avec celui du grand nombre. Mais est-ce donc un si grand mal que le public puisse opter entre la supériorité des nouvelles fabrications et le bon marché des anciennes? Est-ce un si grand mal que le pauvre ouvrier soit plus sûr d'avoir du travail? Est-ce un si grand mal que ce travail soit un peu mieux payé?

Croyez-vous en bonne foi, dirais-je à tous nos fabricans, que les profits de l'inventeur seront pris sur les vôtres? non, ils ne le seront point : ils seront pris sur ceux des fabricans des autres nations. Et ces inventeurs, parmi lesquels plusieurs d'entre vous ne tarderont pas à prendre un rang distingué, vous occuperont à travailler pour tout l'univers, et il vous suffira pour vous en convaincre de réfléchir sur ce qui se passe depuis plus d'un siècle chez les Anglais, et de voir la fortune de ces hommes industrieux qu'ils enlèvent journellement à la France. Est-ce de l'or de l'Angleterre qu'elles sont formées ces fortunes? non sans doute (on s'en serait bientôt ennuyé); c'est de l'or de toute l'Europe, c'est de notre or que ces transfuges ne cessent de pomper au profit de l'Angleterre; car tel est l'attribut particulier des inventeurs qu'ils font toujours du bien où ils sont, et du mal où ils ne sont point.

On fait un autre difficulté ; on suppose qu'un

homme a mis en lumière une idée jusqu'alors inconnue, et d'une telle influence et d'une telle utilité, que sur-le-champ elle prévaut sur tout ce qui l'avait précédée, en sorte que l'usage en devient soudainement indispensable et général : voilà, dit-on, une branche de l'industrie nationale, et par conséquent une partie intéressante de la richesse publique toute entière à la disposition d'un seul homme. Mais observez qu'elle y était encore bien davantage avant que cet homme l'eût procurée à la nation, car à présent du moins vous la connaissez et vous la possédez, au lieu qu'auparavant il dépendait de lui de la faire connaître ou de la tenir cachée, de la produire chez vous ou ailleurs. Ne lui enviez point un avantage que vous lui devez, que vous n'auriez peut-être jamais connu sans lui, et que sans lui surement vous n'auriez point connu aussitôt; un avantage auquel il vous associe, et qui est bien moins pour lui que pour vous; un avantage dont il ne jouit qu'en partie et pour un temps, et qu'il va bientôt vous laisser en entier et pour toujours. Enfin, ne disputez point à votre bienfaiteur une part dans son bienfait. Vous craignez peut-être que cet homme ne propage point assez promptement, assez puissamment, assez universellement les nouveaux moyens de prospérité qu'il vous a découverts; mais songez que ses forces croissent avec ses succès, et croyez que votre intérêt ne peut jamais être plus en sureté que sous la surveillance du sien.

Cet homme, dira-t-on, peut n'avoir fait qu'une simple importation d'une chose qui n'était connue que dans un autre pays, mais qui probablement serait passée tôt ou tard dans le nôtre, et dont le prix alors aurait été rabaissé par la concurrence, au lieu d'être actuellement renchéri par le privilége. Laisserez-vous, ajoutera-t-on, cet homme jouir de ces avantages énormes que vous ne voulez point disputer à l'inventeur? le laisserez-vous imposer un prix arbitraire sur les objets de son importation?.... Vous qui élevez cette difficulté, mettez-vous un moment à la place de cet entrepreneur dont il s'agit, et jugez des autres par vous-mêmes : ne sentiriez-vous point que le vendeur, en pareil cas, serait encore plus intéressé à se garantir du reproche, que l'acheteur à se garantir de la vexation? Ne seriez-vous point obligés, sous peine d'être ruinés, à répandre et à multiplier vos fabrications au point d'en rassasier le royaume, et ne tâcheriez-vous pas en même temps de les procurer à un prix qui pût décourager à la fois et les contrefactions de l'intérieur et les importations du dehors? En un mot, faudrait-il vous apprendre les premiers élémens de votre profession, et vous expliquer que le vrai profit du marchand n'est pas de vendre cher, mais de vendre beaucoup?

Cette objection au sujet des prix fait naître une question au sujet de toutes les découvertes indigènes ou étrangères : Vaut-il mieux, pour une nation, les avoir plus tôt et les payer davantage,

que les attendre plus long-temps pour en jouir
à meilleur marché? Eh quoi! faudrait-il donc
payer d'avance l'espoir très incertain d'acheter un
jour à meilleur marché les produits d'une nouvelle découverte par des années de non-jouissance,
par des années de stagnation, par des années
d'ignorance, par des années de dépendance envers
l'industrie d'une autre nation? il me semble entendre demander, en d'autres termes, lequel vaut
mieux d'ignorer ou de savoir, de ne rien faire ou
de travailler, d'acheter ou de vendre, d'attendre
ou de jouir?

C'est sans doute une grande différence d'avoir
à meilleur compte ou chèrement ce qui se fabrique
sur notre terrein; mais c'en est une plus considé-
sable encore de fabriquer chez nous ou de nous
pourvoir ailleurs; et c'en est une incommensurable
que de pouvoir fournir à l'étranger, ou d'être forcés
à lui acheter. Nous aurons donc toujours moins
d'intérêt en pareil cas à différer jusqu'au moment
du bon marché qu'à presser le moment de la fabrication; et en général, si une nation pouvait
supputer tout ce qu'elle gagne à posséder la première une invention utile, et tout ce qu'elle épar-
gne à se l'approprier le plus tôt possible, elle conviendrait sans peine qu'en ce genre, comme en
beaucoup d'autres, la patience est le plus mauvais calcul.

En vain essaierez-vous, poursuivent nos adversaires, d'exalter les bienfaits de cette loi et d'en
atténuer les dangers; en vain prouverez-vous que

les alarmes qu'elle excite sont vaines, et que les espérances qu'elle présente sont réelles : elle n'en sera pas moins, entre les inventeurs et les fabricans, une source intarissable de procès, plus aisés à prévenir qu'à juger. Tous les avantages de votre loi, quels qu'ils puissent être, ne sont que du gain pour l'état et les particuliers; mais nous y voyons une occasion de trouble, et la considération du profit doit céder à celle de la paix.

Dans ces procès dont on nous menace, et dont je doute avec raison; dans ces procès qu'on prépare, peut-être en feignant de les redouter, qui seront les vrais agresseurs? Sont-ce des hommes engagés par intérêt, par honneur, par contrat, à n'exercer leurs droits personnels que hors du cercle des droits d'autrui? Sont-ce des hommes qui ne demandent qu'à n'être point troublés dans une propriété idéale peut-être, mais au moins qui n'est la propriété de personne autre? Sont-ce des hommes qui verraient à la première contestation l'intérêt commun de beaucoup d'hommes s'élever contre leur intérêt isolé, des hommes auxquels il importe par-dessus tout de ne donner aucune prise à d'innombrables rivaux, des hommes enfin trop bien avertis par tant de contrariétés qu'il ne faudra que des raisons plausibles pour les attaquer, et qu'il leur faudra des raisons évidentes pour se défendre?

Vous craignez les procès, et vous nous rappelez ceux dont les tribunaux ont retenti sur ces matières avant que la loi eût parlé; mais pensez-

vous à tous les encouragemens qui existaient alors
pour la chicane, et qui désormais n'existeront
plus? pensez-vous que la jurisprudence est devenue
facile, que les formes sont devenues simples, que
la brigue est devenue impuissante, et qu'il est
enfin permis au bon droit d'invoquer le bon sens?

Vous craignez les procès! mais quand il serait
vrai qu'il en naîtrait quelques-uns, n'est-ce pas une
suite inévitable de toute loi nouvelle, à laquelle,
dans les premiers temps, les intérêts les plus
opposés essaient, chacun de leur côté, de trouver des interprétations favorables? Toute loi nouvelle peut donc, avant d'éclairer les hommes,
occasionner quelques erreurs; faut-il pour cela
rejeter toute loi nouvelle? faites que l'industrie
soit active et florissante; faites qu'il n'y ait point
de bras oisifs dans le royaume; faites que chacun,
occupé de ses affaires, ne se mêle point de celles
d'autrui; faites qu'il y ait plus de profit à travailler
qu'à plaider, et vous diminuerez le nombre des
procès. Ne vous laissez donc point égarer par une
crainte qui deviendrait d'autant plus dangereuse
que le motif en est plus respectable, et songez
que ces disputes particulières, aisées à éclaircir,
aisées à terminer, iront pour la plupart s'éteindre
au tribunal paternel des juges de paix : craignez,
en cherchant à les prévenir de trop loin, craignez,
dis-je, de les trancher au désavantage de la nation ;
et, pour éviter quelques procès d'ouvriers, ne faites
pas perdre le grand procès de l'industrie nationale
contre l'industrie étrangère.

Enfin, et voici, je l'avouerai, de toutes les raisons contraires celle qui m'a fait le plus d'impression : pourquoi des priviléges exclusifs, nous dit-on? est-ce que la liberté ne suffit point? sans m'arrêter à l'intention qui dans cette circonstance fait employer l'expression de *privilége exclusif* de préférence à d'autres qui seraient tout aussi justes et moins odieuses, je crois que l'on peut et même que l'on doit distinguer le *privilége* en *offensif* et *défensif*. Un privilége exclusif qui enlèverait à plusieurs les droits communs à tous pour les attribuer seulement à quelques-uns, serait *offensif*, et un tel privilége est une véritable usurpation; un *privilége exclusif* qui ne ferait qu'interdire aux uns de toucher à ce qui appartient en entier aux autres serait seulement *défensif;* et ce privilége n'est autre chose que la propriété. L'un est une véritable invasion, l'autre une simple garantie : accorder le premier de ces priviléges, c'est d'une commune faire une possession particulière; refuser le second, c'est d'une possession particulière faire une commune. Vous dites ensuite que la liberté suffit : nous le disons comme vous, mais comment suffit-elle? c'est en admettant tout ce qui ne lui est pas contraire. La liberté suffit, mais avec la propriété, et la propriété de l'inventeur est son invention.

La liberté suffit, mais d'accord avec la loi qui protége la propriété; et l'inventeur invoque cette loi.

La liberté suffit, mais elle n'interdit pas la po-

litique avec les étrangers, et l'inventeur vous
propose une disposition politique : vous conten-
terez-vous de ne laisser à l'inventeur que la liberté de produire son invention, lorsqu'ailleurs
on lui donne la faculté d'en disposer? N'en doutez
point, de quelque pays que soit l'inventeur, il
portera ses inventions où elles seront le mieux
accueillies, car le génie de sa nature est cosmo-
polite ; le bien le plus précieux d'un inventeur est
facile à transporter; ce sont ses idées : tous les
pays lui sont égaux; c'est à la politique à l'attirer
et à lui faire adopter une patrie.

Mais supposons un moment qu'un de ces inventeurs, dénué, comme ils le sont presque toujours, des dons de la fortune, essaie de faire
usage de cette liberté à laquelle vous n'ajoutez
aucun autre bienfait, et vous verrez à quels dangers elle l'expose. Attendez-vous que plus d'un
infortuné viendra bientôt vous dire avec douleur :
« J'avais fait une découverte, j'ai voulu la pro-
« duire et former un établissement, mais les pre-
« mières dépenses ont absorbé tous mes moyens,
« et il a fallu suspendre mes travaux au moment
« d'en jouir; cependant un rival m'a observé,
« il a conçu mon idée, il l'a méditée, il a bien
« jugé que mon entreprise manquait uniquement
« faute de fonds, et comme il était riche, il n'a
« pas craint le même accident : il a donc essayé,
« il a continué, il a réussi; il s'est enrichi, et
« je me suis ruiné. »

Voilà comme cette liberté banale peut trahir

l'espoir d'un inventeur pauvre, et transporter ces droits à un imitateur opulent ; voilà comme elle n'accorde à l'homme de génie que le droit de donner et non celui de jouir.

« Verrons-nous donc encore la richesse tenir
« lieu de talent, au lieu de voir le talent tenir
« lieu de richesse ? verrons-nous encore le pauvre
« semer dans le champ du riche et le riche mois-
« sonner dans le champ du pauvre ? »

Toutes ces objections, convenons-en, n'étaient imposantes que par leur nombre ; et dans ce nombre à peine en citerait-on quelques-unes de spé-cieuses ; et comment pourrait-il en exister de solides contre une loi qui, en assurant aux hommes à talens la plus incontestable des propriétés, ne touche à la propriété d'aucun autre individu ; contre une loi redoutée de nos rivaux qu'elle va priver du tribut énorme que leur industrie nous a trop long-temps imposé ; contre une loi qui, en réta-blissant le génie dans ses droits, va rétablir les Français dans leurs biens ; car désormais nous ferons ce qu'on faisait pour nous : nous vendrons ce que nous achetions, et de ces changemens sa-lutaires, il naîtra bientôt parmi nous un nouvel ordre de richesses, d'autant plus précieuses qu'elles sont pour ainsi dire attractives, et qu'une in-dustrie supérieure est une sorte d'aimant pour l'or des étrangers.

Ces considérations sont grandes et cependant elles disparaîtront devant un dernier motif qui me reste à vous présenter. Vous ne l'ignorez point, au moment où elle a été rendue, cette loi qu'on vous propose d'oublier, elle a retenti jusqu'aux extrémités de l'Europe, et tous les arts ont cru entendre une proclamation universelle qui les rappelait de leur sommeil ou de leur exil; aussitôt, parmi nos concitoyens, une foule d'hommes habiles en tous genres ont repris un nouveau courage et même un nouvel être; ils se sont dit à eux-mêmes qu'enfin ils allaient être récompensés par leurs propres travaux, que même ils seraient honorés, mais surtout qu'ils seraient utiles. Cet espoir leur suffisait, et, tandis que de tous côtés ils vous bénissent, tandis qu'ils s'agitent, qu'ils se préparent, qu'ils se mettent à l'œuvre et qu'ils s'efforcent de hâter les destinées qui leur sont promises, une foule d'hommes utiles, attirés des états voisins et des contrées lointaines, sont prêts à se fixer dans la patrie des talens, et à l'enrichir de leurs ingénieux tributs. Quelques-uns peut-être ont eu trop de confiance dans leurs forces; le temps nous en instruira. Mais faudra-t-il tous les accuser de trop de confiance en vos décrets! cependant ils ont formé des spéculations nouvelles, ils ont quitté leurs familles, oublié leurs affaires, contracté des engagemens, rassemblé toutes leurs ressources, épuisé leur fortune et leur crédit, déposé des fonds, arrêté des ouvriers, et déjà commencé des entreprises dont ils se promettaient des avantages qu'un changement inopiné, qu'un souffle va faire disparaître. Que deviendront en ce moment et ces dépenses, et ces établissemens, et

ces travaux commencés à l'ombre de votre protection, et ces emprunts cautionnés, pour ainsi dire,
par vos décrets, et surtout que deviendront tant
de pauvres artisans qui, sur la foi de ces mêmes
décrets, n'ont pas craint de passer dans de nouveaux ateliers? On était en droit de mêler votre
nom aux promesses qu'on leur a faites ; et ce
nom les a décidés à les accepter. C'est de vous qu'ils
en attendent l'effet; c'est vous qu'ils accuseront
d'y manquer ; et songez qu'il y va pour eux,
non de ces grandes spéculations, non de ces brillantes perspectives, non de ces immenses fortunes
dont quelquefois les débris mêmes offrent encore
des moyens de subsistance; mais il y va de leurs
salaires, c'est-à-dire de la vie.

Et ces mêmes artistes, pour lesquels on cherche à vous refroidir, oublierez-vous qu'ils étaient
venus se plaindre à vous comme des enfans à
leur père? oublierez-vous que vous les aviez écou-
tés, que vous les aviez accueillis, que vous leur
aviez rendu ce bien si précieux à l'homme, le
sentiment de ses forces; que vous leur aviez rendu
ce bien si précieux au citoyen, le sentiment de
ses relations avec la chose publique; et vous bri-
seriez votre ouvrage! et vous trahiriez leurs vœux !
et vous renverseriez leurs projets! et vous trom-
periez jusqu'à leur reconnaissance ! et vous leur
raviriez jusqu'à leurs illusions ! Faudra-t-il donc
qu'ils regrettent les abus qu'ils vous ont dénoncés !
faudra-t-il que, plus malheureux cent fois qu'auparavant, ces hommes à qui vous avez tendu la

main soiei·   ·gés soudain dans le désespoir et
dans l'ignominie ? faudra-t-il que ceux auxquels
il reste les moyens de fuir aillent demander à l'étranger l'effet de vos promesses, et lui porter le fruit
de leur génie ? On vous les a présentés comme des
insensés, ces hommes que l'on n'a point entendus,
on a dit que c'étaient des intrigans, ces hommes
que l'on ne connaît point encore ; enfin, on leur a
reproché jusqu'à leur pauvreté et leur discrédit,
comme si cette pauvreté même et ce discrédit n'étaient
point pour eux des titres sacrés auprès de vous !

Faut-il donc être riche, faut-il être puissant
pour être écouté par des législateurs ? non, il
suffit d'être irréprochable et d'être infortuné, et
dans la juste plainte du malheureux le plus obscur,
ils entendent la voix de tout le genre humain (1).

(1) Malgré l'étendue de la Réponse de M. de Boufflers,
on a cru qu'il était nécessaire, indispensable même,
de l'imprimer en entier, attendu qu'elle renferme des
développemens et des principes lumineux sur la législation des brevets d'invention.

CHAPITRE VII.

RAPPORT

FAIT PAR JEAN-FRANÇOIS EUDE AU CONSEIL DES CINQ-CENTS
SUR LES BREVETS D'INVENTION.

2 janvier 1798.

Je viens, au nom d'une commission spéciale, vous soumettre ses réflexions sur les brevets d'invention, et sur les lois qui y sont relatives.

Dans tous les temps, et chez tous les peuples éclairés, les découvertes dans les sciences et dans les arts ont été considérées comme la propriété de leurs auteurs. Cette propriété leur est d'autant plus chère, qu'elle est presque toujours le fruit de longues et pénibles recherches. Thalès avait trouvé en quelle raison est le diamètre du soleil au cercle décrit par cet astre autour de la terre; un homme puissant, auquel il en fit part, lui offrit tout ce qu'il exigerait, s'il voulait lui céder l'honneur de sa découverte; il refusa son offre en disant que rien ne pouvait entrer en compensation avec la gloire qu'il méritait.

Avant la révolution, la nation française n'était pas dans la situation de donner à son génie tout l'essor dont il est susceptible. Désormais elle doit tenir le rang qui lui appartient parmi les peuples les plus célèbres. Si dans la guerre elle a excité l'admiration de l'Europe par l'habileté de sa tactique autant que par l'impétuosité de son courage, il faut que dans la paix elle étonne le monde entier par la subtilité de ses découvertes scientifiques et industrielles. Que différens peuples lui disputent la gloire d'avoir inventé il y a plusieurs siècles la boussole et l'imprimerie, ils ne lui contesteront pas l'honneur de l'invention récente de l'aréostat et du télégraphe; elle est le présage des plus brillantes destinées.

Jamais circonstances ne furent plus favorables pour nationaliser en France tous les genres de talens.

Les sciences et les arts libéraux sont moins l'objet du calcul de l'intérêt personnel que les arts mécaniques. Ceux-là ont un moyen naturel d'émulation, et trouvent le plus souvent leur récompense dans la gloire qui accompagne le succès, et c'est plus spécialement pour les arts mécaniques que le brevet d'invention a été institué.

Mais ceux-ci ne sont pas moins dignes de l'accueil et de la protection d'un gouvernement sage; s'ils n'ont pas autant d'éclat, ils ne sont pas moins recommandables par leur utilité : ce sont eux qui, dans les états où ils sont encouragés, en rendent les autres pays tributaires, et y multiplient à l'infini les richesses commerciales.

· A quoi doit-on attribuer la prospérité de l'An-

18

gleterre ? ce n'est pas à l'étendue et à la fertilité de son territoire, mais à son industrie qui lui donne en quelque sorte le droit exclusif d'approvisionner les principaux marchés de l'Europe, de la plupart des objets manufacturés. Qu'on se garde de croire cependant que c'est par le propre génie de ses habitans qu'elle a acquis cette supériorité qui la distingue, elle n'a fait que l'usurper sur les autres peuples, et principalement sur la nation française, en profitant des fautes de son gouvernement en politique et en législation.

Combien en effet d'hommes de génie la France n'a-t-elle pas perdus par la révocation de l'édit de Nantes ! La proscription s'étendit sur des milliers d'individus de la classe la plus industrieuse ; le gouvernement anglais en attira un grand nombre par des lois de faveur ; c'est ainsi qu'il doit à des Français l'invention ou la perfection d'une grande quantité d'objets d'industrie, de fabrication et de commerce.

Hé bien ! reprenons-lui ce qu'il nous a enlevé ; attirons chez nous par des encouragemens et des récompenses, les artistes, les mécaniciens et les fabricans habiles de tous les pays.

Pour moi, je voudrais qu'il fût décrété que tout étranger qui apporterait en France une découverte ou une perfection dont l'utilité aurait été préalablement reconnue, serait gratuitement logé dans une maison nationale assez vaste pour y former un établissement, et de plus exempt de tout impôt pendant le temps du stage exigé par la constitution pour qu'il puisse devenir citoyen français.

Tout le monde sait que le brevet d'invention est le titre en conséquence duquel l'auteur d'une découverte industrielle a le droit d'en faire privativement l'objet d'une spéculation commerciale pendant un nombre d'années déterminé.

Avant le 18 fructidor, un orateur éleva à cette tribune des doutes sur la légitimité de ces sortes de brevets; il mit en question le point de savoir s'ils n'étaient pas contraires à la constitution; cette question fut renvoyée à l'examen d'une commission qui s'est trouvée dissoute sans avoir présenté son travail; celle qui la remplaça, et dont je suis l'organe, n'aura pas de grands efforts à faire pour lever à vos yeux la difficulté, car elle est prévue par la constitution même.

L'article CCCLVII s'exprime ainsi : « La loi « doit pourvoir à la récompense des inventeurs, « ou au maintien de la propriété exclusive de leurs « découvertes ou de leurs productions. »

La seconde partie de cet article s'applique directement aux brevets d'invention; si au moyen de l'alternative qu'il renferme il ne les commande pas, du moins il est sensible qu'ils les autorise, et il doit être permis de s'étonner que l'on ait voulu rendre problématique un point de droit public aussi clairement exprimé.

Maintenant, prétendrait-on soutenir qu'ils ne peuvent se concilier avec le régime de la liberté ? la première réflexion qui se présente, c'est que, s'il en était ainsi, la constitution ne les eût pas consacrés. Elle ne les a revêtus de sa sanction que parce qu'ils rentrent dans les vues d'ordre public qui tendent à conserver à chacun ce qu'il lui appartient. Quel titre d'ailleurs est plus respectable que le brevet d'invention, ce contrat formé entre l'auteur d'une découverte et la société entière, et par lequel l'inventeur lui abandonne à perpétuité le fruit de son industrie, au moyen qu'elle lui en garantit préalablement la jouissance exclusive pendant un temps convenu? Si un acte de cette nature blesse la liberté, certes ce n'est pas la liberté civile, mais uniquement celle de s'emparer de la propriété d'autrui. En vain dirait-on que ce qui est d'une utilité générale ne peut pas être l'objet d'une possession exclusive; la réponse à cette objection est que si l'invention est de telle nature que l'intérêt public en exige la prompte manifestation, alors la seule voie pour l'obtenir est celle de la récompense ou de l'indemnité, voilà pourquoi la constitution a établi l'alternative qu'on remarque dans l'article CCCLVII; mais hors le cas d'une publicité commandée par les plus hautes considérations d'intérêt public, ou par la nature même de la découverte, il est plus convenable de stimuler l'industrie par la concession des brevets d'invention, parce que communément les artistes attachent plus de prix à ce genre d'encouragement, et que d'ailleurs les indemnités se payent aux dépens du trésor public, tandis que les brevets d'invention ne lui coûtent rien.

De là il suit que, loin que le pacte social ré-
prouve les brevets d'invention, il les autorise; qu'ils
sont conformes au droit que chacun a de jouir,
sous la protection des lois, de ce qu'il a acquis
par son travail et son industrie, et qu'ils offrent
un moyen simple et économique d'encourager les
talens et de faire fleurir les arts. C'en est assez sans
doute pour convaincre tous les esprits de la nécessité de conserver une institution aussi précieuse;
et il ne nous reste plus qu'à examiner les lois qui
la régissent.

Il existe deux lois fondamentales sur cette matière, l'une est du 7 janvier, l'autre du 25 mai
1791. L'assemblée constituante qui les a rendues
les a basées sur le principe par elle proclamé, que
toute idée nouvelle, dont la manifestation ou le
développement peut devenir utile à la société, appartient primitivement à celui qui l'a conçue, et
que ce serait attaquer les droits de l'homme dans
leur essence que de ne pas regarder une découverte industrielle comme la propriété de son
auteur.

Ces lois fixent les conditions sous lesquelles les
brevets d'invention doivent être accordés, dési-
gnent l'autorité à qui il appartient de les délivrer,
déterminent leur effet et leur durée, règlent les
actions qui en dérivent au profit de ceux qui les
ont obtenus, et spécifient le cas de déchéance
de leur droit.

Sous plusieurs de ces points de vue, elles ont
paru à votre commission réunir toutes les qualités

qui conviennent à une bonne législation, et elle pense que c'est de votre sagesse de les maintenir; elle se bornera donc à vous proposer les seuls changemens et modifications qu'elle a jugés nécessaires à quelques égards, tant pour rendre leur exécution plus facile, que pour favoriser les inventeurs, en tant que cela est possible, sans nuire aux droits d'autrui.

Suivant les lois des 7 janvier, et 25 mai 1791, celui qui veut obtenir un brevet d'invention doit déposer sa pétition au secrétariat de l'administration de son département, y déclarer si l'objet pour lequel il demande un brevet d'invention, de perfectionnement, ou simplement d'importation, et y joindre sous cachet une description exacte des principes, moyens et procédés qui constituent la découverte, ainsi que les plans, coupes, dessins et modèles qui y sont relatifs, l'administration est tenue d'adresser le tout dans la même semaine à l'autorité compétente, qui renvoie le brevet à l'inventeur par la même voie. Cette méthode est simple et utile à conserver, parce qu'elle évite aux artistes des déplacemens et des voyages quelquefois très longs et toujours dispendieux. Jusqu'ici il ne s'offre aucun changement à faire aux lois existantes.

Les mêmes lois créent à Paris un établissement sous la dénomination de directoire des brevets, auquel les demandes des inventeurs doivent être envoyées par les administrateurs des départemens.

Lorsque la dépêche est arrivée, le brevet doit

être dressé sur-le-champ par le directoire des brevets d'invention, et le pouvoir exécutif est chargé de le faire publier par une proclamation qui s'enregistre dans les tribunaux et corps administratifs.

Votre commission a trouvé des réformes essentielles à faire en cette partie.

L'institution d'un directoire des brevets d'invention est absolument inutile et par conséquent à supprimer. Il ne faut pas la confondre avec le conservatoire des arts et métiers. Cet établissement est très intéressant à maintenir, puisqu'il est chargé de la garde et de l'entretien des machines, instrumens et modèles que nous devons au génie de Vaucanson et de ses émules, et qui nous ont été tranmis par l'académie des sciences; mais pour faire sentir l'inutilité du directoire des brevets d'invention, il suffit d'observer que jusqu'à présent il a rendu si peu de services, qu'il y a lieu de douter qu'il ait jamais été organisé.

La proclamation du pouvoir exécutif, réduite à une simple forme purement matérielle, ne convient ni à la dignité du gouvernement, ni à l'importance de l'objet. C'est au directoire exécutif, investi de la noble fonction de protéger spécialement les arts et l'industrie nationale, qu'il appartient de conférer et de révoquer les brevets d'invention; mais la détermination dans ces sortes d'actes doit toujours être éclairée.

Rien n'est plus mal conçu que le système de faire délivrer le brevet à l'ouverture de la dépêche, et sur le simple exposé de celui qui se prétend

inventeur; il peut en résulter une très grande distribution de brevets illégitimes, également nuisibles au commerce et aux droits de ceux qui en
ont justement. Il est donc essentiel que la concession n'en soit faite qu'à la suite d'un mûr examen
et avec une très grande connaissance de cause;
la saine raison le veut, et l'intérêt des véritables
inventeurs l'exige. Le moyen d'obtenir ce résultat
est de soumettre les demandes de ce genre à un
jury spécial qui remplacera le directoire des brevets
d'invention, et sur l'avis duquel le directoire exécutif statuera.

Quant à la révocation de ces brevets, les lois
en ont spécifié les cas avec précision, et il suffira
d'y ajouter celui où en général il serait reconnu
que la qualité d'inventeur, de perfectionneur ou
d'importateur, aurait été usurpée par celui qui aura
obtenu un brevet.

Un inconvénient notable se rencontre dans la
divulgation du secret des inventeurs que l'état de
la législation actuelle semble nécessiter; ce serait
un vain titre qu'un brevet d'invention s'il ne pro-
curait pas à celui qui en est possesseur la jouissance exclusive du fruit de ses talens pendant le
temps qui y est affecté. Un des moyens d'assurer
cette jouissance, est sans contredit de tenir secret
au dépôt des archives du ministère de l'intérieur
les plans, dessins, modèles et moyens d'exécution
des inventeurs; le moment de leur publication
ne doit venir qu'à l'expiration de l'exercice de leur
brevet; cependant, communément, la proclamation

portant concession d'un brevet d'invention commence par publier les plans et dessins de l'auteur de la découvete. Certes, rien n'est plus inconsidéré. Les lois des 7 janvier et 25 mai 1791 autorisent la communication du catalogue des inventions nouvelles à tout citoyen qui désire le consulter. Le but de cette disposition paraît être de les instruire de la nature des brevets existans, afin qu'ils n'emploient pas inutilement leurs soins à s'en procurer sur le même objet. Que la proclamation sur la concession du brevet qui doit être publiée et enregistrée dans tous les tribunaux contienne la description sommaire de l'objet inventé; que la communication du catalogue des inventions nouvelles soit maintenue; cette double mesure suffira manifestement pour atteindre le but désiré. Il n'est donc pas nécessaire d'autoriser ou de tolérer la communication des plans, modèles et procédés des inventeurs, et ce sera une précaution très propre à prévenir beaucoup d'abus que de l'interdire.

La taxe des brevets d'invention, non compris les frais d'expédition, est de 300 francs pour un brevet de cinq ans, 800 francs pour un brevet de dix ans, et 1,500 francs pour un de quinze ans, qui sont le terme au-delà duquel ces sortes de brevets ne peuvent s'étendre sans un décret du corps législatif. L'emploi de ces fonds est dirigé uniquement à l'avantage de l'industrie nationale, et le recouvrement par ce motif en est indispensable.

L'article III, titre II de la loi du 25 mai 1791,

oblige l'inventeur de payer sur-le-champ la moitié de la taxe, et lui accorde six mois pour le surplus.

Votre commission est d'avis qu'il y a lieu de proroger ce délai à un an. Les découvertes dans les arts sont rarement fortuites; avant de les obtenir, l'artiste est presque toujours obligé d'employer beaucoup de temps à leur recherche, sans en tirer aucun bénéfice. L'étranger qui nous apporte le tribut de son industrie n'a le plus souvent que le produit de son talent pour exister, et ce produit ne se réalise que lentement; ce serait le repousser que de ne pas lui donner un temps convenable pour se procurer le montant de la taxe qu'on exige de lui; et lorsqu'on lui en fait payer préalablement la moitié, le délai d'un an pour acquitter l'autre moitié ne doit pas paraître excessif.

Ici se présente la question de savoir si l'inventeur, qui ne fait pas d'autre commerce que celui résultant de l'industrie pour laquelle il a obtenu un brevet, ne doit pas, pendant la durée de ce brevet, être exempt du droit de patente.

Les précédentes considérations militent déjà pour l'affirmative; il en est une autre ci-jointe qui n'est pas moins puissante. Celui qui met en valeur une portion de terre inculte est exempt d'impôt pendant un certain nombre d'années; celui qui défriche une portion du domaine des arts a autant de droit à la bienfaisance du législateur; car une seule invention peut faire naître une branche de commerce extrêmement importante pour la société.

D'ailleurs, les découvertes dans les arts ne sont pas tellement communes, que l'exemption dont il s'agit puisse opérer une diminution importante dans la perception générale du droit. Fasse le ciel au surplus que nous les voyons se multiplier au point de la réduire sensiblement! le gouvernement trouverait un ample dédommagement dans les nouvelles richesses qui en feraient le produit; il y a donc de la justice et nul inconvénient à prononcer cette exemption. Un autre objet a fixé l'attention de votre commission. L'inventeur a, par les lois actuelles, le droit de poursuivre en justice les contrefacteurs en dommages et intérêts, et confiscations des matières saisies; et il est essentiel de le lui conserver.

Mais il s'élève une difficulté relativement à la saisie. Le porteur d'un brevet doit-il, afin de pouvoir exercer cet acte, être obligé de donner caution! Avant de résoudre cette question, il faut se reporter aux lois existantes; on remarque ces mots dans l'article XII de la loi du 7 janvier:

« Le propriétaire d'une patente (ou brevet, c'est
« la même chose) jouira privativement de l'exer-
« cice et des fruits des découvertes, inventions ou
« perfections pour lesquelles ladite patente aura été
« obtenue; en conséquence, il pourra, *en donnant*
« *bonne et suffisante caution, requérir la saisie*
« *des objets contrefaits*, et traduire les contre-
« facteurs devant les tribunaux. »

Et dans l'article XIII ceux-ci:

« Dans le cas où la dénonciation pour contre-

« façon d'après laquelle la saisie aurait eu lieu se
« trouverait dénuée de preuves, l'inventeur sera
« condamné envers la partie adverse à des dom-
« mages et intérêts proportionnés au trouble et
« au préjudice qu'elle en aura pu éprouver.... »

Ces dispositions sont claires et précises; mais
par un décret sans date, qui se trouve à la suite
de la loi du 25 mai 1791, et cependant publié
dans les formes légales, l'assemblée constituante
a retranché de ces deux articles tout ce qui est
relatif à la saisie et à la caution.

Le motif de cette suppression à l'égard de l'article XII, n'est pas facile à découvrir, quelques-
uns en ont inféré que le législateur a voulu retirer
à l'inventeur la faculté de faire saisir les objets
contrefaits, ce qui ne paraît pas exact; car la loi
même du 25 mai, titre II, article XII, contient
une disposition peu abrogée, qui reconnaît positivement cette faculté. D'autres ont pensé que la
suppression ne tendait qu'à dispenser le saisissant
de donner caution; mais en ce cas, pourquoi avoir
retranché de l'article ce qui concerne la saisie,
comme ce qui se réfère à la caution?

Le ministre de la justice, consulté en vendémiaire de l'an 5 sur cette difficulté, ne l'a pas
levée de manière à faire disparaître toutes les
inexactitudes; il en est résulté dans les poursuites
judiciaires une interruption dont les contrefacteurs
n'ont pas laissé que d'abuser : il est du devoir
du législateur de la faire cesser.

Votre commission est unanimement convaincue

que le décret dont il s'agit n'a pas été rendu dans le dessein d'interdire la saisie; elle est indispensable pour constater la fraude et assurer la confiscation voulue par la loi du 7 janvier. Il ne peut d'ailleurs exister aucun doute sur ce point, puisque, de fait, elle est formellement maintenue par une disposition de la loi du 25 mai, qui est restée dans toute sa force. La seule question qu'il faut approfondir, c'est donc celle de la caution. Que le décret de suppression ait eu pour objet ou non de dispenser le saisissant de cette formalité, il faut, pour éviter toute erreur, en venir à examiner si elle est nécessaire.

A cet égard, et quel que soit le penchant de votre commission à favoriser les possesseurs des brevets d'invention, elle serait obligée de se prononcer pour l'affirmative. En fait d'exécution mobiliaire, la caution est de droit commun; la saisie est un acte de rigueur qui est toujours préjudiciable à celui qui l'éprouve, il le devient davantage quand il est dirigé envers des commerçans, par l'atteinte qu'il porte à leur crédit. Celui contre lequel la saisie est permise doit être assuré d'un dédommagement équivalent au tort qu'elle lui occasionne lorsqu'elle est exercée mal à propos dans l'espèce particulière. Le brevet d'invention ne renferme aucune valeur qui puisse servir de garantie, celui auquel il appartient peut lui-même n'offrir aucune ressource. Il serait extrêmement dangereux d'autoriser la saisie en pareille circonstance, sans placer auprès d'elle un frein qui en prévienne ou en réprime l'abus. On reconnaît qu'il est juste que la loi donne aux inventeurs les moyens nécessaires pour empêcher la fraude ; mais aussi il faut qu'elle garantisse les citoyens des vexations de la malveillance ou de l'inconsidération; il ne s'agit à cet effet que de rétablir dans l'article XII de la loi du 7 janvier les mots qui en ont été retranchés; et votre commission ne balance pas à vous le proposer.

Elle pense aussi que le rétablissement de ceux qui ont été retirés de l'article XIII doit également avoir lieu; cet article n'admet de dommages et intérêts contre l'inventeur qu'autant qu'il y a eu saisie; rien n'est plus juste que cette disposition, car dans le système de notre législation, en matière civile, une dénonciation, lorsqu'elle n'est suivie d'aucun effet, ou même une action, quand elle est pure et simple, ne donne pas ouverture à des dommages-intérêts, quoiqu'elle ne soit pas fondée en droit. Le rétablissement des articles XII et XIII de la loi du 7 janvier 1791, tels qu'ils étaient dans l'origine, est commandé par une juste prévoyance, et ne peut produire qu'un résultat avantageux.

En examinant les lois rendues sur les brevets d'invention, votre commission a encore remarqué qu'elles gardent le silence sur ce qui concerne la sureté des ouvrages d'arts saisis.

Il est incontestable que si on laissait à la disposition du saisi les objets contrefaits, notamment ceux qui tiennent aux arts mécaniques, il lui serait très facile après la saisie de les dénaturer de telle sorte que, quand on viendrait à la vérification, il y aurait impossibilité de les reconnaître pour des objets faits à l'imitation de ceux de l'inventeur, quoiqu'ils l'eussent été réellement: cette omission se trouvera facilement réparée en ordonnant que les choses saisies seront mises sous le scellé, ou séquestrées, le cas échéant; cette mesure préviendra un grand inconvénient sans aggraver le sort du saisi, puisqu'il est assuré, au moyen de la caution, du recouvrement de ses dommages-intérêts, en cas de poursuite mal fondée de la part du saisissant.

Il eût été à désirer de pouvoir déterminer la valeur du cautionnement; mais comme il dépend de la nature et de l'importance des matières qui deviennent saisissables, ce point est à laisser nécessairement à l'arbitrage du juge.

C'est au juge de paix que la loi du 25 mai attribue la compétence des contestations entre l'inventeur et le contrefacteur; il n'est pas douteux qu'il doit en connaître, sauf l'appel, à quelque somme que s'élève l'objet du litige : tel est le vœu de la raison comme celui de la loi, puisque cela tient à la police des arts et métiers qui doit toujours être traitée sommairement; mais pour éviter toute fausse interprétation, il convient de l'exprimer et de régler en même temps par qui la caution sera reçue.

Tels sont les divers rapports sous lesquels votre commission a envisagé les lois concernant les brevets

du titre II de la loi du 25 mai 1791; mais, au lieu de six mois, il pourra, en passant sa soumission, prendre un an pour acquitter le surplus.

VIII. L'inventeur qui ne fera d'autre commerce que celui résultant de l'industrie pour laquelle il lui aura été conféré un brevet, jouira, pendant la durée de ce brevet, de l'exemption du droit de patente.

IX. Les règles établies en la présente résolution à l'égard des inventeurs sont communes aux perfectionneurs et aux importateurs.

X. La disposition du décret qui se trouve à la suite de la loi du 25 mai 1791 et qui dans celle du 7 janvier précédent supprime les mots suivans : (Article XII.) « *En donnant bonne et suffisante caution, requérir la saisie des objets contrefaits.* » (Article XIII.) « *D'après laquelle saisie aurait eu lieu* » est abrogée : en conséquence, chacun de ces articles reprendra son plein et entier effet.

XI. Les objets saisis comme objets de contrefaçon seront mis sous le scellé et ils y resteront jusqu'à la décision du procès, sauf à en être retirés pour procéder aux vérifications nécessaires, à la charge de les y rétablir aussitôt qu'elles auront été faites. En cas d'opposition illégale de la part du saisi, ou à défaut par lui d'indiquer dans le lieu de son domicile un endroit sûr et convenable pour les déposer, ils seront séquestrés chez le juge de paix.

Si la saisie s'exerce contre un colporteur, le séquestre aura lieu de plein droit.

XII. La saisie sera faite concurremment par tous huissiers, chacun dans son ressort, en vertu d'un mandement, soit du président de l'une des sections du tribunal civil, soit du juge de paix de l'arrondissement, lesquels ne pourront l'accorder qu'après avoir reçu la soumission de la caution.

XIII. Les contestations entre l'inventeur et le contrefacteur seront portées devant le juge de paix, à quelque somme que s'élève l'objet en litige, et elles seront par lui jugées suivant les règles établies par les articles X et XI du titre II de la loi du 25 mai 1791, qui, ainsi que celle du 7 janvier précédent, continuera de recevoir sa pleine et entière exécution en tout ce qui n'est pas contraire à la présente (1).

(1) Quoique ce projet de résolution n'ait jamais été converti en loi, on a dû néanmoins le faire connaître, attendu qu'il renferme quelques vues utiles auxquelles on peut avoir recours lors des contestations qui s'élèvent à l'occasion des brevets d'invention.

CHAPITRE VIII.

OBSERVATIONS

DE BAILLEUL SUR QUELQUES ARTICLES DU PROJET DE RÉSOLUTION, PRÉSENTÉ PAR J. F. EUDE AU CONSEIL DES CINQ-CENTS, CONCERNANT LES BREVETS D'INVENTION.

Les lois des 7 janvier et 25 mai 1791 portent l'empreinte de la sagesse et de l'amour des arts; personne n'a réclamé contre leurs dispositions, preuve non équivoque qu'elle concilie l'intérêt public avec l'intérêt individuel.

Une autre preuve de cette vérité se tire des efforts nouveaux que le génie à faits pour agrandir le cercle de nos connaissances, bien sûr que chaque découverte serait une propriété inviolable pour chaque inventeur ou perfectionneur.

C'est de ce point unique qu'il faut partir pour faire de bonnes lois sur les brevets d'invention. Une invention est la propriété de l'individu au génie duquel elle est due.

Le citoyen Eude, rapporteur du projet de résolution que j'examine, en fait l'aveu en commençant; je me suis fait un plaisir de transcrire ici sa pensée.

« Dans tous les temps, chez tous les peuples

« éclairés, dit-il, les découvertes dans les sciences
« et les arts ont été considérées comme la pro-
« priété de leurs auteurs; cette propriété leur
« est d'autant plus chère, qu'elle est presque
« toujours le fruit de longues et pénibles re-
« cherches. »

L'auteur de ce rapport aime les arts et son
pays ; on voit à chaque ligne de cet écrit ce sentiment bien prononcé; mais je pense qu'il n'a pas tiré
de son principe la conséquence qui en dérive
naturellement.

Si une découverte est la propriété de son auteur, cette propriété doit, comme toutes les autres,
lui être garantie par la loi ; si elle doit lui être
garantie par la loi, elle est soumise au pouvoir
judiciaire; car il n'y a que le pouvoir judiciaire
qui puisse prononcer légalement sur le sort d'une
propriété particulière.

Quand un citoyen a obtenu un brevet d'invention, qui est-ce qui peut lui contester cette
propriété? c'est un autre citoyen qui prétend que
le premier n'a pas le droit de lui ravir la faculté
de concourir avec lui, par les mêmes procédés,
au genre d'industrie qu'il a obtenu la permission
d'exercer exclusivement.

Il en est de cette propriété comme de toutes les
autres. Or, si un citoyen me conteste le droit de
jouir seul de mon champ, qu'il veuille le partager,
à qui doit-il s'adresser pour faire juger sa prétention? devant les tribunaux : eux seuls ont le
droit d'en connaître.

C'est donc aux tribunaux qu'il appartient de juger du sort de la propriété du brevet d'invention.

Ce serait donc déroger à toutes nos lois et à notre constitution de soumettre ces différens à la connaissance du directoire, ainsi que le propose le citoyen Eude dans son rapport.

Une pareille attribution jetterait le découragement dans l'esprit de tous les artistes et de tous les savans, parce que leur propriété ne serait plus protégée par la loi et les tribunaux qui en sont les organes, parce qu'elle se trouverait soumise à la volonté du gouvernement, devant lequel on ne plaide pas, que l'intrigant et l'envieux peuvent d'autant plus facilement tromper, qu'ils portent leurs coups dans l'ombre, et loin du légitime contradicteur.

L'artiste ingénieux qui aurait consumé une partie de sa fortune à faire des essais, des tentatives, des études, qui croirait pouvoir jouir paisiblement et pendant le temps déterminé par son brevet du fruit de ses heureux travaux, se verrait donc subitement dépouillé de sa propriété et il aurait la douleur de la voir passer dans les mains d'un envieux, d'un intrigant qui aurait su s'insinuer par les voies les plus obscures auprès des gouverneurs, que leur sagesse, leur prévoyance, leur sagacité, leur juste défiance ne garantissent pas toujours des pièges que la flatterie et l'ambition leur tendent sans cesse.

Qu'au contraire les tribunaux restent investis du droit de connaître des contestations qui s'élèveront entre le breveté et les autres artistes, le breveté sera tranquille s'il est attaqué, ce sera en face du public et des juges; sûr de pouvoir se défendre, il n'aura à craindre qu'autant qu'il sera convaincu qu'il a trompé ceux de qui sera émané son brevet.

Ces vérités avaient sans doute frappé l'assemblée constituante lorsqu'elle décréta que les tribunaux seuls devaient connaître de la révocation d'un brevet d'invention.

Pour se convaincre que cette loi est bien sage, il faut considérer que, depuis l'établissement des brevets d'invention, on ne voit pas que les citoyens patentés aient été troublés par des actes judiciaires, et que le directoire a été souvent fatigué des réclamations sourdes des envieux qui n'osaient pas se présenter dans les tribunaux, en face de leurs adversaires et du public; ils trouvent plus commode et plus prudent d'intriguer que de combattre.

J'en pourrais citer des exemples, et entre autres un qui est parvenu à ma connaissance par des imprimés qui on été distribués. Un citoyen a bien eu le secret de faire rapporter un brevet d'invention par le directoire, à qui constamment nos lois ne le permettent pas; le même citoyen a toujours fui les tribunaux.

Qu'on cherche la raison de cette obstination à éviter l'œil des tribunaux et la publicité des audiences, de cette ruse de recourir au directoire; on la découvrira dans ce que j'ai dit plus haut :

l'intrigant espère de tromper le directoire ; il sent l'impossibilité de décevoir le public et les juges.

Il est donc de la dernière importance de laisser subsister sur ce point les lois des 7 janvier et 25 mai 1791. La loi est toujours bonne quand l'intrigant et l'ambitieux la redoutent, et qu'elle met les bons citoyens à l'abri des tracasseries des méchans ; et qu'on ne dise pas que le pouvoir administratif accordant les brevets, c'est au chef de ce pouvoir qu'il appartient de les révoquer ; on répondrait que ce sont les autorités administratives qui adjugent les biens nationaux : et cependant si l'adjudicataire est troublé dans sa propriété par un voisin, il a recours aux tribunaux, et pourquoi ? parce que c'est aux tribunaux que la loi a confié l'application des lois qui protégent les propriétés, de quelque part qu'elles proviennent.

Une découverte étant une propriété qui ne diffère en rien des autres, c'est donc incontestablement aux tribunaux à la faire respecter comme les autres ; il y a donc dans le rapport que nous examinons une fausse conséquence tirée d'un principe très vrai.

Le rapporteur a raisonné ainsi :

« Une découverte est une propriété ; donc, il « appartient au directoire de la ravir au pro-« priétaire. »

Et il aurait dû dire :

« Une découverte est une propriété ; nul· ne « peut la ravir au propriétaire, à moins qu'il

« ne prouve en face du public, dans les tribu-
« naux, que c'est une propriété usurpée. »

Passons à un second article moins important
et qui ne demande pas une aussi longue discussion : c'est celui où le rapporteur propose d'astreindre le propriétaire breveté à donner caution
en faisant saisir les objets contrefaits.

L'assemblée constituante l'avait ainsi décrété
par l'article XII de la loi du 7 janvier 1791; mais,
par une autre loi, elle affranchit le propriétaire
de cette obligation.

Elle eut raison, on s'en convaincra par les
simples réflexions que je vais présenter.

C'est ordinairement dans les commencemens
d'un établissement que se réveille la jalousie et
l'ambition des contrefacteurs, et c'est dans ces
commencemens aussi que le propriétaire breveté
est moins en état de donner caution.

Il vient s'établir à Paris, je suppose, où il ne
connaît personne, et son industrie qu'il n'a pas
eu le temps de faire prospérer ne lui a pas encore
attiré la confiance de ses nouveaux concitoyens;
d'ailleurs, c'est une nouveauté pour eux, et sous
ce rapport elle inspire, sinon la défiance, au moins
la circonspection.

Si le breveté est un étranger, il lui est bien
plus difficile encore de pouvoir donner caution.

Dans cette impossibilité, des intrus sans nombre
viendront contrefaire ses procédés et le ruineront
impunément, parce qu'ils n'auront pas craint la
saisie des objets contrefaits.

Ce ne peut être le vœu du législateur ; toutes les lois doivent tendre à protéger l'homme de génie qui a la hardiesse de sacrifier son temps et sa fortune à l'agrandissement du cercle de nos connaissances, de nos arts, de nos sciences.

Un breveté peut être ruiné s'il n'a pas le droit de faire saisir les objets contrefaits ; l'imitateur saisi ne peut jamais l'être par la saisie tant qu'il n'y a pas vente.

Remarquez, d'ailleurs, que la caution, en cas de saisie, est ici une nouveauté que l'on propose. La caution n'est due que lorsqu'on fait vendre avant que le droit du saisissant ne soit définitivement jugé.

Pourquoi donc astreindre le propriétaire breveté à donner caution avant qu'il soit procédé à la vente des objets saisis ? Nulle raison ne commande cet excès de rigueur, et tout le proscrit.

Mais le prétendu contrefacteur peut être vexé par la saisie. Oui, sans doute, s'il n'y a pas de contrefaçon ; mais il n'est pas dans l'ordre des probabilités que le breveté fasse saisir des objets qui ne sont pas contrefaits. Un inventeur est un homme de génie, et le génie n'est pas tracassier.

Mais en supposant la vexation, la loi a pourvu à l'intérêt de la partie saisie : elle condamne le propriétaire breveté à l'indemniser des pertes qu'il aura souffertes ; c'est tout ce qu'elle lui doit. La saisie ne l'ayant pas dépossédé définitivement, et les objets étant sous la main de la justice, elle ne peut pas donner lieu à caution.

Il faut donc laisser subsister la loi du 7 janvier 1791, avec le retranchement des mots : *lui donnant bonne et suffisante caution* (1).

(1) Les observations de M. Bailleul ne furent point prises en considération ; au contraire, l'assemblée nationale ordonna la suppression des mots suivans :
(Art. XII.) *En donnant bonne et suffisante caution, requérir la saisie des objets contrefaits.*
(Art. XIII.) *D'après laquelle saisie aurait eu lieu.*

CHAPITRE IX.

AVIS

DES BUREAUX CONSULTATIFS DES ARTS ET DU COMMERCE
RÉUNIS DU MINISTÈRE DE L'INTÉRIEUR, SUR DEUX QUES-
TIONS RELATIVES AUX BREVETS D'INVENTION.

22 juin 1800.

Deux questions sur les brevets d'invention ont
été soumises aux membres composant les bureaux
consultatifs des arts et du commerce réunis;

SAVOIR :

1.º Si on doit accorder des brevets d'invention
pour des sujets qui paraissent minutieux;

2.º S'il n'y aurait pas un mode d'expédition
de brevet qui préviendrait, 1.º les contestations
sur le fait de la priorité d'invention ou d'importation; 2.º l'abus que peuvent faire les brevetés
de leur titre en les faisant considérer comme un
certificat et une attestation favorable du gouvernement, et de cette manière induisent en erreur
les personnes qui ignorent que les brevets sont
accordés sans examen préalable.

Première question.

Le rapport fait à l'assemblée constituante au nom des comités d'agriculture et de commerce, a traité à fond et d'une manière lumineuse tout ce qui est relatif aux brevets d'invention. Il a prévu toutes les objections et y a répondu d'une manière satisfaisante.

La question présente n'a pas été oubliée. On lit dans une réponse du rapporteur :

« Est-ce que les plus grandes inepties seraient
« admises sans examen ? oui, mais aussi elles se-
« raient rejetées sans scrupules, et alors elles tour-
« neraient au détriment de leur auteur. Mais,
« dira-t-on, pourquoi jamais de contradicteur ?
« Mais, dirais-je à mon tour, pourquoi toujours
« des contradictions ? Le contradicteur que vous
« demandez est absolument contraire à l'esprit de
« la loi : l'esprit de la loi est d'abandonner l'homme
« à son propre examen, et de ne point appeler
« le jugement d'autrui sur ce qui pourrait bien
« être impossible à juger. Souvent ce qui est in-
« venté est seulement conçu et n'est point encore
« né ; laissez-le naître, laissez-le paraître, et puis
« vous le jugerez. Vous voulez un contradic-
« teur ; je vous en offre deux, dont l'un est plus
« éclairé que vous ne pensez, et l'autre est in-
« faillible, l'intérêt et l'expérience. »

Cette réponse pleine de sens nous paraît résoudre complétement la question.

Deuxième question.

Cette deuxième question porte sur deux points :
le premier est relatif aux contestations auxquelles
les brevets p uvent donner lieu, qui pourraient
troubler diff rens artistes et manufacturiers dans
l'exercice de l ur industrie; le deuxième concerne
l'abus que les brevet s peuvent faire de leur titre.

On trouve encore dans la réponse de M. de
Boufflers, une réplique à cette question; voici
comme s'explique l'auteur :

« Vous craignez les procès! mais quand il serait
« vrai qu'il en naîtrait quelques-uns, n'est-ce pas
« une suite inévitable de toute loi nouvelle, à
« laquelle, dans les premiers temps, les intérêts
« les plus opposés essaient, chacun de leur côté,
« de trouver des interprétations favorables ! Toute
« loi nouvelle peut donc, avant d'éclairer les
« hommes, occasionner quelques erreurs. Faut-il
« pour cela r jeter oute loi nouvelle? Faites que
« l'industrie soit active et florissante ; faites qu'il
« n'y ait point de bras oisifs dans le royaume ; faites
« que chacun, occupé de ses affaires, ne se mêle
« point de celles d'autrui ; faites qu'il y ait plus
« de profit à travailler qu'à plaider, et vous di-
« minuerez le nombre des procès.

« Ne vous laissez donc point égarer par une
« crainte qui deviendrait d'autant plus dangereuse
« que le motif en est plus respectable, et songez
« que ces disputes particulières, aisées à éclaircir,

« aisées à terminer, iront pour la plupart s'éteindre
« au tribunal paternel des juges de paix. Craignez,
« en cherchant à les prévenir de trop loin, crai-
« gnez, dis-je, de les trancher au désavantage
« de la nation; et, pour éviter quelques procès
« d'ouvriers, ne faites pas perdre le grand procès
« de l'industrie nationale contre l'industrie étran-
« gère. »

Quant à l'abus que peuvent faire les brevetés
de leurs titres en les faisant envisager comme des
attestations du gouvernement en faveur du mérite
de leurs découvertes, pour éviter à cet égard
toute surprise, d'autant plus facile que la loi est
encore peu connue, et qu'il était d'usage avant
cette loi de n'accorder de priviléges qu'après un
examen, peut-être conviendrait-il d'insérer dans
l'expédition du brevet, par annotation, la déclaration suivante, qui se trouve même conforme à
l'esprit de la loi :

*Le gouvernement, en accordant ledit brevet
sans examen préalable, n'entend garantir en
aucune manière, ni la priorité, ni le mérite,
ni le succès de l'invention.*

Au surplus, les bureaux consultatifs des arts et
du commerce réunis, en présentant ces observations,
croient devoir déclarer qu'ils n'ont eu en vue que
d'assurer à la loi sur les brevets d'invention une
exécution complète, et nullement d'y porter atteinte
ou d'en atténuer les principales dispositions, contre
lesquelles il ne s'est élevé jusqu'à ce jour aucune
réclamation fondée.

CHAPITRE X.

TOUTE LA JURISPRUDENCE

CONCERNANT LES BREVETS D'INVENTION, DE PERFECTIONNE-
MENT ET D'IMPORTATION.

POSSESSION.

ARRÊT de la Cour de cassation du 13 décembre 1801 (22 frimaire an X.)

(Sirey, tom. 2, part. 1.re, pag. 172.)

Un manufacturier saisi par le juge de paix local pour avoir employé des procédés dé-crits dans un brevet, peut opposer par voie d'exception ou de défense, que le procédé prétendu inventé n'est pas une invention réelle, et que le brevet a été surpris.

(P. BRIDET — C. — DUGUEY.)

DANS le fait, le sieur Bridet était porteur d'un brevet d'invention obtenu le 3 brumaire an V.

Le procédé pour lequel il était breveté avait pour résultat de convertir en peu de jours une grande masse de matières fécales en une poudre inodore éminemment végétative.

Dès long-temps on connaissait dans le commerce une poudre végétative, extraite des matières fécales et appelée *poudrette.*

Mais on ignorait l'art de hâter la dessiccation des matières, et de rendre la poudre inodore.

C'est dans le sens de ce *perfectionnement* que Bridet était *inventeur.*

Toutefois, observons que ce perfectionnement dans la manière de faire la poudrette, était *pratiqué* depuis 1785 par Bridet lui-même.

Il avait jadis traité avec la compagnie du *Ventilateur,* pour l'exploitation privative de la *voirie de Montfaucon ;* et cette convention avait été approuvée par arrêt du conseil d'état du 18 août 1789.

Ainsi, dès avant le 3 brumaire de l'an V, le procédé de Bridet, pratiqué par lui-même, pouvait être connu, usité, trivial même dans le commerce.

Le sieur Duguey avait conçu le projet d'obtenir l'établissement de Montfaucon. — Il le soumissionna pour un prix infiniment au-dessus de ce que payait Bridet.

5 ventose an V. — Arrêté du directoire exécutif, qui autorise la commune de Paris à traiter avec Duguey.

26 ventose an V. — Adjudication à Duguey, moyennant le prix annuel de 64,100 liv.

Or, l'exploitation de Duguey fut presque semblable à celle de Bridet. De là mille efforts en sens contraires. — De là l'intervention de l'autorité administrative.

Le brevet de Bridet est *rapporté*, puis il est *rendu*.

Mais comment concilier le privilége de Bridet avec l'adjudication de Duguey?

Par un arrêté du 19 vendémiaire an VII, le directoire déclara que le brevet de Bridet aurait son exécution, et que Duguey conserverait la faculté d'employer tous procédés *connus et usités avant le brevet d'invention.*

Ici était une équivoque, la cause du procès.

Le directoire réservait-il à Duguey l'usage des procédés connus et usités, dans le sens de la loi du 25 mai 1791, c'est-à-dire *consignés dans des ouvrages imprimés et publiés?* en ce cas, il n'accordait rien à Duguey : son établissement allait crouler; sa ruine était certaine.

Au contraire, le directoire lui réservait-il l'usage des procédés connus et usités, en ce sens seulement, *que déjà ils fussent connus et pratiqués dans le commerce?* en ce cas, Duguey pouvait conserver son établissement : — mais alors Bridet se trouvait sans *privilége.*

En tout cas, Bridet fait vérifier le procédé de Duguey. — On y trouve similitude avec le procédé décrit au brevet. — La similitude n'est pas niée. — La confiscation est demandée. — Or, les sacs de poudre à confisquer valaient plusieurs centaines de mille francs.

Instance liée devant le juge de paix de Belleville.

Duguey décline sa juridiction; il soutient n'être adjudicataire qu'à condition d'exploiter comme il l'a fait; que l'action tend à neutraliser son adjudication; que la matière est administrative. — Il refuse de défendre au fond.

22 messidor an VII. — Le juge de paix décide, *contradictoirement*, que s'agissant de l'exécution d'un brevet, la matière est judiciaire. — Ensuite et *par défaut*, attendu la similitude du procédé de Duguey avec celui du brevet, il prononce la confiscation, etc.

Opposition à ce jugement, formée par Duguey.

Conflit élevé par l'autorité administrative, qui défend à Duguey d'obtempérer au jugement.

28 thermidor an VII. — Décision du ministre de la justice, confirmée par le directoire.

L'autorité *administrative* est déclarée compétente *pour apprécier le mérite du brevet;*

Et l'autorité *judiciaire* compétente *pour apprécier le fait de contrefaçon*, c'est-à-dire si Duguey a employé des procédés *non connus et usités dans le commerce avant le brevet.*

Nouvelle équivoque.

Duguey argumente de la décision du directoire, et dit au juge de paix : « Le gouvernement vous reconnaît juge de la *contrefaçon*. — Or, il n'y a pas contrefaçon, si mon procédé a été pris, non du brevet, mais dans la pratique du commerce.

« Et remarquez que le gouvernement vous impose le devoir de juger de la contrefaçon dans ce dernier sens, c'est-à-dire d'examiner si j'ai employé d'autres procédés que ceux qui étaient *connus et usités dans le commerce.* »

Bridet argumentait aussi de la décision en sens contraire, et disait au juge de paix :

« Le gouvernement vous défend d'apprécier le mérite du brevet. — Or, si vous accueillez l'exception de Duguey, vous me frappez de déchéance, vous détruisez mon brevet.

« D'ailleurs, si mon brevet pouvait être neutralisé, ce serait seulement par la preuve que le procédé décrit au brevet, avait été antérieurement consigné dans un écrit imprimé et publié. — Or, mon adversaire n'indique pas d'ouvrage imprimé et publié, où mon procédé ait été décrit. — Donc, etc. »

2 frimaire an IX. — Jugement qui déboute de l'opposition, attendu que les faits allégués par Duguey sont impertinens et inadmissibles, puisqu'ils tendent à détruire l'effet du brevet d'invention, dont le directoire a *ordonné l'exécution*, en connaissance de cause.

Appel, 13 floréal an IX. — Jugement confirmatif, par les mêmes motifs.

Pourvoi en cassation, fondé sur deux moyens principaux.

Le premier, pris de ce que le juge de paix s'est déclaré incompétent pour prononcer la déchéance du brevet. — Contravention prétendue à l'art. XI de la loi du 25 mai 1791, ainsi conçu :

« Le juge de paix entendra les parties et leurs
« témoins, ordonnera les vérifications qui pour-
« ront être nécessaires ; et le jugement qu'il pro-
« noncera sera exécutoire, provisoirement et no-
« nobstant l'appel. »

Cette disposition indéfinie, illimitée, disait M.ᵉ Bellard, défenseur de Duguey, établissait la compétence du juge de paix sur le fond de l'affaire, et sur toutes ses parties constitutives.

Juge pour *condamner*, il était essentiellement juge pour *absoudre*.

Quels sont les motifs sur lesquels il fonde son incompétence ?

Le premier consiste à dire qu'une *déchéance* du brevet d'invention ne pouvait être prononcée que par l'autorité administrative qui l'a conféré.

Le deuxième, c'est qu'une question de déchéance était une question de propriété. — Et qu'un juge de paix compétent pour le possessoire, ne l'est pas pour le pétitoire.

Mais ce sont-là deux erreurs.

Un brevet d'invention ne confère pas un droit de propriété : il la suppose. — Ce n'est qu'un acte donné à l'impétrant pour constater que, le premier, il a rempli les conditions pour avoir le privilége d'*inventeur*, relativement à tel procédé.

Cet acte reconnaît dans l'impétrant une *priorité* de confidence faite au gouvernement, mais il ne lui reconnaît pas une *priorité*, ni de *pratique*, ni de *découverte*.

Voici le système du législateur en matière de brevet d'invention :

Tout homme de génie qui invente ou perfectionne un procédé utile à l'industrie, acquiert un droit privatif à l'exercice de ce procédé (loi du 7 janvier 1791).

Mais à quels signes se distingue *l'inventeur ?*

Le gouvernement prend-il la peine d'examiner, de vérifier s'il y a réellement invention ? non. — *Le brevet est délivré sur une simple requête, et sans examen préalable.* (Art. 1.ᵉʳ, loi du 25 mai 1791.)

La loi tient pour inventeur le premier qui a sollicité le brevet, pourvu qu'il ait joint à sa requête un paquet contenant la description exacte de tous les moyens qu'il se propose d'employer, etc. (Art. II, *idem.*)

Cependant la loi est trop sage pour accorder, sans examen, à un particulier, un privilége qui pourrait ruiner les manufacturiers et paralyser l'industrie nationale. — Si donc la prétendue *invention* du breveté est connue et usitée dans le commerce ; *par exemple*, si elle se trouve décrite dans quelque ouvrage déjà publié, son brevet surpris est frappé de *déchéance.* (Art. XVI, loi du 7 janvier 1791.)

En ce cas, l'autorité judiciaire, essentiellement compétente sur tout ce qui touche aux intérêts privés, doit venir au secours des victimes de l'imposture, et suspendre ou neutraliser l'effet du brevet subrepticement obtenu.

Or, quelle sera l'autorité judiciaire protectrice des propriétés particulières ?

Nécessairement celle qu'on invoquera pour y porter atteinte.

Le juge de paix, devant qui sera formée la demande en confiscation pour contrefaçon, sera nécessairement autorisé à prononcer qu'il y a *déchéance*, que le brevet est *non-avenu.*

Cette décision ne portera point sur une question de *pétitoire* : elle ne prononcera que la possession, *l'antique possession* du commerce dans l'exercice du procédé prétendu inventé.

Admettez un autre système : ôtez aux juges de paix le droit d'examiner la question de *déchéance;* laissez au porteur de brevet la faculté provisoire de saisir, de confisquer; — obligez les malheureux saisis et confisqués d'aller à l'autre bout du gouvernement pour intenter contre le saisissant une action personnelle *en déchéance* devant les tribunaux de son domicile; — et l'industrie nationale sera frappée de stérilité, et les brevets d'invention seront devenus l'institution la plus funeste.

Le législateur ne peut avoir eu une intention meurtrière.

Donc, il a voulu que le juge de paix, juge de la *contrefaçon,* fût aussi juge de la *déchéance.*

Le défendeur répondait, par l'organe de M. Thilorier, que prononcer la *déchéance* d'un brevet, c'était le *révoquer* : or, la révocation ne saurait appartenir qu'à l'autorité institutrice, *ejus est destituere, cujus est instituere.*

Sur ce point, il invoquait l'autorité de la décision du ministre de la justice, approuvée par le directoire, portant qu'*à la seule autorité administrative il appartient d'apprécier le mérite du brevet.* Et il observait que ce n'était pas une *opinion de Cambacérès* (comme l'avait insinué le demandeur); — que c'était une *décision* du juge suprême sur la question de *compétence*, dans le cas de *conflit*. (Art. XXVII, loi du 21 fructidor an IX.)

Mais, en supposant que l'autorité judiciaire fût compétente pour prononcer la déchéance (ou pour constater les faits qui donnent lieu à la déchéance), le juge de paix ne pourrait être le juge naturel de cette question de *propriété*.

Prononcer la déchéance d'un breveté, ce serait décider qu'à l'égard de tous les Français le saisissant est personnellement dépouillé de son privilége. — Or, cette spoliation ruineuse, flétrissante même, ne peut être prononcée que par les juges ordinaires du domicile du dépouillé, par voie d'*action personnelle*.

Veut-on que la décision du juge de paix sur la déchéance n'eût d'effet qu'à l'égard du saisi? mais alors, il sera possible que vingt individus saisis fassent prononcer la déchéance, et qu'à l'égard de vingt autres le brevet soit maintenu.

Or, conçoit-on que le législateur ait pu consacrer une telle bigarrure?

Concluons que la *déchéance* ne peut être prononcée par le juge de paix des saisis, par voie d'exception ou de défense.

A l'allégation des inconvéniens de son système, M.ᵉ Thilorier répondait que la loi y avait pourvu, en autorisant le juge de paix à ne prononcer la confiscation que *moyennant caution*. Il lui paraissait d'ailleurs probable que, dans l'alternative

de deux systèmes, ayant tous deux des inconvéniens, le législateur ait voulu pencher vers celui
qui accordait le plus de faveur aux découvertes du
génie, aux brevets d'invention.

Le deuxième moyen du demandeur était pris
de ce que le juge de paix avait repoussé la preuve
offerte par Duguey, que le procédé était *connu et
usité dans le commerce.* — Ce qui était une contravention à l'arrêté du 17 vendémiaire an VII, et
à l'art. III du titre XVIII de l'ordonnance de 1667.

« Si le défendeur en complainte dénie la pos-
« session du demandeur, ou de l'avoir troublée,
« ou qu'il articule possession contraire, le juge
« appointera les parties à informer. »

Le demandeur soutenait que le directoire avait
décidé qu'il n'y avait pas *contrefaçon* à employer
des procédés décrits dans un brevet d'invention,
si avant l'époque du brevet, ces procédés avaient
été connus et usités dans le commerce;

Que d'ailleurs il serait absurde et inique de
frapper de confiscation une foule de manufacturiers, précisément parce qu'ils auraient employé
des procédés connus et usités dans le commerce.

Le défendeur répondait d'abord :

Que l'ordonnance de 1667 était étrangère à la
matière des brevets d'invention, qui était réglée
par une législation positive;

Que, selon la loi du 19 juillet 1791, celui-là
devait être réputé *inventeur*, qui, le premier, ré-
clamait un brevet d'invention, pourvu que son procédé ne fût consigné dans aucun écrit imprimé et
publié;

23

Que ce signe distinctif de l'invention était sujet à peu d'inconvéniens, attendu que très peu de procédés utiles étaient pratiqués dans le commerce, sans avoir été consignés dans quelque écrit imprimé et publié;

Qu'au contraire, il y aurait en mille inconvéniens à priver du privilége d'invention l'homme de génie dont le procédé, n'étant consigné dans aucun ouvrage imprimé et publié, serait, par des témoins, attesté être reconnu et usité dans le commerce;

Que ce serait armer contre lui, et les compagnies savantes et les associations particulières, tous ses rivaux d'amour-propre ou de lucre;

Que les *contrefacteurs* seraient surs de l'impunité, en appelant en témoignage tous les partprenans au produit de leur crime;

Que le législateur a dû, entre tous les signes de la réalité d'invention, en choisir un simple, sensible à tous les yeux, et sur lequel nulle contestation ne soit possible.

C'est pour cela qu'il a réputé inventeur le premier qui lui confierait un procédé non consigné dans un écrit imprimé et publié.

La loi ne permet donc pas d'opposer au porteur d'un brevet d'invention de prétendus *usages*, sur la réalité desquels on ne présenterait que des témoins intéressés à mentir.

Donc, les faits que Duguey offrait de prouver par témoins étaient impertinens et inadmissibles.

On invoque l'arrêté du directoire!

A la vérité, il autorise Duguey à employer les procédés *connus et usités avant le brevet*.

Mais aussi, l'arrêté restitue à Bridet son privilége; il ordonne l'exécution de son brevet.

On ne doit pas entendre l'arrêté dans un sens contempteur de la loi et destructif du brevet.

Donc, il faut entendre que Duguey est autorisé à employer les procédés connus et usités *par suite de consignation et description dans des ouvrages imprimés et publiés*.

Tels ont été les motifs de la justice de paix et du tribunal d'appel. — Il y a sagesse et conformité à la loi. — Donc, il ne peut y avoir ouverture à cassation.

Le ministère public a été d'avis que Duguey n'avait pu demander au juge de paix la *déchéance absolue;* que cependant, juge de la *demande* de Bridet, il avait été juge de la *défense* de Duguey, et de tout ce qui était seulement *exception;*

Que, autorisé à juger s'il y avait *contrefaçon*, il avait dû examiner, non pas seulement s'il y avait *similitude*, mais s'il y avait eu *imitation* du brevet;

Que Duguey, offrant de prouver que son procédé n'était pas imité du brevet, qu'il était *connu et usité* dans le commerce avant le brevet, le juge de paix avait dû l'admettre à la preuve, puisque l'arrêté du directoire lui avait conservé cette faculté.

Ainsi, sans accueillir le premier moyen à cause de la généralité, il a conclu à la cassation, motivée sur le deuxième et le troisième moyen.

La cour, considérant que les faits articulés par Duguey tendaient à prouver dans les termes même de l'arrêté du 19 vendémiaire an VII, qu'il s'était conformé aux charges à lui imposées par cet arrêté, de n'employer que des procédés connus et usités avant le brevet du 3 brumaire an V; que l'articulation desdits faits était la défense nécessaire et obligée à la demande de Bridet; qu'ainsi, en confirmant le jugement de la justice de paix (qui, sans s'arrêter ni avoir égard aux faits articulés, en a déclaré la preuve inadmissible), le tribunal d'appel est contrevenu aux arrêtés des 23 frimaire an V, et 19 vendémiaire an VII, et a violé les art. X et XI de la loi du 25 mai 1791, etc.

DÉCHÉANCE.

ARRÊT de la Cour de cassation du 18 janvier 1803 (28 nivose an XI.)

(Sirey, tom. 3, part. 1.re, pag. 142.)

Encore que le porteur d'un brevet d'invention ait laissé pratiquer à d'autre conjointement avec lui pendant dix ans, le procédé décrit dans son brevet, il ne peut par cela seul être censé avoir encouru la déchéance de son droit exclusif.

(P. LANGE — C. — MAGNET.)

Les sieurs *Lange* et *Argan*, physiciens, avaient obtenu en 1786, pour treize ans, un privilége concernant l'invention des lampes à double courant d'air, connues sous le nom de *quinquets*.

Les lettres-patentes furent enregistrées au parlement de Paris, le 6 mars 1787.

Des saisies furent faites, en vertu de l'arrêt d'enregistrement, chez les ferblantiers qui avaient contrefait les lampes.

La communauté des ferblantiers forma tierce-opposition à cet arrêt.

Mais elle en fut déboutée par un autre, contradictoire, du 7 avril 1789, qui valida les saisies, ordonna l'exécution des lettres-patentes et de l'arrêt d'enregistrement, et fit défense aux ferblantiers, et à tous autres, de vendre et débiter les lampes à double courant d'air.

Les ferblantiers présentèrent au conseil une requête en révision des lettres-patentes.

Un arrêt du 4 décembre 1790 les débouta.

De nouvelles réclamations furent portées à l'assemblée constituante en 1791 ; elles furent renvoyées à l'un de ses comités, qui passa à l'ordre du jour.

Ultérieurement, le sieur Lange a obtenu des certificats d'addition et perfectionnement à ses lampes.

Il y eut encore quelques saisies faites en 1791 et 1792.

Depuis cette époque, le sieur Lange s'était borné à continuer la fabrique des lampes pour lesquelles il avait patente, sans inquiéter, par de nouvelles poursuites, les ferblantiers qui en fabriquaient de pareilles aux siennes.

Mais le 22 thermidor an VIII, il fit assigner M. Noël, ferblantier, comme contrefacteur, et obtint contre lui, le 22 vendémiaire suivant, un jugement qui déclara que le temps du privilége n'était pas encore expiré, et que le silence gardé par Lange, pendant plusieurs années, ne le rendait pas non-recevable à se prévaloir de sa patente, un porteur de privilége étant maître d'user ou de ne pas user de la rigueur de son droit, et d'en user quand bon lui semblait.

Ce jugement fut signifié à plusieurs ferblantiers, au nombre desquels se trouvent les défendeurs à la cassation.

Ceux-ci ont depuis assigné Lange devant le tribunal de Paris, en déchéance de son privilége.

La principale question que cette demande en déchéance a présentée à décider, fut de savoir si la jouissance paisible, pendant dix années, de la part des ferblantiers, opérait une prescription contre le privilége.

Le 3 messidor an IX, le tribunal de première instance l'a décidé négativement.

Au contraire, le 25 frimaire an X, le tribunal d'appel de Paris a jugé que depuis la cessation du régime révolutionnaire, Lange ayant souffert pendant plusieurs années, sans réclamation, la fabrication des lampes pareilles aux siennes, il était censé avoir renoncé à l'exercice de son privilége exclusif.

Pourvoi en cassation, fondé sur divers moyens qui, par le rapport qu'ils avaient entre eux, n'ont présenté à décider que l'unique question de savoir si le tribunal d'appel de Paris avait excédé son pouvoir en prononçant une espèce de déchéance, ou renonciation présumée, pour une cause qui n'est pas comprise dans le cas de déchéance prévue par l'art. XVI de la loi du 7 janvier 1791, et si par suite il avait porté atteinte à l'autorité de la chose jugée.

Pour établir l'affirmative, Lange observait que la loi du 17 janvier 1791 porte expressément que le propriétaire de la patente accordée pour une découverte, n'en sera déchu que dans les cas déterminés par l'art. XVI, et que le cas de la tolérance de la fabrication de l'objet de la découverte pendant le cours d'une partie du temps du privilége, n'y est pas compris.

Or, disait-il, la renonciation présumée au privilége, tirée d'une discontinuation de poursuite, ou du défaut de réclamation pendant un temps plus ou moins long, après un arrêt confirmatif du droit acquis et des saisies postérieures pour le maintenir, n'est qu'un nouveau cas de déchéance ajouté à la loi qui les a précisés tous.

Les défendeurs à la cassation répondaient que le tribunal d'appel de Paris n'avait pas prononcé la déchéance du privilége; qu'il n'avait décidé qu'un fait de renonciation présumée; que la loi du 7 janvier 1791 plaçait d'ailleurs, au nombre des cas de déchéance, le défaut de mise en activité de la découverte pendant deux ans; ce qui était moins grave, et devait moins tirer à conséquence, suivant eux, que de laisser volontairement partager pendant dix années à d'autres la jouissance du privilége.

ARRÊT.

« Vu l'art. XVI de la loi du 7 janvier 1791, portant que le propriétaire de la patente obtenue pour une découverte, n'en sera déchu que dans les cas déterminés par ledit article, et qui sont :

« 1.º Le recel des moyens d'exécution;

« 2.º L'emploi des moyens non détaillés dans la description, ou dont l'inventeur n'aurait pas donné sa déclaration;

« 3.º L'obtention d'une patente pour des découvertes déjà consignées et décrites dans des ouvrages imprimés et publiés;

« 4.º Le défaut de mise en activité de la découverte pendant deux ans, à compter de la date de la patente, sans raison valable;

« 5.º L'obtention d'une patente en pays étranger à raison de la même découverte pour laquelle on a obtenu une patente en France;

« 6.º Enfin, la non-exécution de la part de l'acquéreur des obligations auxquelles se sera soumis l'inventeur;

« Attendu que la loi du 7 janvier 1791 énonce les cas dans lesquels celui qui a obtenu un privilége peut en être déclaré déchu;

« Que cette loi ne place point au nombre des cas de déchéance celui auquel l'inventeur privilégié aurait souffert pendant plusieurs années, que d'autres personnes se servissent de son procédé;

« Que l'espèce dont cette loi parle, la plus rap-

prochée de l'hypothèse actuelle, est celle portée au
n.º 4 de l'article ci-dessus cité, qui oblige l'inventeur, à peine d'être déchu, de mettre sa découverte en activité dans les deux ans, à partir de
la date de sa patente ; mais que dans la cause présente, il n'a pas été prétendu que Lange ait laissé
passer deux ans sans user des procédés de son invention ; qu'il paraît, au contraire, qu'il n'a cessé
de fabriquer des lampes en exécution de sa patente ; d'où il suit que le tribunal d'appel de
Paris a excédé ses pouvoirs, en créant un cas de
déchéance qui n'est pas dans la loi, et fait une
fausse application de l'un de ceux qu'elle autorisait ; que par suite il y a violation de la chose jugée par l'arrêt du 7 avril 1789 ; — casse, etc. »

PROPRIÉTÉ EXCLUSIVE. — DÉCHÉANCE.

Arrêt de la Cour de cassation du 10 février 1810.

(Sirey, tom. 6, part. 1.re, pag. 218.)

*L'obtention du brevet depuis que l'invention
est devenue publique, par le fait de l'inventeur, ne peut lui conférer une propriété
exclusive.*

(P. Martin, Gajon — C. — Miron et Gay.)

Martin, Gajon et consorts, négocians d'Orléans,
imaginent en l'an V de nouvelles machines propres au cardage et à la filature des laines.

Au lieu de commencer par obtenir le brevet d'invention, ils sollicitent l'administration municipale de constater l'utilité des mécaniques, et *de leur donner acte d'invention pour leur servir et valoir au besoin.*

La municipalité d'Orléans, après expérience, accorde l'*acte demandé.*

Les inventeurs ensuite cèdent à l'un des membres du corps municipal d'Orléans, le sieur Benoît Hannopier, différentes machines, à la charge néanmoins de garder le secret : ce qu'il a fait, a-t-on dit.

Six ans après, le 4 prairial an XI, obtention, par Martin et C.ie, d'un brevet provisoire qui devient définitif le 19 thermidor suivant.

Cependant Miron et Gay, autres négocians d'Orléans, imitent leurs machines.

Martin et C.ie rendent plainte, font apposer les scellés, et demandent, devant le juge de paix, des dommages et intérêts en conformité des lois de janvier et de mai 1791.

Le juge de paix ordonne la vérification des copies et imitations.

Appel au tribunal civil d'Orléans qui infirme, — attendu que les machines de Martin et C.ie étaient déjà devenues la propriété du public, par l'expérience et la cession de l'an V.

Recours en cassation par Martin et C.ie, qui croient voir dans le jugement du tribunal civil, une fausse application de l'article XVI de la loi du 7 janvier, et de l'article I.er de la loi du 25 mai 1791.

Sans doute, disaient les demandeurs, il résulte de ces réglemens, qu'il n'y a lieu au privilége exclusif, en fait d'arts et métiers, qu'autant qu'il y a *invention* réellement *nouvelle*, et *découverte* jusqu'alors *inconnue* en France.

Mais nos mécaniques ont-elles cessé d'être *nouvelles*, ont-elles cessé d'être *inconnues* pour en avoir fait constater l'utilité par un corps administratif, dans l'intention de *nous servir au besoin de son attestation*, et pour avoir *associé* quelqu'un à notre secret?

Non : notre propriété nous est toujours demeurée, et nous n'en avons point fait l'abandon au public.

Car les deux circonstances qu'on nous oppose, *l'expérience publique* faite à notre requête, et notre *cession volontaire*, ne sont point rangées parmi les cas de déchéance.

Mais M. Pons, substitut de M. le procureur-général, a opposé aux demandeurs la loi du 25 mai 1791, qu'ils invoquaient, et leur propre conduite.

L'art. I.er porte « que le brevet est délivré « d'ailleurs sur une simple requête, et sans exa- « men préalable. »

Ici, au contraire, les demandeurs ont publié leur invention avant la délivrance du brevet.

Ils en ont même vendu ou *cédé* une partie.

Ils en ont donc fait volontairement la propriété du public.

Dès-lors le brevet qu'ils ont obtenu depuis la

publicité, n'a pu les rendre propriétaires exclusifs.

En conséquence, M. Pons a conclu au rejet, et ses conclusions ont été suivies.

ARRÊT.

« La cour : — attendu qu'il résulte du jugement attaqué, que dès l'an V les demandeurs avaient dévoilé le secret de leur invention à l'administration municipale d'Orléans, qui en avait fait, sur leur demande expresse, constater l'utilité par une expertise publique, et leur en avait délivré une attestation solennelle ; que, de plus, ils avaient cédé volontairement l'usage de leur machine à carder au sieur Benoît Hannopier, manufacturier ; et qu'en livrant ainsi leur découverte à la publicité, ils en avaient fait volontairement la propriété publique : — d'où le jugement a conclu que le brevet d'invention, par eux obtenu postérieurement à cette publicité, n'avait pu leur confier une propriété exclusive ; en quoi il est évident qu'il n'a ni violé, ni faussement appliqué les lois de la matière ; — rejette, etc. »

_____

PREUVE.—DÉCHÉANCE.—CONTREFAÇON.

Arrêt de la Cour de cassation du 30 avril 1810.

(Sirey, tom. 10, part. 1.re, pag. 229.)

En matière de brevet d'invention, les preuves admissibles varient selon qu'il s'agit de déchéance ou de contrefaçon.

S'il s'agit de déchéance contre le breveté, il
faut faire preuve contre lui par ouvrages
imprimés et publiés.

Si c'est le breveté qui poursuit en contrefaçon,
le défendeur peut établir par témoins, qu'an-
térieurement au brevet, il avait la posses-
sion ou l'usage du procédé prétendu inventé.

(P. BERNARD-LOUYET — C. — MOOR et
ARMITAGE.)

Le sieur Bernard et la dame Louyet étaient
poursuivis par Moor et Armitage comme contrefacteurs, c'est-à-dire comme ayant employé, pour
faire de la *dentelle*, des procédés dont ceux-ci
avaient l'exercice privatif, aux termes d'un brevet
d'invention du 3 ventose an XIII. Ils firent cette
réponse très simple, qu'*antérieurement* au brevet,
ils étaient en *possession* et usages des procédés
dont les brevetés prétendaient avoir l'invention :
et de cette possession antérieure, la preuve testi-
moniale fut offerte par eux.

19 janvier 1808. — Jugement du tribunal civil de la Seine qui, sur appel du juge de paix,
déclare la preuve de possession inadmissible qui
en ce cas devait résulter *d'ouvrages imprimés*
et publiés.

En cour de cassation, Bernard et C.ⁱᵉ, observè-
rent qu'en effet il faut produire des *ouvrages im-*
primés et publiés, lorsqu'on poursuit la *dé-*
chéance du breveté, parce qu'alors il faut établir

qu'il a manqué de *bonne foi*, en se prétendant inventeur d'un procédé *notoire*; — mais qu'il n'en est pas de même, lorsqu'on se borne à se *défendre* du reproche de contrefaçon; qu'alors il suffit de prouver son propre *usage* antérieur au brevet (ce qui doit s'établir tant par titres que par témoins.) — Ils reprochaient au jugement d'avoir pris pour règle l'art. XVI de la loi du 7 janvier 1791, applicable au cas de *déchéance* poursuivie contre le breveté, tandis qu'ils devaient appliquer l'art. XI de la loi du 25 mai suivant, relatif au cas de contrefaçon sur les poursuites du breveté.

ARRÊT.

« La cour, sur les conclusions conformes de M. Jourde, avocat-général :

« Vu les articles XVI de la loi du 7 janvier 1791 et XI de celle du 25 mai suivant;

« Et attendu qu'il a été décidé en point de droit par le jugement attaqué, que la partie saisie à la requête du breveté, ne peut être admise à la preuve vocale des faits qu'elle articule en défense, et tendante à établir que la découverte pour laquelle le patenté s'est fait breveter, était en usage antérieurement à l'obtention du brevet, lorsqu'elle n'était pas à même de justifier que la découverte avait été consignée dans des ouvrages imprimés et publiés avant ladite obtention; que, pour le juger ainsi, le tribunal civil de la Seine a fait une application rigoureuse et judaïque de l'art. XVI de la loi du 7 janvier 1791, qui ne s'est occupé que des demandes principales en déchéance formées contre les brevetés, ce qui n'était pas l'espèce particulière de la cause ; et ce qui rend dès-lors inutile l'examen du point de savoir si, dans le cas prévu par ledit article, il n'y a réellement preuve admissible, que quand on prétend la faire résulter d'ouvrages imprimés et publiés ;

« Attendu que la loi, d'après laquelle la cause devait être jugée, était celle du 25 mai 1791, dont l'art. XI a pour objet le cas où un individu quelconque actionné à la requête du breveté, le soutient *sans qualité*, sur le motif qu'il s'est fait délivrer patente pour une découverte antérieurement connue ; et que cet article, non-seulement autorise, mais impose même le devoir au juge saisi, d'entendre les témoins qui peuvent être respectivement produits ; que cependant, et sans être seulement entré dans la question de fait, de savoir si la preuve offerte par les réclamans portait sur des faits pertinens et admissibles, le tribunal qui a rendu le jugement attaqué, a mis les parties hors de cause sur cette demande, d'après la simple considération que les perfectionnemens et additions pour lesquels les défendeurs s'étaient fait breveter, ne se trouvaient pas consignés dans des ouvrages imprimés et publiés ;

« Attendu qu'en le jugeant de la sorte, le tribunal civil de la Seine a fait une fausse application de l'art. XVI de la loi du 7 janvier 1791, et a violé ouvertement les dispositions de l'art. XI de celle du 25 mai de la même année ; — casse, etc. »

La même question a été jugée par la cour de cassation dans deux arrêts rapportés par Sirey, le premier, à la date du 18 juillet 1803 (29 messidor an XI.), tom. 4, 2.e part., pag. 44; — le second, à la date du 20 décembre 1808, tom. 9, 1.re part., pag. 209.

Nous n'avons pas cru nécessaire de rapporter l'espèce de ces deux arrêts, attendu que la question qu'ils ont jugée est la même que celle portée dans l'arrêt du 30 avril 1810, dans l'affaire *Bernard-Louyet, Moor et Armitage.*

CONTREFAÇON. — PREUVE TESTIMONIALE.

ARRÊT de la Cour de cassation du 19 mai 1821.

(Sirey, tom. 21, part. 1.re, pag. 298.)

L'individu poursuivi par le propriétaire d'un brevet d'invention, comme contrefacteur du procédé pour lequel ce brevet a été accordé, est recevable à prouver, par témoins, que le procédé est connu et pratiqué antérieurement au brevet. — Il n'est pas nécessaire, qu'il offre en outre la preuve, que lui, personnellement, était en possession de l'appareil nécessaire au procédé, et dans l'usage de s'en servir avant la délivrance du brevet.

(P. TACHOUZIN — C. — BAGLIONI.)

Le sieur Baglioni avait obtenu plusieurs brevets d'invention et de perfectionnement pour la fabrication des eaux-de-vie. Il prétendit que le sieur Tachouzin copiait ses procédés, et il demanda devant le juge de paix du premier arrondissement de Bordeaux, que le sieur Tachouzin fût condamné comme contrefacteur.

Le sieur Tachouzin soutint que le sieur Baglioni n'était pas inventeur, et il offrit de prouver que la prétendue découverte du sieur Baglioni était déjà consignée et écrite dans des ouvrages imprimés et publiés, et qu'elle était connue et pratiquée avant sa première demande en brevet. Le juge de paix, sans s'arrêter aux offres de preuves, fit défense au sieur Tachouzin de se servir de l'appareil du sieur Baglioni.

Le 8 mai 1818, le tribunal de première instance de Bordeaux, statuant sur l'appel du jugement rendu par la justice de paix, rejeta les offres de preuve du sieur Tachouzin, et confirma le jugement.

Quant à la preuve que le sieur Tachouzin offrait de faire, que la prétendue découverte de la distillation continue du sieur Baglioni était décrite dans des ouvrages imprimés et publiés, le tribunal déclara qu'elle n'était pas proposée dans des termes assez précis pour remplir le vœu du paragraphe III de l'art. XVI de la loi du 7 janvier 1791, qui prononce la déchéance contre le breveté convaincu d'avoir obtenu une patente, pour des découvertes déjà consignées et décrites dans des ouvrages imprimés et publiés.

Le sieur Tachouzin se pourvoit en cassation,

25

pour violation de l'article XI du titre II de la loi du 25 mai 1791.

Le demandeur exposait que son offre de preuve, que la prétendue découverte de la distillation continue du sieur Baglioni, était décrite dans des ouvrages imprimés et publiés, était conforme au sens et à la lettre de la loi du 7 janvier 1791 ; mais que cette loi ne s'appliquait qu'au cas de l'instance principale en déchéance formée contre le breveté, et que dans l'espèce il s'agissait d'une action principale formée par le breveté lui-même ; que, dans ce dernier cas, il fallait uniquement recourir à la loi du 25 mai 1791, qui dispose :

(Article X.) « Lorsque le propriétaire d'un bre-« vet sera troublé dans son droit privatif, il se « pourvoira devant le juge de paix, pour faire « condamner le contrefacteur aux peines pronon-« cées par la loi. »

(Article XI.) « Le juge de paix entendra les par-« ties et *leurs témoins*, et ordonnera les vérifica-« tions qui pourront être nécessaires. »

Le sieur Tachouzin a donc prétendu, 1.º que le jugement dénoncé avait directement violé la loi du 25 mai, en lui refusant de l'admettre à prouver que la méthode du sieur Baglioni était connue et pratiquée, avant que le brevet lui eût été délivré ; 2.º que le même jugement avait aussi violé la loi du 7 janvier, en lui refusant la permission de prouver que l'appareil du sieur Baglioni était décrit dans des ouvrages imprimés et publiés avant la délivrance du brevet, et que c'était contre toute vérité que le jugement avait déclaré que cette offre de preuve ne portait pas suffisamment sur la méthode du sieur Baglioni.

Le sieur Baglioni, défendeur à la cassation, a répondu que le jugement, en ce qu'il a refusé au sieur Tachouzin la permission de prouver que la découverte était décrite dans des ouvrages imprimés et publiés, n'était pas susceptible d'être atteint par la censure de la cour de cassation, et attendu que le tribunal de Bordeaux avait décidé, en fait, que l'offre n'était pas suffisante.

Le sieur Baglioni a prétendu ensuite que le sieur Tachouzin ne pouvait pas se plaindre non plus de ce que le jugement lui avait aussi refusé la permission de prouver que la méthode était connue et pratiquée avant la délivrance du brevet, attendu que lui, Tachouzin, n'avait pas offert de prouver qu'il était personnellement en possession de l'appareil, et qu'il était dans l'usage de s'en servir antérieurement au brevet accordé à lui, Baglioni.

La cour de cassation n'est entrée dans aucune explication sur la partie du jugement relative à l'offre de preuve exigée par la loi du 7 janvier 1791; mais elle s'est renfermée dans l'application de la loi du 25 mai 1791, qui règle précisément le cas où, comme dans l'espèce présente, un propriétaire de brevet se plaint d'avoir été troublé.

Déjà plusieurs arrêts de la cour avaient décidé que la loi du 7 janvier 1791 ne concernait que les demandes principales en déchéance, formées contre le breveté qui agissait par action principale en répression de trouble ; la loi du 25 mai 1791 devait seule servir de règle.

Il ne peut être contesté que celui qui est poursuivi par le breveté, pour fait de prétendu trouble dans la possession d'un droit résultant d'une invention, doit être admis à prouver qu'il n'a commis aucun trouble et que le brevet ne contenait pas une invention.

La question se réduisait donc à savoir si le défendeur qui soutient que la prétendue découverte était connue et pratiquée avant la délivrance du brevet, ne peut être écouté dans son exception qu'autant qu'il offrirait de prouver taxativement, qu'il était personnellement en possession et dans l'usage de se servir de la méthode avant que le breveté eût reçu sa patente.

Cette dernière difficulté se trouve résolue par l'arrêt suivant :

ARRÊT.

« La cour, vu les articles X et XI de la loi du 25 mai 1791 ;

« Attendu que la cause devait être jugée d'après la loi du 25 mai 1791, qui s'occupe du cas où le breveté prétend qu'il a été troublé dans l'exercice de son droit privatif ;

« Que l'article XI de ladite loi, en prescrivant au juge d'entendre les parties et leurs témoins, et d'ordonner les vérifications nécessaires, autorise par là le défendeur à prouver qu'il n'a pas troublé le breveté dans l'exercice d'un droit privatif, et conséquemment à proposer toutes les exceptions qui peuvent concourir à sa défense;

« Qu'une exception naturelle de la part du défendeur est de soutenir que le breveté n'était pas inventeur et que son procédé était pratiqué avant que le brevet lui eût été délivré;

« Qu'aucune loi n'interdit au défendeur de proposer une telle exception;

« Qu'aucune loi n'exige non plus que celui qui est poursuivi comme contrefacteur, et qui offre de prouver que la méthode était pratiquée avant la délivrance du brevet, soit tenu de prouver aussi qu'il était personnellement en possession de cette même méthode antérieurement au brevet;

« D'où il suit qu'en rejetant l'offre de preuve faite par le sieur Tachouzin, sur le fondement que le sieur Tachouzin n'offrait pas de prouver qu'il avait été personnellement en possession de l'appareil et de l'usage de s'en servir avant la délivrance du brevet; le tribunal de première instance de Bordeaux a violé le susdit article XI de la loi du 25 mai 1791; — par ces motifs, casse, etc. »

INVENTION.—PERFECTIONNEMENT.—CONFISCATION.—DIVISIBILITÉ.

ARRÊT de la Cour de cassation du 2 mai 1822.

(Sirey, tom. 23, part. 1.re, pag. 45.)

Un changement de forme dans une invention industrielle, ne doit-il pas, en certains cas,

être considéré comme moyen de perfection-
nement, dans le sens de l'article VIII, titre
II, loi du 25 mai 1791, notamment lors-
que la matière n'a aucun prix, que le mé-
rite de l'invention est tout entier dans la
forme, et que le changement introduit pro-
duit des différences essentielles dans les
effets ?

Bien qu'une invention industrielle se compose
de deux parties distinctes, l'invention principale *et un* perfectionnement, *et que l'invention*
principale soit tombée dans le domaine pu-
blic, néanmoins, en cas de contrefaçon, il
y a lieu à la confiscation de l'objet contre-
fait en entier, au profit de l'inventeur du
perfectionnement, *lorsque les deux parties*
sont inséparables et ne forment qu'une seule
et même chose.

(P. CHEDEBOIS — C. — FOUGEROL.)

31 janvier 1806, brevet d'invention accordé au
sieur Fougerol, pour la fabrication de *mitres de*
cheminée en terre cuite.

24 septembre 1815, brevet d'invention accordé au sieur Maréchal, pour un moyen de *per-*
fectionnement des mitres de cheminée en terre
cuite. Ce moyen de perfectionnement consistait
en un *larmier,* dont l'objet était d'empêcher les
eaux pluviales de filtrer entre la mitre et la cheminée. Le brevet était accordé pour quinze années.

Le 14 décembre 1813, le sieur Fougerol, inventeur des mitres, achète du sieur Maréchal le brevet d'invention concédé à celui-ci pour le *larmier* de perfectionnement. Ainsi, le sieur Fougerol se trouvait alors possesseur de deux brevets.

Plus tard, et le 4 mai 1820, un brevet d'invention est accordé au sieur Chedebois, pour un nouveau *larmier* à joindre aux mitres de cheminée. Ce brevet porte : « Que le sieur Chedebois, au moyen du perfectionnement apporté dans la construction de cette mitre, est parvenu à lui donner un degré d'utilité que n'ont pas les diverses mitres pour lesquelles leurs auteurs ont été brevetés. » La mitre du sieur Chedebois est construite en grès de Picardie, par conséquent d'une matière que la pluie ne peut détruire. Le principal avantage indiqué par le sieur Chedebois consiste dans un larmier qui renvoie les eaux sur la pente formée pour les recevoir, au lieu de couler entre la mitre et le solin; inconvénient grave qui résulte toujours de l'emploi de toutes les espèces de mitres dont on a fait usage jusqu'à présent.

Entre-temps, le brevet d'invention accordé en 1806, au sieur Fougerol, pour la fabrication des mitres, était expiré, mais le sieur Fougerol restait propriétaire du brevet, pour le brevet de perfectionnement, acquis du sieur Maréchal.

Le 2 août 1820, un nouveau brevet est accordé au sieur Fougerol, pour la fabrication des mitres de cheminée avec un larmier.

En cet état de choses, le sieur Fougerol fait saisir

les mitres fabriquées par le sieur Chedebois, avec le larmier de son invention ; et de son côté le sieur Chedebois fait saisir les mitres fabriquées par le sieur Fougerol.

Fougerol prétend que le larmier ajouté par Chedebois aux mitres n'est pas une *invention nouvelle*, dans le sens de la loi du 25 mai 1791, article VIII, titre II, mais seulement la même invention présentée sous une forme différente ; que dès-lors il y a de sa part contrefaçon réelle.

13 décembre 1820, jugement rendu par M. le juge de paix du dixième arrondissement de Paris, qui ordonne non-seulement la confiscation des *larmiers* prétendus contrefaits, mais aussi des mitres auxquelles ils sont joints, par les motifs suivans :

Attendu que les mitres (celle pourvue du larmier de Fougerol, et celle pourvue du larmier de Chedebois) sont absolument semblables, et dans les formes et dans les accessoires ; toutes pourvues d'un larmier annoncé dans les demandes des brevetés, et dont les brevets paraissent avoir pour but d'empêcher les eaux pluviales de filtrer entre la terre cuite et le scellement en plâtre et en chaux, et de dégrader ainsi le solin, ce qui est très important pour la conservation des cheminées ;

Qu'aux termes de l'article XIII, titre II, loi du 25 mai 1791, en cas de ressemblance déclarée absolue, le brevet de la date antérieure est seul valable ;

Que peu importe, dans l'espèce, que le larmier qui entoure la mitre saisie chez Chedebois, soit

plus large que celui qui entoure celui de Maréchal,
cédant de Fougerol ; que le bord de ce larmier
soit en arrête vive comme dans la mitre de Maréchal , ou qu'il soit arrondi comme dans celle
de Chedebois, plus ou moins creux par-dessous;

Que c'est toujours un larmier dont l'invention
appartient à Maréchal, et que les différences qui
ne seraient tout au plus que des changemens de
formes et de proportion, ne sauraient, aux termes
du second paragraphe de l'article VIII, titre II
de la loi précitée, être regardés comme des *perfectionnemens industriels.*

Appel de la part de Chedebois.

Dans son intérêt, on soutient que le larmier
ajouté par Maréchal aux mitres, pour empêcher
les eaux pluviales de filtrer entre la mitre et la
cheminée, n'atteint nullement ce but; qu'au contraire, le larmier inventé par Chedebois produit
parfaitement le résultat qu'avait en vue Maréchal;
que cela résulte expressément du brevet d'invention à lui délivré, le 4 mai 1820, lequel cons-
tate non-seulement que son larmier empêche
les eaux de filtrer; mais encore que toutes les
inventions précédentes n'avaient pu produire le
même effet; qu'en outre, il existe une grande
différence dans la conformation des larmiers; que
cette différence n'est point un simple changement
de forme et de proportion, que c'est un moyen
nouveau pour opérer le perfectionnement non encore obtenu; que si le larmier inventé en 1813,
par Maréchal, offrait les mêmes avantages que

26

celui de Chedebois, le sieur Fougerol n'aurait pas sollicité le brevet qui lui a été accordé le 2 août 1820;

Que ce brevet n'a été sollicité par le sieur Fougerol que pour voiler les contrefaçons dont il s'est rendu coupable, depuis qu'il a vu le larmier inventé par Chedebois; qu'en conséquence, et le brevet de perfectionnement obtenu par Chedebois étant antérieur à celui du 2 août 1820, accordé au sieur Fougerol, il doit être déclaré seul valide, aux termes de l'article XIII, titre II, loi du 25 mai 1791; que par suite, le juge de paix a fait une fausse application des titres I et II de la loi du 7 janvier 1791, et du premier alinéa de l'article VIII et de l'article XIII du titre II, loi du 25 mai 1791.

2 mars 1821, jugement du tribunal de première instance de Paris, qui confirme la sentence du juge de paix : « Attendu que le larmier imaginé par Chedebois, n'est qu'un changement de forme et un agrandissement de proportion donné au larmier, pour lequel Fougerol est acquéreur d'un brevet de perfectionnement, obtenu le 24 septembre 1813; attendu que ce changement, quelle que puisse être son utilité, ne constitue pas une invention, aux termes de l'article VIII, § II, titre II de la loi du 25 mai 1791. »

Pourvoi en cassation de la part de Chedebois, pour fausse application de la loi du 25 mai 1791, titre II article VIII, 1.º en ce que le jugement dénoncé a décidé qu'un changement quelconque, quels que fussent ses effets, ne pouvait être qualifié invention, bien que l'article VIII précité, en disposant que les changemens de forme et de proportion ne seront pas regardés comme inventions, n'ait eu en vue que les changemens de forme accessoire ou gracieuse; 2.º en ce que le jugement a déclaré la saisie valable, non-seulement pour les larmiers ajoutés aux mitres, mais pour les mitres elles-mêmes; bien que, relativement à ce dernier objet, le brevet obtenu en 1806 fût expiré, et qu'ainsi leur fabrication fût permise à tous.

Sur la première branche du moyen, on dit : l'article VIII, titre II de la loi du 25 mai 1791, est ainsi conçu : « Si quelque personne annonce « un moyen de perfection pour une invention « déjà brevetée, elle obtiendra, sur sa demande, « un brevet pour l'exercice privatif dudit brevet « de perfection, sans qu'il lui soit permis, sous « aucun prétexte, d'exécuter et de faire exécuter « l'invention principale, et réciproquement, sans « que l'inventeur puisse faire exécuter par lui-« même le nouveau moyen de perfectionnement. « Ne seront point mis au rang *des perfections in-« dustrielles* les changemens de forme ou de « proportion, non plus que les ornemens, de quel-« que genre que ce puisse être. »

Cet article, en disant que les changemens de forme ne seraient point réputés perfections in-dustrielles, a nécessairement voulu parler des cas où la matière et la forme principale ont un prix essentiel, auquel de nouvelles formes ac-cessoires ne doivent ajouter à peu près rien. Il n'a pu disposer pour les cas où, la matière étant sans prix, la forme principale est tout ce qu'il y a de précieux et même de substantiel dans l'in-vention. On conçoit, par exemple, qu'une mitre de cheminée puisse recevoir plusieurs formes ac-cessoires qui, ne changeant rien à l'effet, ne se-raient pas réputées *perfections industrielles;* mais si le corps principal de la mitre reçoit, dans une de ses parties, une forme nouvelle, produisant un effet nouveau et important, cette forme nou-velle est essentiellement une perfection industrielle : or, telle est précisément l'invention du *larmier,* qui, en modifiant la forme de la mitre, produit des effets nouveaux.

Dans l'espèce, le brevet obtenu par le sieur Maréchal, en 1813, ne se rapportait pas à un *lar-mier,* par abstraction, à un *larmier* quelconque, ce ne serait là qu'un mot; le brevet d'invention se rapportait à un objet *dont le nom serait lar-mier,* dont la matière serait à peu près sans prix, mais dont la forme, le placement et l'effet cons-tituerait tout le prix et toute la substance, en opé-rant le renvoi des eaux de manière à prévenir toute filtration entre la mitre et le solin. Fougerol avait un brevet pour l'une des deux espèces de *larmier;* Chedebois en avait un pour l'autre. Si le sieur Chedebois avait fait un *larmier* ressemblant à celui décrit dans le brevet d'invention du sieur Fougerol, ou s'il n'y avait pas entre les deux larmiers une différence essentielle dans la forme et dans les effets, le brevet du sieur Chedebois devrait être reputé non valable; mais si les deux larmiers différaient essentiellement par leur forme principale et par leurs effets décisifs, s'il n'y avait entre eux de ressemblance que par le mot et l'objet indiqué, dès-lors les deux procédés n'étaient pas identiques, et les deux brevets devraient avoir leur effet à part. Donc, le jugement dénoncé a violé la loi, en décidant que l'identité de brevet résultait du nom et de l'objet, sans tenir aucun compte des différences substantielles et dans les effets décisifs.

D'ailleurs, ce n'est point ici une question de fait, et le moyen n'est pas un simple mal jugé : la question est bien de savoir si la loi est mal interprétée. Si la cour de cassation adoptait le système consacré par le jugement dénoncé, il s'ensuivrait que l'industrie humaine serait arrêtée dans sa marche par le charlatanisme; on verrait des hommes ignorans et présomptueux annoncer des procédés nouveaux, ayant un but éminemment utile; et bien qu'ils n'eussent aucun moyen d'atteindre le but, la carrière serait fermée pour tous les hommes de génie : aucun d'eux ne pourrait répéter ce mot d'un ancien : *Ce qu'il a dit, je le ferai.*

Le premier qui aurait dit : « Je désarmerai la « foudre au moyen d'un paratonnerre; » ou bien encore : «Je m'élèverai dans les airs au moyen d'un « ballon; » s'il n'avait su faire que des paratonnerres sans vertu magnétique, ou des ballons sans vertu spécifique, n'aurait certainement pas été réputé propriétaire exclusif du droit de faire des ballons ou des paratonnerres. Après l'annonce pompeuse des charlatans, ayant beaucoup promis et rien tenu, de véritables hommes de génie, capables en effet de désarmer la foudre et de voyager dans les airs, n'auraient pas manqué de recevoir tout appui et tout encouragement des dépositaires du pouvoir comme des amis de la science.

Nous sommes loin d'établir aucune comparaison sur les espèces, nous n'avons fait ce rapprochement que pour faire ressortir le principe.

Nous disons donc que c'est une grande erreur en droit, de n'admettre dans le *sujet* d'un brevet d'invention aucune différence entre les formes principales ou substantielles, et les formes accessoires ou accidentelles; de vouloir qu'un objet dont la matière n'est rien en soi, soit apprécié autrement que par sa forme principale et ses effets décisifs; nous disons qu'entendre ainsi la loi, ce serait lui donner un sens absurde et fatal à l'industrie.

C'est pourquoi nous soutenons qu'il y a sous ce rapport contravention à la loi, en ce que la survenance d'une forme utile est essentiellement une *perfection industrielle*, surtout quand elle est en comparaison avec un autre moyen de perfectionnement, dont la nature et le mérite consisteraient dans l'invention d'une forme nouvelle et utile.

La deuxième branche du moyen consiste dans une violation du premier alinéa du même article VIII, en ce que le jugement dénoncé a confondu les deux propriétés distinctes de la mitre, objet d'une invention principale, et du larmier, objet du perfectionnement accessoire.

Le législateur a grand soin d'établir la distinction entre l'*invention principale* et le nouveau *moyen de perfection;* il a grand soin de dire que les droits relatifs à l'invention principale, et que les droits relatifs au nouveau moyen de perfectionnement ne doivent pas être confondus. Si le principe est certain et incontestable, il s'ensuit qu'une atteinte au brevet de 1813, touchant le larmier, doit être sans effet relativement aux mitres.

Le jugement dénoncé a prononcé la confiscation de toutes les mitres fabriquées par Chedebois, avec le larmier décrit dans son brevet d'invention.

Cependant, il est reconnu que la fabrication des mitres n'avait rien de répréhensible; que les mitres de terre cuite étant aujourd'hui une antique invention dont le privilége est éteint, elles peuvent être également fabriquées par qui que ce soit; donc, les mitres fabriquées par l'exposant étaient sa propriété légitime, et cette propriété ne pouvait lui être ravie par suite de l'addition d'un larmier tel quel. La loi ne prononce la confiscation que de ce qui est contrefait : les tribunaux ne confisqueraient point la totalité d'un ouvrage en vingt volumes, parce qu'il y aurait contrefaçon dans

un volume ou dans une feuille d'un volume. Une
très belle montre ne serait point confisquée parce
qu'elle contiendrait furtivement une roue d'invention nouvelle et privilégiée. La peine ne doit
pas être plus étendue que le délit, la réparation
ne doit pas aller au-delà du dommage. Quand
donc il serait vrai que le larmier ajouté à ces
mitres eût été un procédé illégal, il n'aurait dû
y avoir de confiscation que relativement au larmier. Le tribunal pouvait ou faire détruire le
larmier, ou même le faire couper et détacher, pour
en faire profiter le sieur Fougerol ; mais le tribunal ne pouvait sévir contre le corps de la mitre ;
ce corps de mitre devait être conservé à l'op-
posant, sauf à lui d'en faire tel usage qu'il ju-
gerait bon.

Supposons un instant que Maréchal eût conservé son brevet d'invention pour le larmier, et
que Fougerol pût encore exercer son privilége relativement aux mitres ; alors il serait vrai qu'un
fabricant de mitres avec larmier aurait porté atteinte au droit de Fougerol sur les mitres, et au
droit de Maréchal sur les larmiers ; en ce cas, il
devrait y avoir confiscation au profit de l'un et
et au profit de l'autre, et si le tribunal avait accordé à Maréchal la confiscation de la totalié des
mitres avec le larmier, bien qu'il n'eût de brevet
que pour les larmiers, certainement il y aurait
lieu à cassation, au profit du porteur du brevet
d'invention relativement aux mitres.

Eh bien ! le sieur Chedebois exerce ici tous

les mêmes droits qu'aurait le porteur du brevet relatif aux mitres; le brevet étant devenu sans effet, les mitres sont sa propriété, en vertu du droit commun; comme, si le brevet avait effet, elles seraient la propriété de l'inventeur, en vertu de son brevet d'invention.

Dans l'un et l'autre cas, il est également vrai qu'il existe un droit de propriété sur les larmiers, et que l'inventeur des larmiers ne peut aucunement profiter des mitres, pour raison de son privilége sur les larmiers.

Cette branche du moyen est péremptoire; la contravention à la loi est de toute évidence.

ARRÊT.

« Attendu qu'il a été reconnu, en fait, tant par la sentence du juge de paix du dixième arrondissement de la ville de Paris, en première instance, que sur l'appel, par le jugement attaqué, que les mitres perfectionnées par le demandeur, pour lesquelles il obtint un brevet d'invention en 1820, étaient calquées identiquement sur celles également perfectionnées par Maréchal, aux droits duquel Fougerol fut substitué; qu'ainsi, ce larmier ajouté par le demandeur avait été inventé et adapté aux mitres de terre cuite, fabriquées par Fougerol long-temps avant le brevet d'invention du demandeur, par Maréchal, qui avait obtenu lui-même un brevet d'invention, le 24 septembre 1813, pour quinze années; d'où il suit

27

que le jugement attaqué a fait une injuste application des lois des 7 janvier et 25 mai 1791;
et de l'arrêt du 5 vendémiaire an IX; en décidant
que la propriété de l'invention ou du perfectionnement des mitres et larmiers appartenait à Maréchal, et Fougerol, cessionnaire de celui-ci;

« Attendu qu'il résultait de la forme de la
construction des mitres et du larmier, inséparables
entre eux, puisqu'ils sont moulés, pétris, cuits
ensemble, ne faisant qu'une seule et même chose,
l'indispensable nécessité de les confondre dans la
saisie commune, et par suite dans la confiscation
prononcée au profit des inventeurs primitifs, conformément aux dispositions de la loi; — rejette, etc. »

CHAPITRE XI.

RÉFLEXIONS

SUR LA NÉCESSITÉ DE SUPPRIMER LES BREVETS DE PERFECTIONNEMENT ET D'IMPORTATION.

La législation française sur les brevets d'invention est renfermée dans deux décrets de l'assemblée constituante des 7 janvier et 25 mai 1791 : leurs dispositions, fondées sur des motifs d'intérêt public, tendent toutes à favoriser les progrès de l'industrie.

« Toute idée nouvelle, dit le législateur dans le préambule de la loi du 7 janvier 1791, toute idée nouvelle dont la manifestation et le développement peuvent devenir utiles à la société, appartient principalement à celui qui l'a conçue. La découverte industrielle est la propriété de son auteur.

« L'ignorance de cette vérité peut décourager l'industrie française, en occasionnant l'émigration de plusieurs artistes distingués, et en faisant passer à l'étranger un grand nombre d'inventions nouvelles, dont la France aurait dû tirer les premiers avantages.

« Tous les principes de justice, d'ordre public et d'intérêt national, commandent impérieusement

de fixer l'opinion des Français sur ce genre de propriété par une loi qui la protége. »

Quelques hommes à système voulaient que le
gouvernement achetât le secret des nouvelles découvertes, et les livrât de suite à l'industrie commune; les économistes n'eurent pas de peine à
prouver que ce traité, imposé au faible par le fort,
serait aussi funeste à l'état qu'au particulier; l'application de ce système nous aurait donné, aux dépens de l'auteur, des ébauches informes qui ne
se seraient jamais perfectionnées ; en effet, l'expérience a démontré que les petits essais produi-
sent de petits résultats, et que les grands établissemens peuvent seuls obtenir de grands succès.

Le législateur respecta la propriété industrielle
et lui donna des garanties; l'inventeur obtint un
privilége exclusif, mais la publication de son secret fut le prix de la protection du gouvernement.

Cette législation est basée sur un contrat tacite
entre l'inventeur et la nation : le gouvernement,
stipulant pour l'intérêt public, garantit le privilége
d'une exploitation exclusive pendant un certain
nombre d'années; l'inventeur donne en échange
la communication de sa découverte, et si le génie créateur cache le secret de ses procédés, au
moins en est-on dédommagé en partie en voyant
les effets qu'il a produits et les objets qu'il a créés.
Sachons-lui même gré de ce mystère qui, d'après
les réglemens sur les brevets, ne peut durer qu'un
certain temps, puisqu'il est la source de mille
combinaisons, de mille recherches que des rivaux

se hâtent de faire pour deviner ces secrets ou en tirer de nouveaux résultats.

L'avantage que trouve l'état dans l'exécution d'un pareil contrat est si grand, que le gouvernement a dû lui accorder des faveurs spéciales : aussi, la législation des brevets d'invention offre aux inventeurs des dispositions de bienveillance; toutefois, elle est encore loin de la perfection, ainsi que nous nous proposons de le démontrer.

« Toute découverte ou nouvelle invention, porte l'article I.er de la loi du 7 janvier 1791, est la propriété de son auteur; la loi lui en garantit la pleine et entière jouissance, suivant le mode et le temps déterminés. »

Non-seulement la loi accueille avec empressement toute espèce de création, de découverte ou d'invention, mais elle accorde la même protection aux simples moyens de perfectionnement; ils accélèrent les progrès de l'invention, et préparent de nouveaux avantages dans l'exécution du contrat primitif.

« Tout moyen d'ajouter à quelque fabrication que ce puisse être un nouveau genre de perfection, sera regardé comme une invention. » (Art. II de la loi du 7 janvier 1791.)

« Si quelque personne annonce un moyen de perfection pour une invention déjà brevetée, elle obtiendra, sur sa demande, un brevet pour l'exercice primitif dudit moyen de perfection, sans qu'il lui soit permis, sous aucun prétexte, d'exécuter ou faire exécuter l'invention principale, et récipro-

quement, sans que l'inventeur puisse faire exécuter par lui-même le nouveau moyen de perfection. »
(Art. VIII de la loi du 25 mai 1791.)

Telles sont les dispositions qui assurent aux auteurs de perfectionnemens le privilége des inventeurs; elles s'appliquent à tous les genres de perfection, soit qu'ils se manifestent dans la cause
productrice ou dans la production qui en est l'effet. La loi n'a pas voulu borner le privilége au
perfectionnement des machines, elle l'a étendu à
celui des moyens qui sert à leur application, et
par une conséquence nécessaire, aux produits qui
en résultent.

Elle divise en trois classes les créations de l'industrie qui sont susceptibles de privilége : la *découverte*, l'*invention* et le *perfectionnement*.

La *découverte* est le fruit de cette merveilleuse
inspiration du génie, qui, par la grandeur de son
objet ou l'importance de ses résultats, influe puissamment sur les destinées des hommes, et modifie
l'état de la société; telles furent la découverte de
l'imprimerie, celle de la boussole, de la poudre à
canon, qui dans des siècles rapprochés changèrent
la face du monde.

La *découverte* prend le nom d'*invention* lorsqu'elle n'a pas ce caractère élevé qui place l'auteur
au rang des bienfaiteurs du genre humain.

Enfin, elle reçoit le titre de *perfectionnement*
lorsqu'elle se borne à tirer d'une invention précédente un avantage nouveau.

La découverte et l'invention sont filles du génie, le perfectionnement est le fruit de l'esprit d'observation (1).

Ce n'est point par leur cause qu'on doit les apprécier, mais par leurs résultats ; la découverte la plus simple a souvent produit les plus étonnantes révolutions dans les idées des hommes ; celui qui fabriqua le premier verre d'optique ne se doutait pas qu'il ouvrait à l'astronomie la route des cieux, et que la matière cristallisée qui sortait de ses mains porterait un jour le flambeau de l'observation jusqu'aux astres. L'inventeur de la boussole était loin de prévoir que l'aiguille aimantée guiderait un jour Christophe et Améric à la découverte d'un nouveau monde.

Les principes les plus simples sont presque toujours les plus féconds en conséquence. Aussi la loi accueille avec une égale faveur toutes les créations nouvelles, qui peuvent recevoir l'application du privilége.

Mais l'art. VIII de la loi du 25 mai 1791, en assimilant à des découvertes les perfectionnemens qu'on peut donner à des procédés, ainsi que l'im-

(1) Il est inutile de faire observer que ces nuances d'expressions, indiquées par le législateur, ne se reproduisent pas dans le langage ordinaire des hommes. On se sert indifféremment dans la conversation et dans le style simple, de ces mots *découverte* et *invention*, qui ont alors la même signification.

(Nous devons ces distinctions et leur développement à M. Segaud, avocat distingué du barreau de Lyon, qu'une mort prématurée a récemment enlevé à ses amis.)

portation d'une découverte faite à l'étranger et inconnue à l'industrie française, a donné lieu à de
graves inconvéniens.

Sans doute, tout perfectionnement donné à un
genre d'industrie mérite des éloges ; mais peut-on
raisonnablement assimiler le mérite du perfectionnement à celui de la découverte ?

Il résulte de la disposition de l'art. VIII de la
loi du 25 mai 1791, qu'il n'est peut-être aucun
cas où l'artiste qui perfectionne puisse faire usage
de son brevet ; car, comment concevoir que le
perfectionnement apporté à un procédé, puisse
s'exécuter sans qu'on ait la faculté d'exécuter le
procédé lui-même, surtout lorsque la loi prononce
qu'on ne peut pas considérer comme perfectionnement les changemens de formes ou de proportion,
ni les ornemens ? (Art. VIII de la loi du 25
mai 1791.)

Ce vice de la loi a été senti dans son exécution, et les artistes qui perfectionnent un procédé
déjà breveté, prennent un brevet d'invention, ce
qui, depuis la loi du 25 mai 1791, a donné lieu
à des procès interminables (1) : il est rare que
l'auteur d'une découverte importante jouisse paisiblement du résultat de ses recherches ; il con-
sume sa fortune et ses jours dans les procès, et il

(1) En parcourant les annales de la jurisprudence sur
les brevets d'invention, on reconnaît que toutes les
discussions qui se sont élevées dans cette matière, ont
eu lieu entre les *inventeurs* primitifs et les auteurs de
perfectionnemens.

a la douleur de voir passer en d'autres mains l'exploitation d'une industrie qu'il a créée.

Ce vice de la législation est inhérent à la nature même des choses, car les tribunaux ont à prononcer si le perfectionnement est une découverte réelle ou une simple modification de celle du breveté, si c'est un pur accessoire de la dernière, ou un procédé nouveau; et, dans beaucoup de cas, il est bien difficile de motiver un jugement (1).

DE LA SUPPRESSION DES BREVETS D'IMPORTATION.

Si l'on a démontré le vice de la loi qui assimile à des découvertes les perfectionnemens qu'on peut donner à des procédés déjà connus, elle est aussi vicieuse quand elle assimile à une *découverte l'importation* d'un procédé qui est pratiqué chez l'étranger.

(1) Un homme de mérite, un magistrat très distingué, M. le ch.er Ravier-du-Magny, président du tribunal civil de Lyon, a prononcé un jugement qui fixerait irrévocablement la jurisprudence sur cette importante matière, s'il était plus généralement connu et qu'il eût été recueilli par nos modernes arrêtistes. Je regrette que ce monument de jurisprudence ne puisse trouver ici sa place; j'aurai cru rendre service à mes lecteurs en leur faisant connaître une des décisions les plus remarquables qui aient été portées sur les contestations en matière de brevets de perfectionnement.

Une méthode en usage chez des peuples voisins ne peut pas tarder à être connue; et accorder les droits de *l'invention* à celui qui *l'importe*, consacrer en ses mains le privilége exclusif de l'exploiter pendant longues années, c'est priver le public d'un genre d'industrie qui était presque déjà du domaine de la société, et dont le public serait devenu possesseur dans quelques jours (1).

L'importation d'un procédé ne suppose pas un grand mérite, et le privilége exclusif de l'exploiter pendant quinze ans, est une véritable atteinte portée à la liberté de l'industrie et au bien de la société.

Les brevets ne devraient donc être accordés qu'à l'auteur d'une découverte. Quant aux perfectionnemens et aux importations, le gouvernement devrait indemniser les auteurs, d'après l'avis d'une commission composée d'hommes éclairées, sur un fond d'encouragement destiné à cet objet, et ces indemnités ne seraient prononcées que dans les cas assez rares d'un grand intérêt pour l'industrie.

Les brevets *d'importation* et de *perfectionnement* sont d'une assez haute importance pour devenir le sujet de la proposition de nouvelles dispositions législatives, plus conformes à l'intérêt des inventeurs, et plus utiles à la prospérité du commerce et de l'industrie française; espérons

(1) M. le comte Chaptal, dans son ouvrage intitulé : De l'industrie française, professe cette opinion ; et pour la soutenir, il cite des exemples puisés dans l'histoire de notre industrie pendant les derniers siècles.

que le chef de la justice (1), auquel on doit déjà
de grandes améliorations dans la partie importante
de l'administration que le Roi lui a confiée, présentera un projet de loi sur les brevets de *perfectionnement* et d'*importation*, ainsi que sur la
compétence, dans ces sortes de matières. (Voyez
le chapitre suivant.)

(1) S. G. M.ᵉʳ le comte de Peyronnet, garde des
sceaux, ministre secrétaire d'état au département de
la justice.

CHAPITRE XII.

La connaissance des contestations en matière de brevets d'invention est faussement attribuée aux juges de paix : ces sortes de contestations devraient être portées devant les tribunaux de commerce.

Lorsque l'assemblée nationale crut satisfaire aux principes de justice, d'ordre public et d'intérêt national, en fixant l'opinion sur la propriété d'une découverte industrielle, et en assurant à son auteur une jouissance privilégiée et temporairement exclusive de cette propriété, l'art. X du titre II de la loi réglémentaire pour l'exécution de celle du 7 janvier 1791, attribua aux juges de paix la connaissance des contestations qui pourraient s'élever entre le propriétaire d'un brevet d'invention, de perfectionnement ou d'importation, et le contrefacteur qui l'aurait troublé dans l'exercice de son droit privatif.

Cette attribution réservée ainsi à la justice de paix, plus souvent conciliatrice que sévère, toujours paternelle et gratuite, eut pour objet, de soustraire les contestations de cette nature à la lenteur des formalités judiciaires, aux ruses de l'esprit de chicane, et de les réduire, autant que possible, à une expression simple et naïve, afin que le juge fût plus à portée d'apprécier la bonne foi.

Les tribunaux de commerce n'avaient alors qu'une organisation provisoire; leur compétence présentait des questions importantes à résoudre; leurs décisions n'étaient point assez promptes, ni leur exécution assez rapide. Le commerce manquait d'une législation uniforme qui fût adaptée à tous ses besoins, il y avait à faire disparaître l'influence des arrêts de réglemens des parlemens, qui formaient une seconde législation au sein de la législation primitive; à effacer la trace des règles établies par les coutumes locales, par les lois municipales, à les fondre dans un système commun; enfin, ce n'était guère au milieu des orages politiques, qu'une assemblée, qui était elle-même le foyer de toutes les factions et l'arène où elles se choquaient avec violence, pouvait se livrer à des conceptions qui demandaient du calme, de la réflexion, et surtout le silence des passions. Les événemens n'ont-ils pas confirmé cette vérité? n'a-t-on pas vu l'édifice qu'elle avait élevé sur des monceaux de ruines, s'écrouler aux premiers efforts de la tempête? La plupart de ses institutions, sans liaisons, sans harmonie, sont tombées éparses, et ont eu besoin de modifications pour être conservées et mises en œuvre.

Nous dirons même que l'attribution donnée aux juges de paix, par l'article X du titre II de la loi du 25 mai 1791, de connaître des contestations sur les brevets d'invention, de perfectionnement et d'importation, semblerait n'avoir été qu'une attribution provisoire ou une méprise.

Il faut admettre l'une ou l'autre de ces deux suppositions, pour expliquer la contradiction évidente qui existe entre le système économique de la loi du 7 janvier 1791 et la disposition de l'article X de la loi réglémentaire du 25 mai suivant.

La loi du 7 janvier a' pour objet de consacrer en principe que toute découverte ou nouvelle invention, dans tous les genres d'industrie, est la propriété de son auteur (art. I.er);

Que tout moyen d'ajouter à quelque fabrication que ce puisse être un nouveau moyen de perfection, sera regardé comme une invention (art. II);

Que le premier, en France, qui apportera une découverte étrangère, jouira des mêmes avantages que s'il en était l'inventeur (art. III).

La loi reconnaît que cette propriété peut devenir la base ou l'objet d'une spéculation commerciale.

Elle en assure à l'inventeur la jouissance temporaire et privative.

Elle lui accorde une action en dommages et intérêts contre les contrefacteurs; et cependant, quand la compétence des tribunaux de commerce est déterminée d'une manière si précise par la nature des actes sur lesquels une contestation peut s'élever, quand le dommage causé par la contrefaçon à l'inventeur breveté ne saurait être mieux vérifié, ni plus justement apprécié que par la juridiction commerciale, familiarisée avec toutes les contestations relatives au négoce et à l'industrie, n'a-t-on pas lieu de s'étonner de l'attribution donnée aux juges de paix par l'art. X de la loi réglémentaire du 25 mai 1791 ?

S'il était possible de douter que le législateur n'eût pas envisagé un brevet d'invention comme un objet relatif au commerce, aurait-il obligé toute personne pourvue d'un brevet d'invention, d'acquitter, en sus de la taxe du brevet, la taxe des patentes annuelles imposées à toutes les professions d'arts et métiers (art. V, titre II de la loi réglémentaire)?

Lirait-on dans les brevets d'invention la formule suivante, dont le modèle est annexé à cette loi?

N.° 2.

Modèle de brevet d'invention.

« Louis, par la grâce de Dieu, etc.

« N. . . . ., nous ayant fait exposer
« qu'il désire jouir des droits de propriété assurés
« par la loi du 7 janvier 1791, aux auteurs de dé-
« couvertes et inventions en tout genre d'indus-
« trie, et en conséquence obtenir un brevet
« d'invention qui durera l'espace de . . . . ., pour
« *fabriquer, vendre et débiter* dans tout le
« royaume . . . ., dont il a déclaré être
« l'inventeur, le perfectionneur, l'importateur,
« ainsi qu'il résulte du procès-verbal dressé lors
« du dépôt fait au secrétariat . . . . ., en date

« du : . ., ensemble le mémoire explicatif ou des-
« criptif, etc. Nous avons, conformément à la
« susdite loi du 7 janvier 1791, conféré, et par
« ces présentes, signées de notre main, conférons
« à . . . . . . un brevet d'invention, pour *fa-*
« *briquer, vendre* et *débiter* dans tout le royaume,
« etc. »

Nous dirons encore que le législateur n'aurait
pas distingué avec spécialité dans l'invention, le
perfectionnement et l'importation, les objets d'une
utilité générale, mais d'une exécution trop simple
et d'une imitation trop facile pour établir *aucune
spéculation commerciale*, et pour lesquels l'inventeur aimerait mieux traiter directement avec le
gouvernement et solliciter une récompense (art. V
de la loi du 7 janvier 1791), et lorsque l'inventeur aura préféré aux avantages personnels assurés
par la loi, l'honneur de faire jouir sur-le-champ sa
patrie des fruits de ses découvertes ou inventions,
pour lesquelles il pourra lui être accordé une récompense sur les fonds destinés aux encouragemens de l'industrie (art. VI de la même loi).

Cette distinction place donc l'inventeur dans trois
hypothèses différentes: dans la première, l'invention est la base ou l'objet d'une spéculation commerciale; son auteur peut *fabriquer, vendre* et
débiter ; le brevet qu'il obtient est le titre de la
propriété industrielle; la loi lui en assure une jouissance temporaire et privative. Toute contrefaçon est
une atteinte à sa propriété, et lui cause un dommage

dont il a le droit de poursuivre la réparation.

Dans la seconde et la troisième, son invention est étrangère à toute spéculation commerciale. L'inventeur en trouve le prix dans l'honneur qui rejaillit sur lui, dans l'avantage que son pays en retire, dans la récompense qu'il reçoit, il n'a point d'intérêt à une jouissance privative; sa propriété est tombée dans le domaine public; il n'y a plus de contrefaçon, plus de dommage, plus d'action judiciaire : dans ces deux cas, l'art. X de la loi du 25 mai 1791 est sans application; il n'a pas été fait pour eux.

La justice de paix a été principalement instituée à l'effet de terminer par la conciliation les différens en matière civile et de prévenir les procès. Le législateur a même voulu qu'aucune demande introductive d'instance entre parties capables de transiger, et sur des objets qui peuvent être la matière d'une transaction, ne fût reçue dans les tribunaux de première instance, que le défendeur n'ait été appelé en conciliation devant le juge de paix, ou que les parties n'y eussent volontairement comparu (article 48 du Code de procédure civile).

Ce fut dans cet esprit de paix que le législateur attribua aux juges de paix, la connaissance des contestations qui pouvaient s'élever entre l'inventeur ou le perfectionneur, et l'importateur d'une découverte industrielle et le contrefacteur.

Mais le législateur, en 1807, dispensa du préliminaire de la conciliation les demandes en matière de commerce (1), parce que l'institution de la juridiction commerciale et le Code de commerce, dont l'application commençait au 1.er janvier 1808 devait y suppléer.

Les tribunaux de commerce ont leurs présidens, leurs juges et leurs suppléans pris dans le commerce. Tous les Français négocians sont appelés à l'élection des juges; elle est confiée seulement à des commerçans, chefs des maisons les plus anciennes et les plus recommandables par leur probité, l'esprit d'ordre et d'économie; leurs noms sont placés sur une liste de notabilité, rédigée par les prefets et approuvée par le ministre de l'intérieur. Ce mode garantit les bons choix. La juridiction s'exerce désormais et sur ceux qui suivent la profession du commerce, et sur les actes de commerce; par quelque personne qu'ils soient pratiqués, la loi est claire dans ses définitions et facile dans son application.

A quelle autre juridiction convenait-il mieux d'attribuer la connaissance des contestations sur les brevets d'invention, de perfectionnement ou d'importation d'une découverte industrielle?

Le juge de paix doit entendre les parties et leurs témoins, ordonner les vérifications qui peuvent être nécessaires (art. XI de la loi du 25 mai 1791).

(1) Article 49, § 4 du Code de commerce : « Sont dis-
« pensées du préliminaire de la conciliation, les de-
« mandes en matière de commerce. »

Les tribunaux de commerce n'auraient pas besoin de recourir à des vérifications, à des estimations du dommage hors de leur sein ; quels autres sauraient mieux qu'eux reconnaître une contrefaçon, en apprécier le dommage ? ne leur suffirait-il pas de nommer parmi eux un juge-commissaire ? et sur son rapport ne prononceraient-ils pas en parfaite connaissance de cause ? D'ailleurs, les nominations des arbitres, celles des experts, sont en usage dans les tribunaux de commerce ; les formes judiciaires et les moyens de conciliation y sont connus et adoptés ; ces tribunaux composent un véritable jury commercial : quelle autre autorité judiciaire a donc sur les brevets d'invention une compétence mieux établie ?

L'expérience prouve combien il est facile à un juge de paix d'errer sur des matières étrangères à ses connaissances habituelles (1).

Le législateur a voulu abréger les formes dans tout ce qui intéresse le commerce, et l'attribution donnée aux juges de paix est un degré de juridiction dont il a reconnu l'inutilité et l'inconvénient dans les matières commerciales.

Il a voulu que les décisions des tribunaux de commerce fussent promptes et leur exécution rapide, que le juge fût plus à portée d'apprécier la bonne foi des parties, et il a interdit, dans

---

(1) La jurisprudence rapportée dans cet ouvrage, établit que presque toutes les décisions portées par les juges de paix, sur cette matière, ont été réformées.

cette juridiction , le ministère des avoués (1).

Toutes ces dispositions, si impérieusement ré-
clamées par le commerce, ne devraient-elles pas
s'appliquer aussi aux inventions, aux découvertes
industrielles qui en sont une branche importante
et précieuse, qui en accélèrent les progrès, qui
rivalisent avec l'industrie étrangère ?

Il est probable que si l'assemblée de 1791 eût
elle-même organisé la juridiction commerciale, elle
eût placé dans sa compétence les contestations sur
les brevets d'invention, de perfectionnement et
d'importation, dont elle avait donné l'attribution
aux juges de paix.

On peut dire encore, et avec raison, que, soit par
la nature même des choses, soit par convenance,
les tribunaux de commerce devraient connaître des
contestations relatives aux brevets d'invention.

Le brevet d'invention constitue une propriété temporaire, mais son objet a plus de rapports avec les
matières commerciales qu'avec les matières civiles ;
en effet, presque toutes les inventions ou les perfections se rattachent directement ou indirectement
au commerce, parce qu'elles tendent à la fabrication d'objets qui sont eux-mêmes commerciaux,
c'est-à-dire qu'ils sont vendus, ou comme matière première, ou après avoir été travaillés et
mis en œuvre, ou enfin, qu'ils sont loués, ce qui

---

(1) Art. 627 du Code de commerce : « Le ministère
« des avoués est interdit devant les tribunaux de com-
« merce, conformément à l'art. 414 du Code de pro-
« cédure civile. »

rentre évidemment dans la compétence des tribunaux de commerce, suivant l'article 632 du Code
de commerce (1).

Il résulte donc clairement des termes du Code,
que, par la nature des choses, les tribunaux de
commerce devraient connaître des contestations
relatives aux brevets d'invention, mais les con-
venances ne l'exigent pas moins.

Les tribunaux de commerce sont composés de
plusieurs juges, et il est à désirer qu'un plus grand
nombre de personnes soit appelé à donner des
décisions sur une matière aussi importante, que
les tribunaux de paix qui ne se composent que
d'un seul juge, parce qu'il est évident qu'il y
aurait un concours de lumière plus considérable.

Les membres des tribunaux de commerce sont

(1) Art. 632 : « La loi répute actes de commerce,
« Tout achat de denrées et marchandises pour les re-
vendre, soit en nature, soit après les avoir travaillées
et mises en œuvre, ou même pour en louer simplement
l'usage ;
« Toute entreprise de manufacture, de commission,
de transport par terre ou par eau ;
« Toute entreprise de fourniture, d'agence, bureau
d'affaires, établissement de vente à l'encan, de spectacle public ;
« Toute opération de change, banque et courtage ;
« Toutes les opérations des banques publiques ;
« Toutes obligations entre négocians, marchands et
banquiers ;
« Entre toutes personnes, les lettres de change, ou
remises d'argent faites de place en place. »

tirés de toutes les classes des commerçans et de tous les genres d'industrie, en sorte que la composition d'un tribunal de commerce opère toujours la réunion de plusieurs personnes, qui, par état et les connaissances qui leur sont propres, sont plus à portée que tout autre à discuter et apprécier les difficultés relatives aux brevets d'invention.

Ce que nous venons de dire sur la compétence, pour le premier degré de juridiction, s'applique avec autant de force pour le second degré ; les appels du juge de paix sont portés devant les tribunaux civils, composés ordinairement de trois juges, dont les occupations habituelles et les études ne sont guère dirigées vers les connaissances nécessaires pour apprécier justement les difficultés de ce genre ; tandis que si les tribunaux de commerce connaissaient des contestations en première instance, l'appel de leur décision serait dévolu aux cours royales, composées de sept conseillers pour chaque chambre ; d'où il résulterait, d'une part, un concours plus considérable de lumières, d'autre part, que les affaires seraient décidées par des personnes plus familiarisées avec les causes commerciales que les juges civils qui ne s'en occupent jamais, puisque les cours jugent les procès commerciaux en dernier ressort.

Notre proposition serait plus en harmonie avec l'ordre des juridictions ordinaires, car les brevets d'invention sont jugés par des tribunaux d'exception, au lieu que dans notre sens ils devraient l'être par des tribunaux ordinaires.

Nous terminerons par cette observation, que les juges de paix décident en ce moment les contestations relatives aux contrefaçons; dans ces causes, la question de propriété n'est pour ainsi dire qu'accidentelle; mais s'il s'agissait uniquement de la propriété, nous pensons que les tribunaux de commerce pourraient la connaître. Pourquoi ne pas réunir le tout et faire statuer sur le tout, par les juges que la nature des choses indique d'une manière si claire?

Les législateurs qui ont succédé à l'assemblée de 1791, éclairés par l'expérience, plus calmes dans leurs travaux, ont quelquefois réparé ses erreurs; la législation commerciale a été fondée sur des principes plus conformes aux mœurs nationales, aux habitudes et aux besoins du commerce; mais chaque jour on sent encore que les institutions humaines ne peuvent être improvisées, qu'elles n'arrivent que lentement à la perfection, qu'elles doivent subir, enfin, toutes les épreuves du temps.

La flatterie enivra de ses poisons l'homme qui, sur le champ de bataille, prétendait concevoir des lois et projetait des institutions plus durables que sa gloire; mais il n'appartient qu'à la légitimité d'être louée par l'amour des peuples et récompensée par leur bonheur; et c'est à elle seule qu'il est réservé de réparer toutes les fautes, d'effacer la trace de tous les malheurs, et d'élever des monumens dont la durée atteste la sagesse et assure la prospérité des nations.

CHAPITRE XIII.

DES EXPOSITIONS PUBLIQUES DES PRODUITS DE L'INDUSTRIE FRANÇAISE.

Le progrès des arts et de l'industrie, appliqué aux manufactures et au commerce, a depuis long-temps fixé l'attention du gouvernement; des sociétés d'encouragement, des récompenses, des brevets d'invention, ont excité le zèle des artistes et des manufacturiers, et ce zèle constamment stimulé a produit les plus heureux effets pour la France.

Tous les hommes qui aiment leur patrie, et qui ne peuvent jamais voir avec indifférence ce qui doit ajouter à sa gloire et à sa prospérité; les économistes, dont l'étude est de rechercher plus particulièrement la cause des progrès industriels, d'en exposer les conséquences, et de donner à leurs contemporains des moyens pour augmenter la prospérité publique et écarter les concurrences étrangères nuisibles à son développement; les publicistes impartiaux, qui, armés du flambeau de la vérité, font passer au creuset de la critique tout ce que l'intérêt, l'amour-propre ou le hasard mettent au jour, et signalent également dans leurs écrits les

actes dangereux et ceux qui sont utiles, les découvertes importantes et celles qui ne conduisent
à rien, les noms recommandables et ceux que la
patrie refuse d'accueillir : toutes ces classes de citoyens se sont accordées à reconnaître l'influence
qu'avaient en général les *expositions* sur l'industrie et le commerce, principaux élémens de la
prospérité publique.

Si, cependant, malgré cette masse d'opinions
en faveur d'une question qui ne saurait souffrir
la controverse, il restait dans quelques esprits du
doute sur l'utilité réelle des expositions publiques
des produits des arts et de l'industrie, nous leur
rappellerions l'effet salutaire qu'ont produit les
expositions qui ont eu lieu en France jusqu'à ce
jour (1).

(1) En Angleterre, l'*exhibition* de *Sommerset-House*
a cela de commun avec l'exposition du Louvre, qu'elle
offre aux artistes un moyen de faire connaître leurs
noms, leurs talens, et les progrès qu'ils font annuelle-
ment, c'est un bazar qui doit profiter à la gloire du
pays qui le protége, comme à celle des peintres qui
le fournissent. Sous presque tous les autres rapports,
l'exposition de Londres diffère de celle de Paris.

Ici, l'on est admis gratis : là, on paye pour entrer.
Les deux ou trois salles où l'on étale les tableaux à
Sommerset-House ont si peu d'étendue, qu'on est obligé
de renvoyer tous les ans trois fois plus de tableaux
qu'on n'en reçoit : au Louvre, on a plus d'espace qu'on
n'en peut couvrir; cependant, on refuse aussi des
tableaux.

Au Louvre, la plus grande partie des tableaux ex-

Les *expositions* ne se renouvellent qu'à des époques éloignées les unes des autres ; toutefois le génie des arts forcé de proportionner, d'un côté, l'étendue de son théâtre au laps de temps qui s'écoule entre les expositions, de l'autre, au nombre des œuvres qu'il crée, ce génie tutélaire semble depuis longues années avoir rendu le temps, qui détruit tout, tributaire de tous les genres de perfections, et n'avoir voulu montrer aux Français son état et sa fécondité, que lorsqu'il retrouverait en France ses attributs les plus précieux, la paix et la légitimité.

Grâces lui soient rendues, de n'avoir pas déserté, dans les temps de malheur, nos manufactures et nos ateliers ! ou plutôt, que la reconnaissance nationale bénisse Louis XVIII qui lui a rendu son essor long-temps comprimé, et a mis à sa disposition des milliers de bras pour exécuter ses inventions !

Personne n'oserait nier l'indispensable nécessité des expositions publiques ; et, en effet, s'agit-il de l'industrie, elles établissent d'abord cette égalité

posés sont dans le genre qu'on appelle *historique ;* c'est dans les genres inférieurs que les peintres anglais travaillent plus habituellement. Il n'y avait à l'exposition de 1823, à *Sommerset-House,* que trois tableaux d'histoire ; tout le reste était paysages, tableaux de genre, ou portraits. Ces derniers surtout étaient en si grande abondance, qu'on peut dire qu'ils formaient à eux seuls plus des deux tiers de l'*exhibition.* (*Diorama de Londres, par M. L. D. S. Arcieu. Paris,* 1823.)

si favorable à ses progrès, en appelant au même concours les manufacturiers les plus puissans, les plus fortunés et les plus habiles. Là, se réunissent des hommes et des choses qui ne peuvent tirer que de grands avantages de leur rapprochement : les plus entreprenans font valoir les artistes timides et modestes ; les découvertes utiles ou celles qui coopèrent au bien-être des hommes, font mieux juger celles qui sont sans importance ou même nuisibles. Là, sont mis au grand jour, les machines, les instrumens, les outils de diverses espèces, et enfin tous les genres d'invention.

Les expositions publiques ont aussi cet inappréciable avantage d'améliorer ou d'étendre chaque genre d'industrie, par la seule mesure de les réunir tous. Et si les expositions solennelles sont accusées par quelques esprits moroses de favoriser le charlatanisme, on leur répondra qu'en supposant même que dans ces réunions où tous les arts et les artistes sont en présence, chaque degré de perfection des premiers s'y montre à côté de l'amour-propre exagéré des seconds, il vient un moment où une puissance que rien ne peut fléchir met chaque objet et chaque homme à sa véritable place : cette puissance, c'est l'opinion publique ; elle nivelle tout. Ce nivellement, qui ne peut se faire précisément que dans de semblables circonstances, peut blesser quelques amours-propres ; mais il favorise le progrès des arts, et le public n'est pas plutôt entré dans l'enceinte de l'exposition, que, se rendant indépendant et des titres, et des noms, et de la richesse, il examine avec impartialité, compare avec justesse, sépare l'or du clinquant, et tôt ou tard annule, par son jugement, ceux qui tenaient à l'esprit de coterie, aux réputations de localités, et à mille intérêts divers que l'esprit humain enfante si facilement.

D'ailleurs, si le public se trompe, si le temps ou l'instruction lui manquent pour assigner à une découverte son degré de mérite, n'y a-t-il pas le jury pour rectifier son jugement ? Et pourrait-on disconvenir que ce ne soit pas encore un des précieux avantages des expositions, que celui de soumettre toutes les inventions des arts industriels au jugement de l'élite des savans, des artistes et des manufacturiers français ?

La haute confiance dont les honore le monarque, l'influence morale que peuvent avoir leurs jugemens, l'impatience avec laquelle ils sont attendus par le public éclairé, doivent être des garanties suffisantes pour convaincre ceux qui ont exposé que le jury s'est toujours fait un devoir de juger avec la plus rigoureuse impartialité. Ses procès-verbaux peuvent être considérés comme un compte que le Roi a cru utile de se faire rendre pour augmenter le bonheur et l'aisance de son peuple ; et puisque la prudence et le bon ordre exigent que chaque années les besoins de l'état, ceux des administrés, ne soient satisfaits que lorsque Sa Majesté s'est assurée qu'ils existent réellement, et qu'elle a balancé dans un budget les recettes avec les dépenses, pourquoi, à des époques moins rapprochées, ne demanderait-elle pas à son peuple de lui mettre sous les yeux le *tableau statistique* et matériel des inventions qu'il a faites, des efforts qu'il a tentés pour s'affranchir du monopole étranger?

Quel acte plus paternel, plus philantropique, peut rapprocher davantage les sujets du trône de leur Roi? n'est-ce pas, pour ainsi dire, les placer sur les marches de ce trône, et vouloir, lorsqu'une main auguste décerne au mérite les récompenses qui lui sont dues, que l'artiste concurrent, mais moins heureux, trouve auprès de la source des grâces mille moyens de consolation?

Que n'a-t-on pas droit d'attendre d'une nation dont le souverain honore ainsi l'industrie!

Que l'Angleterre cesse de vanter son industrie commerciale et ses inventions dans tous les genres, le génie est fixé en France comme étant sa terre natale, et, sous tous les rapports, la nation française sera toujours le premier peuple du monde.

Toutefois, l'Angleterre doit être pour nous un véritable miroir, mais que la main d'une fée envieuse a l'art de ternir quand il doit représenter nos qualités, et qui réfléchit très bien quand il s'agit de peindre nos défauts : et, de même que des rivaux ne se vantent jamais de bonne foi ou ne se louent réciproquement que sur ce qu'ils ont de moins parfait, pour y fixer précisément l'attention de leurs juges, de même les Anglais ne craignent pas de donner des éloges, lorsqu'ils sont surs de la suprématie, ou du moins qu'ils croient l'être. Leur est-elle disputée, ils passent de suite aux réticences; l'obtenons-nous enfin, ils la contestent ou s'obstinent à ne pas la reconnaître, et s'obstinent d'autant plus, que nous mettons au grand jour nos découvertes; car, sous ce dernier rapport, la différence est sensible entre les deux pays : le Français semble créer ses inventions pour le monde entier; il considère le genre humain comme une grande famille qui doit jouir de l'héritage de chacun de ses membres.

L'Anglais, sous le rapport des arts, est jaloux et envieux; son égoïsme l'écarte toujours de la communauté; et on serait tenté de croire, en le voyant se renfermer en lui-même, qu'il a pris pour modèle la nature qui a circonscrit son île, et lui a assigné un point presque inaccessible sur la surface du globe. On dirait aussi que le génie des arts leur a promis de nous laisser stationnaires et d'accélérer toujours leurs progrès. On pourrait croire, d'après leur constitution, que des préventions trop favorables et une bienveillance trop naturelle pour nous, sont des crimes nationaux. Comme nation, ils peuvent avoir raison de penser ainsi, mais c'est un motif de plus pour nous tenir en garde.

Sans doute, les Anglais ont sacrifié à ce génie des arts, sans doute ils sont un des premiers peuples industrieux, et nous le reconnaissons avec franchise; mais quelques perfectionnemens, dont ils ont enrichi l'industrie, ne les ont point mis en possession exclusive du domaine des inventions, champ fertile que nous n'avons jamais cessé de cultiver avec les plus heureux succès.

Espérons qu'à l'avenir nous n'aurons plus un seul Français *anglomane*, et qu'enfin l'on cessera de croire que rien n'est *beau* et n'est *bon* que ce qui vient d'outre-mer.

Espérons que ce sexe pour lequel l'industrie française consacre tant de veilles, qui, chez nos grands manufacturiers, orne à l'envi ses temples de tout ce qui peut satisfaire son luxe et augmenter ses jouissances, embellir sa beauté ou ajouter à ses grâces; que ce sexe, disons-nous, témoignera sa reconnaissance en donnant le premier l'exemple. Ses charmes ne perdront rien à cette heureuse métamorphose; alors nous trouverons encore plus belles et plus jolies, les femmes dont les attraits seront parés avec les soieries, les tulles et les cachemires lyonnais, les tulles de *Paris*, la blonde de *Chantilly*, les dentelles d'*Alençon*, les mousselines de *Tarare*, la perkale de *Normandie* ou les toiles de *Jouy*. Nous applaudirons aussi à leur patriotisme et à leur bon goût, si leurs appartemens sont ornés de meubles faits de bois indigènes (1).

Nous engageons nos lecteurs à parcourir les *Annales de l'industrie nationale et étrangère*, publiées par MM. L. S. Lenormand et J. G. V. de Moléon; ils trouveront dans cet excellent ouvrage, auquel nous avons emprunté la plus grande

(1) Le Roi, Madame et les princes de la famille royale ont fait beaucoup d'acquisitions de toute espèce, principalement en meubles; ils ont choisi de préférence ceux faits avec des bois de France.

partie de ce chapitre, des preuves sans nombre, que non-seulement la France peut rivaliser avec toutes les nations, mais qu'elle a encore la supériorité dans tous les arts industriels.

Nous devons, en partie, cette supériorité et nos succès à l'influence qu'ont en général les expositions publiques sur l'industrie et le commerce, et nous pouvons dire, avec les auteurs des *Annales de l'industrie*, que le Français est le premier des peuples qui ait donné l'exemple des expositions publiques, car l'histoire des temps passés ne fait point mention qu'il y eût quelque chose de semblable chez les Grecs ou chez les Romains.

CHAPITRE XIV.

ORDONNANCES,
RAPPORTS ET CIRCULAIRES
RELATIFS A L'EXPOSITION PUBLIQUE DES PRODUITS DE L'INDUSTRIE FRANÇAISE.

ORDONNANCE DU ROI
CONCERNANT L'EXPOSITION DES PRODUITS DE L'INDUSTRIE.

13 janvier 1819.

Louis, par la grâce de Dieu, etc.

Nous avons pensé que l'exposition périodique des produits de nos manufactures et de nos fabriques serait un des moyens les plus efficaces d'encourager les arts, d'exciter l'émulation et de hâter les progrès de l'industrie.

En conséquence, sur le rapport de notre ministre secrétaire d'état de l'intérieur,

Nous avons ordonné et ordonnons ce qui suit :

Art. I.er Il y aura une exposition publique des produits de l'industrie française, à des époques

31

qui seront déterminées par nous, et dont les intervalles n'excéderont pas quatre années.

La première exposition se fera en 1819; la seconde, en 1821.

II. L'exposition de 1819 aura lieu le 25 août et jours suivans, dans les salles et galeries de notre palais du Louvre.

III. tous les manufacturiers et fabricans établis en France, qui voudront concourir à cette exposition, seront tenus de se faire inscrire au secrétariat général de la préfecture de leur département, à l'époque qui sera indiquée par notre ministre secrétaire d'état de l'intérieur.

IV. Chaque préfet nommera un jury composé de cinq membres, pour prononcer sur l'admission ou le rejet des objets qui lui seront présentés.

V. Un jury central, composé de quinze membres, sera nommé par notre ministre secrétaire d'état de l'intérieur, à l'effet de juger les produits de l'industrie. Il désignera les manufacturiers qui auront mérité, soit des prix, soit une mention honorable.

VI. Les prix consisteront, suivant les degrés de mérite, en médailles d'or, d'argent ou de bronze.

VII. Un échantillon de chacune des productions désignées par le jury, sera déposé au conservatoire des arts et métiers, avec une inscription particulière qui rappellera le nom du manufacturier ou du fabricant qui en sera l'auteur.

———

LETTRE

DU MINISTRE DE L'INTÉRIEUR AUX PRÉFETS DES DÉPARTEMENS, CONTENANT DES INSTRUCTIONS SUR L'EXÉCUTION DE L'ORDONNANCE DU 13 JANVIER 1819.

———

26 janvier 1819.

M., l'ordonnance du 23 de ce mois, par laquelle S. M. fixe au 25 août de cette année l'exposition des produits de l'industrie française, vous est parvenue. Vous en aurez trop senti l'importance pour que vous n'ayez pas porté vos vues sur les moyens de concourir à son exécution, avant même de recevoir les instructions que je m'empresse de vous donner.

Le premier objet dont vous avez à vous occuper est la composition du jury; vous en choisirez les membres parmi les hommes les plus éclairés dans les arts, et les plus capables d'en juger les produits.

Ce jury prononcera sur les objets qui seront présentés, et n'admettra que ceux qui lui paraîtront réunir une bonne fabrication ou une grande utilité; il doit surtout s'attacher aux objets qui forment une industrie particulière au département : ceux-ci présentent toujours de l'intérêt et caractérisent les localités.

Le jury observera surtout de ne pas rejeter les produits grossiers, lorsqu'ils sont à bas prix et d'un usage général.

Il excitera le zèle et l'émulation de tous les manufacturiers et fabricans, pour qu'ils donnent à leurs produits tous les degrés de perfection dont ils sont suceptibles; il leur dira que c'est moins un produit très soigné et fabriqué à grands frais, sans toutefois l'exclure, qu'un bel échantillon d'une fabrication ordinaire, qu'il faut présenter à l'exposition.

Tous les articles d'industrie reçus par le jury doivent être rendus au Louvre avant le 1er août; le gouvernement en payera le port.

Vous aurez l'attention, M., de faire mettre un numéro à chacun des produits, ainsi que le nom du fabricant et celui du département.

Vous m'enverrez séparément une note détaillée dans laquelle vous me ferez connaître l'étendue de la fabrication, les lieux de consommation, le nombre d'ouvriers employés, l'origine des matières premières, les encouragemens qu'on pourrait accorder à chaque genre d'industrie, etc, etc.

Ces renseignemens deviennent nécessaires au jury central de Paris, pour déterminer son jugement; et ils seront utiles au gouvernement pour fixer le degré d'intérêt qu'il doit accorder à chaque fabrique.

Vous remarquerez, M., que l'ordonnance du Roi n'a pas borné le nombre des prix dont elle annonce la distribution. L'intention de S. M. est d'accorder des encouragemens ou des récompenses à tout ce qui sera vraiment digne de sa munificence; pour en donner une nouvelle marque, le Roi a daigné permettre qu'indépendamment des médailles qui seront décernées sur le rapport du grand jury, j'appelasse sa bienveillance spéciale sur ceux des manufacturiers ou fabricans désignés pour des prix, et qui, ayant déjà brillé dans les précédens concours, ou ayant, par des procédés nouveaux ou des découvertes importantes, fait faire un pas notable à l'industrie nationale, paraîtront mériter des témoignages plus éclatans de la satisfaction royale : S. M. a bien voulu m'autoriser à solliciter pour eux la décoration de la Légion-d'Honneur, et la faveur de lui être présentés.

S. M. a voulu aussi que l'exposition eût lieu dans les salles du palais du Louvre, au moment même où elles viennent d'être terminées, pour marquer d'une manière plus particulière l'intérêt dont elle honore les arts.

Encouragés par une bienveillance si auguste, les manufacturiers et fabricans français redoubleront d'efforts et de zèle pour s'en rendre dignes, et justifieront, par leurs travaux, le haut degré d'estime où déjà notre industrie est placée en Europe.

Dans cette lutte honorable, les produits de votre département mériteront, je l'espère, M., une place distinguée; je serai heureux de la faire remarquer au Roi, et de pouvoir lui dire tout ce que nos manufactures et nos fabriques devront à votre sollicitude, à votre zèle et à vos lumières.

RAPPORT

DU MINISTRE DE L'INTÉRIEUR AU ROI, SUR LES RÉCOMPENSES
A ACCORDER AUX INVENTEURS ET MANUFACTURIERS.

———

9 avril 1819.

Sire,

Votre Majesté, en ordonnant une exposition
publique des produits de l'industrie, a pensé qu'une
louable émulation naîtrait de ce concours, et
qu'elle contribuerait puissamment à l'accroissement
de la richesse nationale. Vos espérances, Sire, ne
seront pas déçues; déjà les manufacturiers du
royaume s'empressent de répondre à l'appel que
vous avez daigné leur faire; ma correspondance
m'informe que, dans tous les départemens, ils rivalisent de soins et d'efforts pour mériter les regards de Votre Majesté, et se rendre dignes de
sa noble sollicitude.

Mais, Sire, la supériorité des produits de l'industrie n'est pas uniquement due aux lumières,
au zèle et à la persévérance des manufacturiers;
elle est due aussi au génie inventif des artistes
qui ont créé de nouvelles machines, simplifié la
main-d'œuvre, amélioré les teintures, perfectionné
le tissage. Pleins d'ardeur pour les progrès de l'industrie française, la plupart négligent le soin de
leur fortune, tandis qu'ils enrichissent nos manufactures par leurs utiles découvertes. Votre Majesté,

qui cherche partout le mérite pour l'honorer de son auguste protection, ne voudra pas que les travaux de ces hommes modestes demeurent sans récompenses. Leurs droits à la reconnaissance publique constituent leurs titres à votre bienveillance; les manufacturiers célèbres dont ils ont secondé les efforts et qui, mieux que personne, sont en état d'apprécier leurs services, s'estimeront heureux de pouvoir les reconnaître dignement, en appelant sur eux les bontés de Votre Majesté.

Je crois entrer dans les vues bienfaisantes de Votre Majesté, en la suppliant de donner son approbation au nouveau projet d'ordonnance que j'ai l'honneur de lui présenter, et qui n'est qu'un complément nécessaire de son ordonnance du 13 janvier dernier.

ORDONNANCE DU ROI

CONCERNANT LES RÉCOMPENSES A ACCORDER AUX INVENTEURS ET MANUFACTURIERS.

---

9 avril 1819.

LOUIS, par la grâce de Dieu, etc.

Sur le rapport de notre ministre secrétaire d'état au département de l'intérieur, nous avons ordonné et ordonnons ce qui suit :

ART. I.er Dans les départemens où il existe une ou plusieurs branches de grande industrie manufacturière, nos préfets nommeront, avant le 15 mai prochain, un jury composé de sept fabricans, chargé de désigner ceux des artistes qui, depuis dix ans, ont le plus puissamment contribué au perfectionnement des fabriques de leur département, soit par l'invention ou la confection des machines, soit par les progrès qu'ils ont fait faire à la teinture, au tissage, ou aux autres procédés des manufactures et des arts.

II. Après s'être assuré du mérite des perfectionnemens que chaque jury aura constaté, et de l'importance des manufactures aux progrès desquelles ils ont concouru, notre ministre de l'intérieur nous fera connaître les noms et les titres des artistes qui pourront prétendre à des récompenses, selon les services qu'ils auront rendus à l'industrie.

III. Les récompenses que nous jugerons à propos d'accorder seront distribuées en même temps que celles qui seront décernées aux produits de l'industrie dans la prochaine exposition.

LETTRE

DU MINISTRE DE L'INTÉRIEUR AUX PRÉFETS DES DÉPARTEMENS, CONCERNANT LES SAVANS, LES ARTISTES ET LES OUVRIERS AUXQUELS ON EST REDEVABLE DE DÉCOUVERTES UTILES.

---

28 avril 1819.

M., vous avez lu dans la partie officielle du *Moniteur* du 15 de ce mois, l'ordonnance royale du 9, qui prescrit, dans les départemens où il existe une ou plusieurs branches d'industrie manufacturière, la formation d'un jury de sept fabricans, chargé de désigner les artistes qui ont le plus contribué au perfectionnement des manufactures pendant les dix années qui viennent de s'écouler. C'est sur cette ordonnance que j'appelle aujourd'hui votre attention; elle est le complément de celle du 13 janvier, qui vous a été notifiée le 26 du même mois.

L'ordonnance du 13 janvier assure d'honorables récompenses aux fabricans qui ont porté les produits de leurs manufactures à un degré remarquable de perfection et d'économie; mais la supériorité dans les arts industriels n'est pas due seulement au mérite des manufacturiers; si leur zèle, leur activité, leur intelligence et l'emploi bien raisonné qu'ils savent faire de leurs capitaux, contribuent puissamment au succès de leurs opérations, on ne peut se dissimuler qu'ils trouvent aussi de grandes ressources dans le génie inventif de certains hommes qui découvrent d'utiles applications des connaissances physiques et mathématiques aux besoins des manufactures. Les savans de profession négligent en général les applications, le temps qu'ils y consacrent serait enlevé au perfectionnement théorique de la science, but principal de leurs profondes méditations : les manufacturiers, occupés presque exclusivement de la conduite de leurs fabriques, ne peuvent suivre des expériences qui les détourneraient du soin de leurs entreprises

32

commerciales; mais il existe entre les savans et les fabricans une classe d'artistes qui transmettent à ceux-ci le résultat des recherches et de la sagacité des premiers. Un mécanicien, un simple contre-maître, ou même un ouvrier doué d'un esprit observateur, ont quelquefois, par d'heureuses découvertes, élevé tout-à-coup des manufactures au plus haut dégré de prospérité.

Le fabricant leur doit les moyens de ménager le combustible, d'abréger le travail, d'épargner la main-d'œuvre, de dónner aux couleurs plus de fixité et d'éclat, de tirer parti de matières auparavant rebutées et tombées en pure déchet, etc, etc. Ces hommes industrieux cherchent rarement la fortune, ils s'oublient eux-mêmes et ne songent qu'aux progrès de l'industrie ; le plus modique salaire est, pour l'ordinaire, tout le prix qu'ils recueillent de leurs importans travaux. Ce sont ces artistes que le Roi a voulu honorer par son ordonnance du 9 avril dernier ; il n'ignore pas les services multipliés que rend chaque jour à nos manufactures cette classe laborieuse et modeste qui sera constamment l'objet de sá sollicitude et de ses encouragemens : un si noble exemple ne saurait être perdu pour vous.

Faites-vous rendre compte, M., des découvertes qui pourraient avoir amené, depuis dix ans, une amélioration notable dans une branche quelconque de l'industrie de votre département, et signalez-moi les savans, les artistes, les ouvriers auxquels on en est redevable. Il y a peut-être tel procédé nouveau qui n'a servi qu'à perfectionner des produits d'un usage vulgaire, et à en faire baisser le prix : loin que les inventeurs de ces procédés doivent rester dans l'oubli, j'appelle particulièrement votre attention sur eux. Il faut surtout, M., exciter le zèle des artistes qui travaillent au bien-être de la classe indigente; c'est la volonté du Roi, et vous vous empresserez de vous y conformer.

Pour vous seconder dans vos recherches, vous réunirez auprès de vous, d'ici au 15 mai, un jury de sept fabricans parmi lesquels pourront figurer plusieurs des membres du jury départemental, chargé de l'examen des produits destinés pour l'exposition.

Les notices que vous rédigerez, de concert avec le jury, et que vous voudrez bien me faire parvenir dans la première quinzaine de juillet, devront indiquer les noms et prénoms des artistes qui auront des droits à cette distinction, la date et le lieu de leur naissance, le lieu de leur résidence actuelle, la découverte, le perfectionnement ou l'amélioration qu'on leur doit, et dont les preuves seront bien constatées; son importance, l'étendue de son application et des résultats qui en sont la suite; enfin, l'époque précise à laquelle la découverte a eu lieu, ou a commencé à être mise en pratique dans votre département.

Il est indispensable de constater avec précision cette dernière circonstance, puisque l'ordonnance de S. M. n'a pas en vue de récompenser les in-

ventions qui auraient été faites il y a plus de
dix ans; vous devez donc négliger tout ce qui
serait antérieur au 1.er janvier 1809.

Sur le tout, M., je vous renvoie au rapport
et à l'ordonnance imprimés à la suite de la présente circulaire, qui achèveront de vous éclairer
sur ce que vous avez à faire.

Je ne doute pas que vous ne vous estimiez
heureux d'avoir à vous occuper d'objets si dignes
d'intérêt, et à concourir à des actes d'une munificence vraiment royale.

LETTRE

DU MINISTRE DE L'INTÉRIEUR A MM. LES PRÉFETS, ANNONÇANT QUE L'ON PEUT EXPOSER AU LOUVRE LES OBJETS DE LA PLUS GRANDE DIMENSION.

---

10 juillet 1819.

M., les locaux qui sont destinés dans le palais du Louvre à la prochaine exposition des produits de l'industrie, offrent de vastes emplace-
mens susceptibles de recevoir des marchandises
d'un volume quelconque et des plus grandes dimensions; ainsi, les fabricans qui désirent que
les objets présentés par eux, et que le jury départemental aura jugés dignes du concours, at-
tirent les regards du public et soient examinés et

appréciés sous tous les rapports, ne doivent pas se borner à en remettre de simples échantillons, ils peuvent déposer les objets entiers; et, si ce sont des tissus, des pièces entières ou des demi-pièces; c'est ce que vous voudrez bien leur faire savoir, en vous adressant principalement aux manufacturiers de coton, de lainage, de papier peint, etc. Quelles que soient les dimensions des produits industriels qu'ils offriront au concours général du 25 août prochain, il sera facile de les y exposer en les développant dans toute leur étendue; des mesures sont prises, d'ailleurs, pour qu'on ait le plus grand soin, et pour qu'il n'éprouve pas la plus légère avarie.

Je crois devoir vous transmettre ces informations, afin que vous les mettiez à profit, si vous n'avez pas encore expédié à M. Arnould, inspecteur de l'exposition au Louvre, les objets d'industrie de votre département.

————

RAPPORT

PRÉSENTÉ AU MINISTRE DE L'INTÉRIEUR PAR LE JURY CENTRAL, RELATIVEMENT A L'ORDONNANCE DU ROI, DU 9 AVRIL 1819, RÉDIGÉ PAR M. DARTIGUES.

————

M

Les expositions des produits de l'industrie ont toujours été pour la France, des époques de gloire et de prospérité manufacturière. Il semble que, fidèles à l'appel de leur gouvernement, les fabricans fassent alors des efforts pour se surpasser eux-mêmes, et franchissent ainsi les obstacles qui paraissent devoir les arrêter. Félicitons-nous de ce que cette exposition-ci présente encore de semblables résultats, et de ce que les amis de leur pays y trouvent la solution de presque tous les problèmes auxquels on croyait ne pouvoir atteindre ; mais surtout que les Français apprécient les mesures paternelles qui accompagnent en ce jour l'exposition de nos produits. C'est jusque dans tels ateliers que des ouvriers obscurs, mais utiles, sont recherchés pour participer aux récompenses accordées pour les chefs-d'œuvre qu'ils ont aidé à créer ; c'est dans le modeste cabinet des savans désintéressés que la justice du prince va apprécier le fruit de leurs veilles et de leurs méditations, et juger les découvertes de ceux qui inventent ou perfectionnent les machines, trouvent les procédés de teinture, de fabrications, et de toutes ces œuvres du génie dont profite rarement celui qui les imagine, mais qui causent la prospérité de tout un genre d'industrie. Notre monarque a voulu, dans sa justice et sa bonté, que le même jour où les produits les plus parfaits vaudraient des couronnes à ceux qui les auraient fabriqués, il y eût aussi des couronnes pour l'homme désintéressé qui aurait contribué à leur perfection.

Rendons grâce à la munificence royale, qui va jusque dans les consciences chercher les traces des bonnes actions pour les récompenser, et jouissons, par avance, de l'essor que cela doit inspirer à toutes les vertus civiques. Ce bienfaisant appel a été entendu, et l'on ne sera pas étonné que les chefs des manufactures, dont on avait craint que cette mesure excitât la jalousie, aient partout été les premiers à présenter ceux de leurs ouvriers aux travaux desquels ils devaient rendre justice. Il n'y a pas un des ouvriers réclamant les bienfaits de l'ordonnance du 9 avril, qui n'ait été recommandé par ses chefs; pas un des savans que nous vous présentons, qui n'ait été appuyé par les témoignages de tous les fabricans, chez lesquels il avait appelé la prospérité par ses conseils. Les fabricans du même genre ont d'eux-mêmes invoqué la faveur royale pour ceux de leurs concurrens dont les exemples leur avaient servi de guides; preuve certaine que tous les cœurs se sont unis aux motifs de bienfaisance et de justice qui ont dicté l'ordonnance du 9 avril, et que les sentimens de jalousie ou de rivalité qu'on pouvait craindre ont été remplacés par l'amour de la patrie et l'accord fraternel entre tous les citoyens, afin de concourir aux vues paternelles de notre Roi.

Mais, si le soin qui nous est confié de juger et d'appeler les personnes dignes des récompenses promises par l'ordonnance du 9 avril, est une mission aussi douce qu'elle est favorable pour le jury; si, en la remplissant, il sent à tous les momens une douce joie de voir tant et de si grands services appelés à sortir de l'oubli pour être publiés et récompensés, il n'a pu cependant se refuser à un sentiment de regret en voyant tant d'autres titres, au moins aussi valables, condamnés à rester ignorés, et à ne pas recevoir la publicité qu'ils méritaient; car, on ne doit pas le cacher, le nombre des hommes désintéressés, modestes et utiles à l'industrie de leur pays, est bien plus grand en France que ne le porte la récapitulation ci-jointe. Est-il quelqu'un qui puisse croire qu'il n'y aurait en France qu'un aussi petit nombre d'hommes dignes de la munificence royale pour le bien qu'ils ont fait à notre industrie? Nous proclamons, au contraire, qu'il y en a bien davantage; mais voici les causes qui empêchent de paraître un grand nombre de ceux qui auraient les plus beaux droits pour s'y présenter avantageusement.

Dans tous les départemens, on a choisi les hommes les plus marquans par leurs travaux relatifs à l'industrie, pour en composer les jurys de département; le jury central est dans le même cas : les membres de ces jurys ont eu la délicatesse de ne pas se mettre sur les rangs pour faire valoir leurs droits à des faveurs dont ils devaient être eux-mêmes les distributeurs; et l'on doit ajouter à ces personnes celles qui, étant employées par le gouvernement, ont cru que l'application de tous leurs moyens et de toutes leurs facultés rentrait dans les devoirs de leurs places, et, à cause de cela, se sont excusées de produire leurs titres.

Telles sont les raisons pour lesquelles les personnes présentées à la munificence de Sa Majesté ne sont qu'au nombre de quarante-sept, dont

10 pour une médaille d'or,

11 pour une médaille d'argent,

8 pour une médaille de bronze,

13 pour une mention honorable,

5 pour des récompenses pécuniaires.

———

Total. 47

Il faut espérer que l'exemple de ces personnes, rendant grâce à la munificence royale, exaltera le zèle et le génie de ceux qui, dans les prochaines expositions, viendront se présenter pour prendre part à des distinctions si honorables, et que, tous les citoyens se serrant de plus en plus contre le chef de l'état, il en résultera, pour notre industrie, de nouveaux perfectionnemens qu'on sera sûr de ne pas voir rester sans gloire pour ceux même qui n'auraient fait que les indiquer à d'autres.

CHAPITRE XV.

ORDONNANCES ROYALES

SUR L'EXPOSITION PUBLIQUE DES PRODUITS DE L'INDUSTRIE FRANÇAISE EN 1823.

ORDONNANCE DU ROI

QUI DÉTERMINE L'ÉPOQUE A LAQUELLE AURA LIEU EN 1823 L'EXPOSITION PUBLIQUE DES PRODUITS DE L'INDUSTRIE FRANÇAISE.

29 janvier 1823.

LOUIS, par la grâce de Dieu, etc.

ART. I.er L'exposition publique des produits de l'industrie française aura lieu cette année, le 25 août et jours suivans, dans les salles et galeries de notre palais du Louvre.

II. Tous les manufacturiers et fabricans établis en France, qui voudront concourir à cette exposition, seront tenus de se faire inscrire au secrétariat général de la préfecture de leur département, à l'époque qui sera indiquée par le ministre de l'intérieur.

III. Chaque préfet nommera un jury composé de cinq membres, pour prononcer sur l'admission ou le rejet des objets qui lui seront présentés.

IV. Un jury central, composé de quinze membres, sera nommé par le ministre de l'intérieur, à l'effet de juger les produits de l'industrie ; il désignera les manufacturiers qui auront mérité soit des prix, soit une mention honorable.

V. Un échantillon de chacune des productions désignées par le jury, sera déposé au conservatoire des arts et métiers, avec une inscription particulière qui rappellera le nom du manufacturier ou fabricant qui en sera l'auteur.

ORDONNANCE DU ROI

RELATIVE A L'EXPOSITION DES PRODUITS DE L'INDUSTRIE ET AUX PERFECTIONNEMENS REMARQUABLES DEPUIS 1819.

---

20 février 1823.

LOUIS, par la grâce de Dieu, etc.

ART. I.er Si, dans les départemens où il existe une ou plusieurs branches de grande industrie manufacturière, il est survenu, depuis l'époque de la dernière exposition des produits de l'industrie en 1819, quelque perfectionnement remarquable, soit par l'invention ou la confection des machines, soit par des changemens introduits dans la teinture, dans le tissage ou dans les autres procédés des manufactures et des arts, ces améliorations notables seront constatées par les jurys établis dans chaque département, en vertu de notre ordonnance du 29 janvier dernier ; ils signaleront les artistes à qui sont dues ces découvertes et leur mise en pratique.

II. Après s'être assuré du mérite de ces perfectionnemens, que chaque jury aura constaté, et de l'importance des manufactures aux progrès desquelles ils ont concouru, le ministre de l'intérieur nous en rendra compte.

III. Les artistes auteurs de ces perfectionnemens nouveaux pourront avoir part aux récompenses que nous nous proposons d'accorder, à la suite de l'exposition publique des produits de l'industrie, ordonnée pour le 25 août de la présente année.

DE L'EXPOSITION PUBLIQUE DES PRODUITS DE L'INDUSTRIE FRANÇAISE EN 1823.

L'exposition de 1823 a été bien supérieure à celle de 1819, quant au nombre des produits de l'industrie. Cinquante-deux salles dans le Louvre n'ont pas suffi à donner à chacun une place. Aura-t-elle aussi une supériorité de mérite ? on en jugera par les décisions du jury. Déjà un auguste suffrage semble l'avoir consacrée, et la visite dont le Roi a honoré l'exposition a été la plus noble récompense que pouvaient ambitionner les manufac-

turiers, les fabricans et les artistes. Nous donne-
rons ici une esquisse rapide des produits qui ont
obtenu une approbation si auguste, en suivant la
promenade que S. M. a faite dans les sallons, ac-
compagnée de S. Exc. le ministre de l'intérieur,
de M. le duc de Blacas, de M. le Capitaine des
gardes-du-corps, de M. le comte de Lardenoy,
de M. le marquis d'Autichamp, de M. Héricart-
Ferrand de Thury et ses collègues membres du
jury.

Les imitations de porphyre sorties de la fabrique de Sarguemines; les cristaux de M. Vonèche
qui, à la beauté du travail, réunissent l'avantage
de la modicité du prix; les pierreries artificielles
d'un fabricant de Paris; le magnifique tabernacle
de M. Cahier, orfèvre de S. M., dont la desti-
nation est de recevoir la sainte ampoule qui doit
servir au sacre du Roi, ont fixé les premiers regards de S. M.

Dans une salle voisine, les superbes modèles en
bronze de M. Odiol; un vase magnifique sorti des
ateliers de M. Gall; les plaqués de M. Levrat (de
Lyon); les bronzes de M. Schouder; un service de
bronze doré par M. Domieux, destiné pour M. le
duc d'Orléans; un autre service de cristal du Mont-
Cenis, réhaussé par l'éclat des bronzes de M. Tho-
mire, ont obtenu une attention particulière.

Une fabrique a envoyé à l'exposition des lames
d'acier damasquinées, imitant les aciers de l'Orient.

M. Sirhenry a produit des instrumens d'un usage
usuel, tels que des rasoirs, des couteaux, des ci-

seaux, d'un prix modéré; M. Durand, des outils de jardinage.

Ces objets, d'une apparence si futile, n'ont point échappé à l'approbation du Roi, qui, après s'être entretenu avec les auteurs des belles horloges, a adressé des éloges aux dentelles de Moreau, aux mousselines de Tarare, aux tissus en lainage de M. Rey.

On a remarqué surtout les meubles imitant le vieux laque de M. Jacob, la belle jardinière de la manufacture de Sèvres, les tapisseries des Gobelins, les tapis de la savonnerie, les mosaïques exécutées sous la direction de M. Belloni, les papiers peints et continus des manufactures de Sorel et Saussay, des échantillons des manufactures d'Annonay, de Vienne, d'Arches et de Thiers.

La typographie française a atteint un haut degré de perfection (1). Les belles éditions des frères Didot et des Craplet seront aussi recherchées que celles des Elzévir, des Etienne, des Bodoni. Les ouvrages qui se recommandaient particulièrement

---

(1) M. Molé jeune, dont le nom figure au premier rang de nos plus célèbres graveurs en caractères d'imprimerie, inventeur des garnitures à jour en métal, tellement utiles, qu'elles sont aujourd'hui d'un usage universel, a présenté à l'exposition un corps d'alphabets arabes d'une telle pureté d'exécution, qu'ils lui suffiraient seuls pour lui assurer une grande réputation, si depuis long-temps M. Molé n'était connu comme l'un de nos graveurs les plus habiles et les plus distingués. Ses caractères sont souvent préférés à ceux des Didot et des Crapelet.

étaient un *Phèdre* in-folio, un *Spécimen*, et le Testament de Louis XVI, imprimé en caractère plus petit qu'aucun de ceux qui jamais aient été gravés et fondus ; un *Catulle* grand in-folio, un *Salluste* même format, une nouvelle édition de la *Henriade*, le Voyage pittoresque de Sicile et celui des ports de France, publiés par M. Ostervald ; les reliûres de M. Simier à qui S. M. a adressé ces paroles obligeantes : « C'est beau, très beau ; « il est impossible de faire mieux, vous avez sur- « passé les reliûres anglaises. »

Les produits des fabriques de coton et de lainage sont d'un trop grand intérêt pour n'avoir pas été l'objet d'un examen plus scrupuleux. S. M. a suivi les divers degrés que parcourent les matières premières avant d'arriver à l'état de fabrication. Les fabricans de Sédan, de Louviers, d'Elbœuf et de Castres avaient embelli l'exposition de leurs plus riches produits.

Les étoffes de Lyon ne peuvent aller au-delà de leur ancienne réputation ; celles qui ont été exposées ne le cédaient à la précédente exposition ni en brillant, ni en richesse. Une étoffe nouvelle dite *diaphane* de la fabrique de Ch. Revilliod et C.ie, a été admirée et honorée du suffrage de S. M.

M. Bozon, fabricant de schalls dits de Cachemire, avait exposé un schall de la plus grande beauté et une pièce d'étoffe du même tissu. S. M., à qui ces ouvrages précieux ont été présentés, a appris avec la plus vive satisfaction qu'ils étaient fabriqués avec la laine de chèvres provenant de deux

chèvres de Cachemire croisées avec un bélier égyp-
tien du Jardin des plantes.

Nous bornerons cette esquisse aux objets qui ont
paru arrêter plus particulièrement l'attention royale
et obtenir son auguste suffrage.

Dans cette visite, S. M. a félicité successivement MM. les membres du jury sur les progrès de
l'industrie française; elle a souvent adressé la pa-
role à M. Héricart-Ferrand de Thury (1).

(1) M. Héricart-Ferrand de Thury est neveu et gen-
dre de M. le comte Ferrand, ministre d'état et pair de
France (*), intendant-général des bâtimens de la ville
de Paris; c'est à ses soins éclairés que l'on doit une très
grande partie des embellissemens de cette capitale, les
rues nouvelles qui établissent des communications spa-
cieuses et contribuent à la salubrité publique.

(*) M. le comte Ferrand, dont la vie toute entière fut un modèle de vertus et de fidélité, a parcouru avec éclat la carrière
des sciences et celle de la politique. Dans le grand nombre des
ouvrages qu'il a publiés, on distingue L'Esprit de l'histoire et La
théorie des révolutions, l'un et l'autre très remarquables par la
profondeur des vues politiques, et surtout par le courage de ses
opinions, son respect pour l'autorité, et une juste horreur contre
les révolutions qui ont désolé sa patrie. M. le comte Ferrand,
l'un des membres les plus distingués de la chambre des pairs et
de l'académie française, est placé au premier rang parmi le très
petit nombre d'hommes célèbres, dont les noms passent à la
postérité, accompagnés de l'admiration et de la reconnaissance
des contemporains.

CHAPITRE XVI.

TABLEAU GÉNÉRAL

DES BREVETS D'INVENTION, DE PERFECTIONNEMENT ET D'IMPORTATION, EXPIRÉS ET NON EXPIRÉS(1),

CONTENANT

TOUS LES NOMS PAR ORDRE ALPHABÉTIQUE, DEPUIS 1791 JUSQUES EN 1823, DES INVENTEURS, IMPORTATEURS ET PERFECTIONNEURS FRANÇAIS ET ÉTRANGERS, AINSI QUE LEURS DEMEURES ET L'INDICATION DES OBJETS OU MACHINES PAR EUX INVENTÉS, PERFECTIONNÉS OU IMPORTÉS.

ABELLARD. Paris. *Invention.* * Appareil destiné à rafraîchir les liquides, appelé, par lui *réfrigérant*.

ADAM. Montpellier. *Invention* et *perfection*. Appareil de distillation.

ADAM. L'Aigle (Orne). *Inv.* Mécanique propre à canneler et à percer les aiguilles.

ADAM. Nîmes. *Inv.* * Appareil distillatoire.

ADAM. Paris. *Inv.* * Nouveaux procédés de distillation.

ADHÉMAR (V.e). Paris. *Inv.* * Machine appelée *force-lumière*.

(1) Les brevets dont le terme est expiré sont distingués par l'astérisque *.

AGNIRIS. Paris. *Inv.* * Procédé pour dégager le genièvre de son *goût empyreumatique.*

AGUETTANT. Lyon. *Inv.* Préparation des plumes ou poils naturels pour le tissage des étoffes de soies ou autres.

AIGUESPARCHES, ESPÉRON et C.ⁱᵉ Aix. *Inv.* Alambic à circonvolution.

AITKEN et STEEN. Paris. *Perf.* Machines à vapeur. Perfectionnemens faits aux procédés de construction de celles d'*Arthur Wolff.*

AJAC. Lyon. *Inv.* Un battant mécanique propre à la fabrication des étoffes.

ALAIRE. Passy. *Inv.* * Moyens d'échauffer et rafraîchir à volonté l'intérieur des voitures.

ALBERT. Paris. *Inv.* et *perf.* * Scies sans fin propres à débiter des bois de toutes grosseurs, et scierie destinée à l'emploi de ces scies. — Roue à double force applicable au treuil à la grue, et à toutes les machines mues par des hommes.

ALBERT et MARTIN. Paris. *Inv.* * Machine à feu et à vapeurs à double effet.

ALÈGRE. Paris. *Inv.* Appareil distillatoire, appelé *rectificateur.*

ALEXANDRE. Bordeaux. *Inv.* et *perf.* * procédé avec lequel il filtre et clarifie les eaux, et qu'il nomme *filtres bordelais.*

ALLAIS. Lyon. *Inv.* et *perf.* Mécanisme applicable au métier ordinaire à filoche, et à l'aide duquel on peut fabriquer des tulles ou filoches, ainsi que des tulles noués dans toute espèce de dessins.

ALLARD. Paris. *Inv.* et *perf.* Procédés pour donner à une colonne ou à tout objet de forme cylindrique, conique, sphérique ou sphéroïde, l'aspect d'un corps sculpté ou ciselé, fondu d'une seule pièce. — Plaque de zinc, de plomb, d'étain, sur laquelle on pratique des dessins imitant la ciselure. — Application des toiles métalliques à la fabrication des garde-vues pour lampes, à la confection d'étoffes nouvelles pour cartonnage, etc. — Procédés pour varier dans les kaléidoscopes la figure du plan d'observation et les tableaux des objets. — Noir métallique.

ALLEAU. Beauvoir-sur-Mort. (Deux-Sèvres). *Inv.* * Appareil pour la distillation de l'alcohol.

ALLEAU. S.ᵗ-Jean-d'Angely. *Inv.* Alambic hydraulique pour l'arrosement des lessives.

ALLIEZ. (*Voy.* CAUMETTE.)

ALLIX. Paris. *Inv.* * procédés de fabrication de perruques inaltérables à la transpiration.

ALLUARD. (*Voy.* BANON.)

ALTAIRAC. Lodève (Hérault). *Inv.* * Fabrication d'étoffes en feutre.

AMAVET. Paris. *Inv.* et *perf.* Mécanique propre à procurer une force motrice applicable aux moulins à farine et à toute autre usine. — Procédé pour empêcher la chute des voitures quelconques. — Construction de roues à aubes mobiles. — Machines et appareils destinés à franchir avec les plus lourds fardeaux les terrains impraticables.

AMAVETTI. Verzuolo (Piémont). *Inv.* * Machine propre à perfectionner la réduction de la soie en organsin.

ANDRÉ. La Canourgue (Lozère). *Inv.* * Fabrication d'une étoffe fil, coton et laine croisés.

ANDRÉ. Paris. *Inv.* * Méthode de graver et d'imprimer par des procédés nouveaux et avec le secours de matières non encore employées.

ANDRE. Suze–la–Rousse (Drôme). *Perf.* Machine hydraulique.

ANDRIEL, PAJOL et C.ie Paris. *Perf.* Consistant à adapter des bateaux remorqueurs articulés à leur système de navigation accélérée.

ANDRIEUX. Paris. *Inv., importation* et *perf.* Procédés de fabrication de diverses étoffes en laine peignée ou cardée sans le secours de la filature, ni du feutrage. — Machine pour remplir de trames les bobines que les tisserands mettent dans leur navette. — Machine pour nettoyer les chardons destinés à peigner les draps. — Tricoteur sans fin.

ANNESLEY. Paris. *Imp.* Nouveau système d'architecture navale.

APPERT. Paris. *Inv.* Procédé propre à fondre le suif.

APPLEGATH. Paris. *Imp.* Presse à imprimer le papier des deux côtés à la fois.

ARCET (d'). Paris. *Inv.* Procédés de fabrication de colle et de bouillon d'os.

ARGENCE (marquise de). Paris. *Imp. et perf.* Procédés mécaniques appliqués à la filature du lin destiné à la fabrication des toiles diverses et de la dentelle.

ARMAND. Paris. *Inv.* Poudre cosmétique, odontalgique, qu'il appelle *conservateur de la bouche.*

ARNAUD. Paris. *Inv.* Machines destinées à la construction des roues de voitures.

ARNAUD. Grenoble. *Inv.* * Machine propre à élever l'eau à quelque hauteur que ce soit.

ARNOLLET. Dijon. *Inv.* Pompe à double effet agissant par un seul piston.

ARNOULT et GOULÉ. Louviers. *Inv.* * Machine pour remplacer les manéges mis en mouvement, soit par l'eau, soit par les chevaux.

ARPIN. St-Quentin (Aisne). *Inv.* Machine destinée à tendre les tissus à la largeur du peigne dans l'opération du tissage appelée *tendeur perpétuel.*

ASHMORE. Paris. *Imp.* Procédé relatif au tannage des cuirs.

ASTÉ dit HALARY. Paris. *Perf.* Divers instrumens à vent et à clefs.

ASTRUC. Paris. *Inv.* Procédé de fabrication des registres à dos élastiques français.

ATTANOUX. Roquebrune (Var). *Perf.* Nouveau soc de charrue.

AUBERT. Lyon. *Inv.* Nouveau métier à tricot sur chaîne.

AUBERTOT. Vierzon (Cher). *Inv.* Fours à réverbère propres à cimenter l'acier.

AUBRIL. Paris. *Inv. et perf.* Huile destinée à entretenir les cheveux, appelée par lui *huile philocôme.* — Cuirs à rasoirs à surface convexe et à courbe changeante, auxquels il donne le nom de *corioptime.* — Eaux balsamiques *stomophélimes.*

AUDIN. Paris. *Inv.* * Mécanisme à bascule, qu'il appelle *promenade de société.*

AUDIBRAN. Paris. *Inv.* * Procédé pour fixer un râtelier à la mâchoire supérieure.

AUDRIEL, PERIN et Cie Paris. *Imp.* Bâtimens de navigation combinés avec des machines à vapeur, etc.

AUGER. Caen. *Inv.* * Alkali fixe, tiré des cendres des écailles d'huîtres.

AUGER. Paris. *Inv.* Machine pour fabriquer des tuyaux de plomb sans soudure.

AUGER. Paris. *Inv.* * Moyens d'ôter aux cacaos des îles de nos colonies, leur saveur trop forte, leur âcreté et leur amertume, sans altérer leurs parties onctueuses et homogènes.

AUGUSTE. Paris. *Inv.* Procédés de fabrication de chaussures dites *américaines* et *moscovites*.

AUGUSTIN. Paris. *Inv.* Gazomètre meuble et mobile.

BACHEVILLE. Paris. *Imp.* et *perf.* Eau cosmétique propre à la toilette, appelée *eau des odalisques*.

BADEIGTS-DELABORDE. Paris. *Inv.* * Procédés de fabrication du goudron et du brai gras.

BAGLIONI. Bordeaux. *Inv.* et *perf.* * Appareil distillatoire continu.

BAGNERIS. Trèbes (Aude). *Addition* et *perf.* Bateau à vapeur.

BAILLEUL. Paris. *Inv.* * Construction d'un appareil propre à distiller les mares de raisin et à en extraire l'alcohol et autres essences.

BAINBRIDGE. Paris. *Imp.* * Flageolet double et simple.

BALDWIN. Paris. *Imp.* et *perf.* Machine pour filer le lin, le chanvre, etc.

BANCEL. St-Chamond (Loire). *Inv.* et *perf.* Procédés pour former l'ouvraison nouvelle de la soie, du coton et du fil et pour fabriquer, avec ces diverses matières, des étoffes et des rubans unis et façonnés. — Nouveaux procédés pour la fabrication des rubans.

BANON et ALLUARD. Orléans. *Inv.* Presse à double pression destinée à dégraisser et décolorer les sucres bruts de canne et de betterave.

BANON et QUILLET. Limoges (Haute-Vienne). *Inv.* Pompe foulante et aspirante à réservoir, destinée à être employée au mouvement des usines.

BANSE. Lyon. *Inv.* * Mécanisme destiné à être adapté au battant ordinaire des étoffes de soie, et propre à déterminer le jeu de deux navettes.

BARADELLE père et fils Paris. *Inv.* Appareil à polytiper et pour être employé au moulage des clous fondus, cuillers, fourchettes et autres objets en fer à l'usage domestique.

BARBIER. Grenoble. *Inv.* * Machine pour scier le marbre.

BARBIER. Montélimart (Drôme). *Inv.* Tour à filer la soie.

BARDEL. Paris. *Inv.* * Fabrication d'étoffes en crin, mêlées de fil, coton, soie et fils d'or et d'argent, et autres étoffes en *bois blanc* et de couleur, divisé par filets.

BARLAND. Paris. *Inv.* Décrottoir cylindrique garni de brosses.

BARNABÉ. Bordeaux. *Inv.* Appareil de distillation.

BARNE. Nîmes. *Inv.* et *perf.* * Appareil de distillation.

BARNET. Paris. *Imp*. Nouvelle presse à imprimer. — Bride américaine. — Machine à vapeur produisant immédiatement un mouvement de rotation. — Procédé pour remplacer les fils de chanvre ou de lin dans la confection des souliers, par des pointes de fer.

BARRE. Nîmes. *Inv*. et *perf*. * Machines à distiller des vins et des mares de raisin en même temps, sans que les produits se mêlent. — Rectification des eaux-de-vie et esprits. — Machine à distiller.

BARRE. Calmette (Gard). *Inv*. et *perf*. Appareil propre à rectifier les esprits de vin à tous degré et sans aucun résidu.

BARREZ. (*Voy. JULLIENNE.*)

BARROU-CANSON. Annonay. *Inv*. * Application à la fabrication du papier d'un principe colorant d'une égalité parfaite et d'une fixité à toute épreuve.

BARUCH-WEIL frères. Paris. *Inv*. Email à l'épreuve du feu, propre à préserver la porcelaine de son tressaillement et de toute gerçure.

BASCON (D.^lle). Montpellier. *Inv*. et *perf*. * Procédé qui donne du 3/6 par une seule opération.

BATAILLE. Paris. *Inv*. Mécanisme susceptible d'être adapté à tous les *mulls-jennis*, et au moyen duquel s'opère spontanément le renvidage du coton ou de la laine filée sur ces sortes de machines. — Greffoir, emporte-pièce, écusson à estampe et serpette à marteau, destinés à tailler et greffer les arbres.

BANDICRY et LAVAL. *Inv.* * Construction de nouvelles grues.

BARLET. Etats-Unis d'Amérique. *Inv.* Bride américaine.

BARLOW. *Inv.* * Fourneaux à chaudière propres aux machines à vapeurs chaudes.

BARRON. *Inv.* Fabrique du papier d'un principe colorant.

BASTIER. Paris. *Imp.* Procédés de culture, blanchissage et tressage de la paille pour chapeaux dits *de paille d'Italie.*

BAUDET. Fleurines (Oise). *Inv.* * Procédés mécaniques propres à l'application du tour ovale aux tournage, guillochage et molletage de toute espèce de poterie.

BAUDOIN-KAMENNE. Sédan. *Inv.* Machine pour préparer les poils et autres matières destinées à la filature des lisières. — Autre machine pour retordre et doubler le fil par un mouvement simultané et continu.

BAUDOIN. Tournay. *Inv.* * Four économique qui se chauffe avec du charbon de terre, escabilles, bois, etc., sans que les matières combustibles entrent dans le four.

BAUDRY jeune. Bourth (Eure). *Inv.* Procédés de fabrication de pavés mosaïques.

BAUMANN, HULLOT et C.ie Paris. *Inv.* * Moyens de faire ressortir des dessins jaunes étrusques, sans le secours des couleurs, sur des cuirs préparés à cet effet et employés, soit à la fabrication des chapeaux, soit à la garniture des meubles.

35

BAUMANN. Strasbourg. *Inv.* Procédés de fabrication des cafés de chicorée, de carottes et d'amandes.

BAYEUL. Saint-Léger du Bourg-Deny (Seine-Inférieure). *Inv.* Procédés pour mettre en ébullition deux chaudières jumelles et un reservoir en élévation.

BAYOUL et DUBOURJAL. Versailles. Paris. *Inv.* Procédés de fabrication d'un moiré métallique sur lequel ils adaptent des dessins ou chiffres produits au moyen du feu et des acides.

BAZELOT. Paris. *Inv.* * Machine hydraulique pour dessécher les marais et faire marcher les usines.

BAZIN. Paris. *Inv.* Pâte cosmétique nommée *axérasine*.

BEAUVAIS et C.ie Lyon. DUGAS frères. St-Chamond (Loire). *Perf.* Ouvraison des soies destinées à la fabrication du crêpe en soie grège, cuite, teinte en couleur, jaspée en cru ou cuit, ou avec brin cru et brin cuit depuis un bout jusques à vingt.

BEAUVAIS et RENARD neveu. Lyon. *Inv.* * Procédé pour obtenir sur la soie une dégradation insensible de teinte dans le sens de la longueur.

BEAUVISAGE. Paris. *Inv.* et *perf.* Moyens propres à l'apprêt mat de toute sorte d'étoffes de laine, fil, coton et soie, et principalement des tissus dits *mérinos*. — Catissage à la vapeur des laines, etc.

BECK. Paris. *Inv.* * Manteau dit *à la Henri* avec des manches qui s'ôtent à volonté. — Mesure dite *longimètre*, propre à l'art du tailleur. — Costumomètre.

BEELS. (*Voy.* REUMONT-WICARD.)

BEGHEIN. Bruxelles. *Inv.* * Fourneau pour fondre les métaux et chauffer le fer.

BÉGOU. Chapelle-Saint-Denis. *Inv.* Procédés pour étamer et polir les poids en fonte.

BÉLANGER. St-Léger-du-bourg-Deny (Seine-Inférieure). *Inv.* * Procédés mécaniques pour la filature de la laine.

BELLEMERE. Paris. *Inv.* * Métier à bas à côtes dites *anglaises*, mu par un double lévier à balancier.

BELLY. Lyon. *Perf.* * Métier *à la Jacquard.* — Mécanique pour dévider la soie, le coton, etc.

BENNAT. Paris. *Inv.* * Mastic propre à la sculpture et à l'architecture.

BENOIST, PINIAU fils et GUILLON. Orléans. *Inv.* * Procédés et machines pour la clarification et le parfait raffinage du sucre.

BENOISTE. Paris *Inv.* et *perf.* * Promenade suisse et jeu de bague (1).

BENOIT (la dame). Paris. *Inv.* Siége inodore destiné à l'assainissement des lieux d'aisance. — Siége inodore, couvercle absorbant qui s'applique aux chaises percées, aux plombs conducteurs des eaux de ménage, et détruit les odeurs méphitiques qui s'en exhalent.

BÉRARD. Grand-Guillargues (Hérault). *Inv.* et *perf.* * Appareil distillatoire.

_____

(1) M. Benoiste est très célèbre dans l'art culinaire.

BÉRARD. Paris. *Inv.* * Nouveaux procédés de distillation.

BÉRARD. Montpellier. *Inv.* * Moyens de fabriquer le sulfate de fer.

BERCY jeune. Paris. *Inv.* * Préparation des cuirs propres à la confection des schakos d'infanterie légère, et autres parties de l'habillement de la troupe.

BERCKEM (de). Paris. *Inv.* et *perf.* Paris. Cabriolet qu'il apelle *mercure ailé.*

BERETTA. Paris. *Inv.* * Procédés fabrication du papier avec les résidus des pommes de terre.

BERGEAUD. Paris. *Inv.* * Machine hydraulique propre à élever l'eau et les fardeaux.

BERGER STEIGEN. Paris. *Imp.* * Fabrication de bleu pour le blanchîment des toiles.

BERGHOFER. Caen (Calvados). *Inv.* et *perf.* * Procédés de fabrication de cuirs élastisques à repasser les rasoirs, et pour la composition de tablettes métalliques destinées à entretenir ces mêmes cuirs.

BERGOUNHIOUX fils. Clermont (Puy-de-Dôme). *Inv.* Préparation d'une substance propre à la décoloration des sirops et à la fabrication de l'encre d'imprimerie.

BERLIOZ. Paris. *Inv.* * Voiture nommée *patache volante.*

BERNARD. Grand–Gallargues (Gard). *Perf.* * Appareil distillatoire.

BERNARD. *Inv.* Registres à dos élastiques brisés.

BERNARDIÈRE (de). Paris. *Inv.* et *perf.* Procédé de fabrication de chapeaux d'hommes et de femmes dont la chaîne est en baleine et la trame en soie ou coton, etc. — Moyens pour rendre la baleine propre à remplacer les matières filamenteuses et pour son application à la fabrication et à la teinture des divers tissus des fleurs artificielles. — Procédés de fabrication de chapeaux en nattes de paille, osier et baleine, sans couture. — Préparation de pailles indigènes pour remplacer celles d'Italie dans la fabrication des chapeaux.

BERNAVON. Beaucaire. *Perf.* * Moyen d'appliquer le calorique des usines à la distillation et à la vaporisation.

BERNEVAL et MAGNAN. *Inv.* * Charrue propre à la culture des cannes à sucre.

BEROLLA. *Inv.* Montres à répétition dont la sonnerie est sans rouages.

BERRY. Paris. *Imp.* Procédés propres au tannage des cuirs.

BERTAULT. Paris. *Inv.* * Sonnettes mécaniques.

BERTE. Paris. *Imp.* * Construction d'un parapluie d'un nouveau genre.

BERTE. Paris. *Imp.* Machine à fabriquer le papier.

BERTE et GREVENICH. Paris. *Perf.* * Machine à fabriquer le papier.

BERTHIER. (*Voy. Rouy.*)

BERTIN. Paris. *Inv.* * Reliûre en carton verni.

BERTIN. Paris. *Inv.* * Lampe docimastique.

BERTIN. Bordeaux. *Inv.* * Appareil propre à l'évaporation des sirops et autres liquides au-dessous de quarante degrés de *Réaumur.*

BERTRAND. Lyon. *Inv.* * Procédés de chauffage économique, applicables aux cheminées et aux poêles, consistant en une bascule à réverbération et un cornet de poêle qui double la chaleur. — Machine propre à prévenir la fumée dans les appartemens.

BERTRAND-BOURDEUX. Bayonne. *Inv.* * Scierie portative.

BESNARD. (*Voy.* TREBOULT).

BETTIGNIES. Paris. *Imp.* Procédés et appareils destinés à fabriquer des vases de toutes formes en porcelaine tendre.

BETTINGUER. Paris. *Inv.* Instrument destiné à faire à la vigne des incisions annulaires, propres à l'empêcher de couler.

BEUGE. Paris. *Inv.* Siége mécanique et sa fosse dite *autoclave*.

BEURY, VALLADE et RUGGIÉRI. Paris. *Inv.* * Mécanisme appelé par eux *saut du Niagara*.

BEVOLLA. Besançon (Doubs). *Inv.* * Montres à répétition dont la sonnerie est sans rouages.

BEYERMAN. Paris. *Inv.* * Liquide au moyen duquel les étoffes peuvent être rendues impénétrables à l'eau.

BEZ. Paris. *Inv.* * Cirage pour la chaussure.

BÉZARD. Grand-Gallargues (Gard). *Perf.* Appareil à rectifier l'esprit de vin et mares de raisin, applicable aux chaudières de distillation.

BIALLEZ, GUINCHET et PIERRUGUES. Beaucaire. *Inv.* * Machine propre à faire mouvoir avec économie la vis d'Archimède.

BIARD. Rouen. *Inv.* et *perf.* * Machine propre à tisser l'étoffe simple et l'étoffe figurée.

BIDOT. Paris. *Inv.* * Pompe hydraulique.

BIESTA de BONVAL. Paris. *Inv.* Bateau de remorque.

BIETTE. Lyon. *Inv.* * Lunettes à lire, qui, par la réunion de deux paires de verres, donnent la faculté de voir à deux distances différentes.

BILBILLE et LENTEIGNE. Paris et Seiche (Maine-et-Loire). *Perf.* Machines à fabriquer le papier vélin.

BILLAUDOT. Acolay. (Yonne). *Inv.* * Moyen de transporter les bois par eau.

BILLIAUX. *Inv.* * Garde-montre.

BILLION. Montfor-l'Amaury (Seine – et – Oise). *Inv.* * Machine à mailler le chanvre.

BINET. (*Voy.* PIERRE).

BINET et BLANCHET. Paris. *Perf.* Procédés de construction de bateaux destinés à remonter les fleuves par le moyen de la pompe à feu.

BITTLESTON. Paris. *Inv.* Bandages herniaires à ressorts tournans.

BIZET. Paris. *Inv.* Baignoire *à circulation*, dans laquelle l'eau qui sert au bain s'échauffe d'elle-même et s'entretient dans sa chaleur au moyen d'un petit foyer pratiqué au pied de ladite baignoire.

BLACHFORD et LAMBERT. Paris. *Imp. et perf.* Ancre de vaisseau dont les bras peuvent se replier contre la verge.

BLANCHARD. Porentrui (Haut-Rhin). *Inv.* * Echappement à engrenage et cadrature de répétition pour montre et pendule.

BLANCHARD. Paris. *Inv. et perf.* Platine de fusil à percussion.

BLEHÉE. Paris. *Inv.* Drague française.

BLONDEL fils. Versailles. *Inv.* Procédés de construction d'une voiture à deux roues sans soupentes.

BLOUET. Mont-St-Michel (Manche). *Inv.* Procédé propre à confectionner des chapeaux de paille tissus à l'envers sur baguettes d'osier, de baleine, etc.

BOBLET. Paris. *Inv.* Appareil à vapeur, nommé *autoclave.*

BODARD. Paris. *Perf.* * Composition d'un poivre indigène.

BODMER. Paris. *Inv.* * Appareil propre à filer le coton, qui diffère des métiers ordinaires, en ce que les cordes sont remplacées par des chaînes en bois, garnies de ressorts.

BODSON. Paris. *Inv.* Procédés d'application d'émaux sur la porcelaine dure et tendre, sur la nacre, l'albâtre, l'acier, le marbre et autres matières.

BOEHM. Strasbourg. *Inv.* * Papier maroquiné.

BOFFE. Marseille. *In.* * Procédé relatif au raffinage du soufre.

BOICERVOISE. Paris. *Inv.* et *perf.* * Seringue à manche et à cric.

BOILEAU et DUPLAT. Paris. *Inv.* * Procédés typographiques ayant pour but d'imiter toutes les formes que la plume peut tracer, et nommés *stéréocalli-typographiques.*

Bois. Paris. *Inv.* * Machine nommée *double réflecteur*, adaptée à la lampe appelée *quinquet*.

Boiscervoise. *Inv.* Seringue à manche et à cric.

Boisset. Paris. *Inv.* Four servant à carboniser le bois et la tourbe, en épurant le charbon de terre.

Boivin. Paimpol (Côte-du-Nord). *Inv.* * Corne transparente faite avec *le margatte*.

Bolton. Paris. *Inv.* Machine pour filer, tordre et doubler la laine.

Bonnard. Lyon. *Inv.* Deux mécaniques propres à filer la soie en la tirant du cocon, dont une sert à la filature perfectionnée en soie grège ordinaire, et l'autre à la filature et à l'apprêt de la soie en trame, par la même opération du tirage des cocons.

Bonnard père et fils. Lyon. *Inv.* * Moyens de fabriquer le tulle, fond dentelle, double et simple, uni et façonné.

Bonneau. Paris. *Inv.* * Composition d'un poivre indigène.

Bonnet. Apt (Vaucluse). *Inv.* * Four économique à trois étages, trois foyers et cendriers distincts, formant un seul tout.

Bonnet-de-Couiz. Paris. *Imp.* et *perf.* Machine à curer les fleuves et rivières.

Bonnet-de-Joigny. Paris. *Inv.* Semoir à charrue.

Bonninger. Paris. *Inv.* * Tableaux à l'huile exécutés par un procédé mécanique.

Bonnot. *Inv.* * Couverture d'édifices en cuivre laminé.

BONTOUX. Marseille. *Inv.* et *perf.* * Procédés relatifs à l'exploitation des mares de raisins, à l'effet d'en retirer successivement l'eau-de-vie, l'huile et le vinaigre qu'ils contiennent.

BORDEREAU et MARCHAND. Leuze (Aisne). *Inv.* * Spécifique pour guérir le *piétin*, maladie des bêtes à l'aine.

BORDIÉ et MALPAS. Paris. *Inv.* * Lampe à courant d'air.

BORDIER. Paris. *Inv.* Moulin à vent à ailes horizontales.

BORDIER. Nemours. *Inv.* * Carbonisation du bois avec distillation d'acide, sirop ligneux et de goudron.

BORDIER, MARCET et PALLEBOT. Paris. *Perf.* * Addition à leurs procédés pour l'éclairage astral.

BORDIER, MARCET-DE-VERSOIX. Paris. *Perf.* Eclairage économique à grands effets de lumière, par les réflecteurs paraboliques et les lampes d'Argant.

BORDIER-MARCEY. Paris. *Inv.* et *perf.* Fanal à courant d'air, dit *sydus naval*, spécialement à l'usage des signaux de nuit de la télégraphie nautique. — Procédé d'éclairage économique à grands effets de lumière. — Méthode pour éclairer les villes par la réunion d'une lampe à double courant d'air et à miroirs sémi-paraboliques. — *Photomagiste*, lampe à grand foyer de lumière.

BORGUIS et COTTE. *Inv.* * Cheminées économiques en terre cuite ou biscuit.

Bory. Béziers. *Inv.* et *perf.* Procédé pour extraire l'huile des olives sans le secours des cabas.

Bosc. Montpellier. **Thomas.** Alais (Gard). *Inv.* Moyens économiques à employer dans la construction des cheminées et fourneaux.

Bossu. Paris. *Inv.* * Machine hydraulique nommée *moulin sans roue.*

Bouché. Paris. *Inv.* * Procédés pour fabriquer avec de la colle forte des pains à cacheter, et du taffetas d'Angleterre transparent de toutes couleurs.

Boucherie frères. *Inv.* * Raffinage de sucre.

Bouchon. Bergerac (Gironde). *Inv.* * Procédés de fabrication de pots et coquemars en fonte de fer.

Boudier. Paris. *Inv.* * Fabrication de carreaux pour les fours de boulangers.

Boudon. Paris *Imp.* et *perf.* Procédés et appareils pour fabriquer la poterie, grès, faïence et porcelaine, à la manière anglaise.

Boudon-de-Saint-Amand. Paris. *Perf.* Procédés d'incrustation dans le cristal de peintures sur écaille, dont les couleurs ne seront point altérées, de camées, de bas-reliefs et de cariatides dorés, argentés, etc., etc.....

Bouguereau. Larochette. *Inv.* et *perf.* * Mécanisme pour hacher la paille.

Bouilhère. Paris. *Inv.* Appareil pour boucher hermétiquement une cheminée, et pour établir un courant d'air dans un appartement.

Bouillon. Paris. *Inv.* * Procédés mécaniques pour

faire agir la navette volante pour la fabrication des étoffes de grande largeur.

Bouis. Paris. *Inv.* * Procédés de fabrication de ceintures herniaires.

Boulanger. Troyes. *Inv.* * Appareil de blanchiment des toiles par le moyen du gaz acide muriatique oxigéné.

Boulaye (de la). Paris. *Inv.* * Procédé propre à fixer les couleurs d'un grand nombre d'oxides metalliques.

Bourdel. Paris. *Inv.* Pâte cosmétique nommée *pâte divine de Vénus.*

Bourgat frères. Lyon. *Inv.* Préparation d'orseille.

Bourguignon. Paris. *Inv.* Procédé à l'aide duquel il imite le diamant.

Bouhlier. Paris. Mistral. Chaillot. *Inv.* Mécanisme pour mettre des bateaux à vapeur en mouvement.

Boutarel père et fils, et Reverchon père et fils aîné. Saint-Etienne (Loire). *Inv.* Métier destiné à fabriquer à la fois plusieurs pièces de rubans ou d'étoffes l'une au-dessus de l'autre, et particulièrement les velours de Greveld, grande et petite largeur.

Bouvier. Paris. *Inv.* * Polymètre.

Bouvier. Paris. *Inv.* * Procédés applicables à la formation des planches pour imprimer la musique, les toiles peintes, les papiers de décor, et autres ouvrages d'impression.

Buzon. Paris. *Inv.*. * Procédés de fabrication de patins et patins-souliers.

Breguet. Paris. *Inv.* * Machine, nommée *échappement*, propre à dispenser une force quelconque, d'une manière égale et toujours constante, dans les machines servant à mesurer le temps. — Procédé applicable aux machines à mesurer le temps.

Bremon. Paris. *Inv.* et *perf.* Appareil propre au transport et au chauffage des bains à domicile.

Bremond. Lyon. *Inv.* * Voiture plus légère, plus solide et exigeant un moindre nombre de chevaux que les voitures ordinaires.

Bresson. Paris. *Inv.* * Machine à vapeur à haute pression, dans laquelle on entretient l'eau de la chaudière avec l'eau condensée du réfrigérant.

Bretel aîné. Paris. *Inv.* * Corsets à ressort, appelés *corsets à la Ninon.*

Breton. Lyon. *Perf.* * Mécanique à la Jacquard, pour la fabrication des étoffes de soies.

Briard. Paris. *Inv.* et *perf.* * Procédés de fabrication d'une eau cosmétique, appelée *eau des rosières.*

Bridet. Paris. *Inv.* * Fabrication d'une poudre végétative inodore, propre à servir d'engrais. — Elaboration des matières fécales et leur conversion en poudre végétative.

Briffaut. Paris. *Inv.* * Creusets de terre dite *argile pure.*

Brilhac. Paris. *Inv.* * Composition d'une gomme propre à blanchir le linge.

Brimmeyer. Paris. *Perf.* * Mécanisme de harpe produisant outre le ton naturel, les demi-tons et doubles tons.

Brion. Paris. *Inv.* Une lampe dans laquelle l'huile monte à la mèche au moyen d'un piston pressé par un ressort.

Brisou. Paris, *Inv.* * Procédés mécaniques à l'aide desquels il établit des promenades aériennes.

Brochant. Paris. *Inv.* * Lampe appelée *lampe éolipyle*.

Brochaud. Paris. *Inv.* * Lampe à triple courant d'air et à pompe foularte.

Brochet. Paris. *Inv.* * Cheminée à réverbère, économique et portative.

Brokedon. Paris. *Imp.* et *perf.* Procédés de fabrication de fils de métaux cylindriques dans toutes les proportions d'égalité et de finesse (1).

Brouet et Clément. Paris. *Inv.* et *perf.* Cheville à frein pour maintenir dans leur accord et leur tension les cordes de violons, basses, etc.

Brouilhet. Paris. *Inv.* et *imp.* * Pommade à l'usage des cuirs à rasoir. — Huile angélique pour les cheveux.

Brouquières. Nieul, Cognehors (Charente-Inférieure), la Rochelle. *Inv.* et *perf.* Appareil distillatoire.

Brousson. Paris. *Inv.* * Substance propre à la fabrication des dents artificielles.

Brown-Licfzfort et C.ᵉ *Inv.* * Filature de coton.

(1) Cet importateur n'ayant pas, dit-on, mis son procédé à exécution en France dans les deux ans de l'obtention de son brevet, la loi du 25 mai 1791 le déclare déchu de son droit privatif.

BRUGNIÈRES. Nîmes. *Inv.* et *perf.* * Appareil distillatoire perfectionné.

BRUINE. Paris. *Inv.* * Poêle salubre et économique

BRUN Paris. *Inv.* * Nouvelle manière d'apprendre à écrire. — Procédé pour apprendre à lire et à écrire à la fois.

BRUN. Paris. *Inv.* * Battoir à grains.

BRUN. Lyon. *Inv.* * Ventilateur propre à conditionner les soies crues, à sécher les soies teintes, renouveler, purifier l'air des hôpitaux, prisons, vaisseaux, ateliers, etc.

BRUN. *Inv.* * Alliage métallique propre à faire des jetons, médailles, etc.

BRUN, BERNEVAL et MAGNAN. Paris. *Inv.* * Charrue destinée à la culture des cannes à sucre.

BRUNE. Sorel (Eure et Loire). *Inv.* * Fourneaux propres à la carbonisation du bois.

BRUNÉEL. Lyon. *Inv.* Changemens apportés par lui dans la fabrication des armes à feu, s'amorçant avec des poudres détonnantes.

BRUNET et COCHOT. Paris. *Inv.* et *perf.* Confection d'une scie circulaire.

BUCHER. Strasbourg. *Inv.* * Métier à tisser propre à fabriquer deux ou plusieurs pièces d'étoffes à la fois. — Procédé pour teindre couleur nankin.

BUCHÈRE DE LEPINOIS et SIRET. Provins. *Inv.* et *perf.* Plâtre artificiel.

BULLY. Paris. *Inv.* et *perf.* * Vinaigre aromatique.

BURETTE. Paris. *Inv.* * Procédés pour fabriquer des briquettes de charbon de terre, de bois et de tourbe sans amalgame d'argile.

BURKS. Paris. *Imp*. Machine à imprimer.

BURON fils. Paris. *Inv*. Procédés de fabrication de montures de lunettes de spectacle et de campagne.

BURR. Paris. *Imp*. Procédés qu'il annonce comme propres à perfectionner la fabrication des ornemens de voiture et harnais en cuivre ou en argent ciselé.

BUSBY. Paris. *Inv*. * Machine pour distribuer la laine en rubans continus.

CABANY. Paris. *Imp*. * Machine à copier l'écriture.

CABROL. Bordeaux. *Inv*. Machine pour débiter de grosses pièces de bois.

CACHOT. Paris. *Inv*. * Machine pour scier en feuilles le bois.

CADET-DE-VAUX. Paris. *Inv*. * Procédé pour extraire de la graisse des os de cheval.

CAGNIARD. Paris. *Perf*. * Moyen de fabriquer les briquets phosphoriques à flacons de métal.

CAGNIARD-LATOUR. Paris. *Inv*. * Machine à feu propre à faire monter l'eau.

CAILLOL. Marseille. *Inv*. * Nouveau genre de construction de charrettes et brouettes.

CALL (V.e). Paris. *Inv*. * Café indigène.

CALLAT. Paris. *Inv*. * Carde perfectionnée, à double mobile et à cylindre. — Machine pour fabriquer des garnitures de cardes à laine, à coton, etc.

CALLIAS frères. Paris. *Perf*. * Fabrication du charbon avec de la tourbe.

CALLOIT, V.ᵉ LECOURTOIS. Toussas (Seine et Oise). *Inv.* * Escalier hydraulique propre à élever les eaux.

CAMBON. Paris. *Inv.* * Poudre propre à nettoyer les dents et à les conserver.

CAMUS. Ramour (Ardennes.) *Inv.* * Procédés relatifs à la fabrication des chapes de boucles.

CANOLLE-BEYNAC (le chev.). *Inv.* Appareils destinés à empêcher les cheminées de fumer.

CAPLAIN aîné. Petit-Couronne près Rouen. *Inv.* Table à tondre les draps.

CAPRON. Paris. *Perf.* Machine hydraulique, appelée *norpac*.

CARCEL et CARREAU. Paris. *Inv.* et *perf.* * Mécanisme servant à élever l'huile d'une lampe nommée *lycnomena*. — Lampe mécanique.

CARDINET. Paris. *Inv.* * Jeu de Bague.

CARDINET. Belleville (Seine). *Inv.* Procédés de fabrication de lits à ressorts.

CARNOT et RIONDEL aîné. Nevers. *Inv.* * Procédés de mazage et d'affinage du fer.

CARON. Paris. *Inv.* * Métier et procédé pour la confection des perruques. — Moyen pour chauffer les fers à friser.

CARON. (*Voy.* RENAUD.)

CARNY. *Inv.* * Soude et sulfate de soude, extraits en grand du sel marin.

CARTIER. Paris. *Inv.* * Doubler la force des chevaux, charrettes et chariots, en y adaptant des poulies.

CASTAN. Toulouse. *Inv.* * Jauge métrique.

CASTELLANE (le comte de). Marseille. *Inv.* Appareil propre à renouveler l'air vicié des mines.

CASTELLANO. Turin. *Inv.* * Procédés de construction d'une machine hydraulique.

CASTILLE père et fils. Paris. *Inv.* Montagnes artificielles mouvantes, appelées par eux *montagnes artificielles.*

CASTILLON et DELPECH *junior.* Paris. *Inv. Sémapaise*, instrument pour marquer les chances du jeu.

CAUBET. Perpignan. *Inv.* Instrument pour tenir lieu de compas et d'équerre.

CAUCHOIX. Paris. *Inv.* et *perf.* Lunettes polyades. — Moteur à vapeur.

CAUMETTE et ALLIER. Saint-Thybéry (Hérault). *Inv.* Appareil distillatoire.

CAUNES et LANASEZE. Marseille. *Inv.* * Machine propre à empêcher le refoulement de la fumée dans les appartemens.

CAVAILLON (de). Paris. *Inv.* et *perf.* Procédés à l'aide desquels on peut revivifier le noir animal, le noir végétal et le noir provenant des résidus du bleu de Prusse.

CAVILLON. Paris. *Inv.* Moyen de fabriquer des colbacks en crin tissé.

CAZALET. Camera (Gironde). *Inv.* * Télescope dioptrique.

CAZENEUVE et C.º Paris. *Inv.* et *perf.* Procédés de construction de fosses d'aisances mobiles et inodores.

CAZZINO. *Inv.* Fabrication de savon avec les marcs d'olives.

CELLIER. Paris. *Inv.* * Encre indestructible et incorruptible.

CELLIER-BLUMENTHAL. Paris. *Inv.* et *perf.* Appareil destiné à rafraîchir la bière. — Autre pour la distillation continue et l'évaporation. — Autre pour extraire le sucre de betteraves par l'alcohol. — Autre pour distiller les vins, grains et pommes de terre.

CESSIER. St-Etienne (Loire). *Inv.* et *perf.* Fabrication de fusils à percussion, qui s'amorcent avec la poudre de muriate oxigénée.

CHABANNES. Paris. *Inv.* * Voitures dont les essieux, les roues et la manière de suspendre et de construire la caisse, sont exécutés sur de nouveaux principes. — Voitures dites *vélocifères*.

CHABANNES et HEUDERSON. Paris. *Inv.* * Nouvelle manière de construire les maisons et les édifices.

CHAGOT frères. Paris. *Imp.* Méthode de tailler le verre en dessus de la roue. Application de la machine à vapeur au tour convenable à cette méthode, soit à celui à deux pointes, etc.

CHAILLOT. *Inv.* * Fabrication de blanc de céruse.

CHALOT et BOUGON. Paris. *Inv.* * Procédés de guillochage de la porcelaine.

CHAMBERLAIN. Honfleur (Calvados). *Inv.* * Procédés relatifs à la fabrication de l'acide sulfurique.

CHAMBON DE MONTAUX. Paris. *Inv.* et *perf.* *
Procédés économiques de chauffer les chauffe-
rettes et d'entretenir la chaleur.

CHAMPAGNAT. Paris. *Inv.* et *perf.* * Composition
d'un vernis propre à être appliqué sur les
peaux de maroquin et de mouton, de toutes
couleurs.

CHAMPION. Paris. *Inv.* * Méridienne verticale,
horizontale, portative, orientable à volonté,
avec thermomètre à échelle gravée et souvenir
météorologique.

CHANARY. Montpellier. *Inv.* * Procédés relatifs
à l'amélioration de la distillation des eaux-de-
vie et esprits.

CHANOT. Paris. *Inv.* et *perf.* Nouveaux violons
altos et basses.

CHAPELAIN. Mesle–sur–Sarthe (Orne). *Inv.* et
perf. Machine hydraulique.

CHARDIN. Paris. *Inv.* * Procédés d'une nouvelle
composition métallique, appelée *métal atimo-
mantico.*

CHARLEMAGNE. *Inv.* et *perf.* Métier à tisser.

CHARLES. Paris. *Inv.* * Procédés de fabrication
de rasoirs à dos métalliques.

CHARLES (Mme V.^e), née Debray. Paris. *Inv.*
et *perf.* Fabrication de rasoirs à dos métalliques.

CHARLIER, DABET et REMI. Cologne. *Inv.* *
Moyen de fabriquer deux pièces de velours à
la fois, même dans les couleurs les plus opposées, sur le même métier et par le même

ouvrier. — Moyen de fabriquer des velours de
soie, sans raies, sillons ou nuances.

CHARPENTIER. Paris. *Inv.* * Machine dont l'effet
est de diminuer de moitié les efforts employés
jusqu'à ce jour pour élever les fardeaux à
quelque hauteur que ce soit.

CHARRIER. Paris. *Inv.* * Moyen de faire tenir
les faux toupets sans colle ni gomme élastique.

CHASSAIGNE. Paris. *Inv.* * Principe de filature
en douz par des machines.

CHASTAGNAC. Paris. *Inv.* Nouvelle lampe nommée *askium*.

CHATEL. Rouen. *Inv.* Procédés de construction
d'un porte-cylindre avec ses supports, destiné
à filer et laminer la laine à chaud avec les
mulls-jennis ordinaires. — Procédé géométri-
que à l'aide duquel toute personne peut prendre
mesure de sa chaussure.

CHATELAIN. *Inv.* Procédés pour imprimer le
mouvement aux chars des montagnes artificielles, soit en montant, soit en descendant.

CHAUDEAU, RENAULT et TELLIER. Orléans. *Inv.*
Diligence hydro-pneumatique.

CHAUMETTE. Paris. *Inv.* * Procédés de fabrication
des ouvrages de tuileries et autres relatifs. —
Système de nettoiement des villes. — Vernis
pour les bois, les métaux, etc. — Cylindres à
mastic résineux, sur lesquels on applique des
caractères mobiles pour l'impression des toiles,
papiers, musique, etc.

CHAUSSIER. Paris. *Inv.* Procédés pour obtenir du

marbre en fusion, des statues, groupes, bas-reliefs, etc. moulés, coulés, etc. — Thermophilax.

CHAUVEAU (V.e). Paris. *Inv.* * Procédés de fabrication d'une nouvelle pâte faite avec diverses fécules, et qu'elle appelle *comestible à la Chauveau.* — Manière de fabriquer le riz de pommes de terre.

CHAUVETAT. Dijon. *Inv.* * Machine pour mettre en rubans la laine peignée et le cachemire.

CHAUVIN et GUILLOTIN. Le Mans (Sarthe). *Inv.* Nouvelle pompe foulante et aspirante, à incendie et à puits.

CHAVERONDIER. Roanne (Loire). *Inv.* Appareil destiné à remplacer les peignes à carder la laine et le coton.

CHEDEBOIS. Paris. *Inv.* Nouvelles mitres de cheminées.

CHENEAUX. Paris. *Inv.* Procédés relatifs à la fabrication des cuirs à rasoirs.

CHENAVARD. Paris. *Inv.* et *perf.* * Procédés relatifs à la fabrication d'étoffes nouvelles pour tentures et autres objets. — Fabrication de papier peint, imitant le fil de la chaîne et le tissu de la mousseline.

CHEVALIER. Rouen. *Inv.* Procédés pour teindre les cheveux.

CHEVALIER-JOLY (D.elle) et BOURON. Paris. *Inv.* Poudre dentifrice qu'ils appellent *corail rafraîchissant de Paris.* — Elixir de rose de Paris.

CHEVALLIER. Paris. *Inv.* Lunettes *acliniques*.—
Lunettes *isocentriques*.

CHEVENIER et C.ie Lyon. *Inv.* et *perf.* Machine
à fabriquer des *pointes de Paris*, au moyen
de laquelle on peut en fabriquer 6000 par
heure.

CHEVREMONT. Commune de Tilleur (Ourthe).
Inv. * Procédés pour obtenir du carbonate de
plomb.

CHEVRIER fils. Paris. *Inv.* * Procédés de fabrication d'un tricot cannelé, guilloché, et tulle
fait en long et en travers.

CHIAVASSA. Paris. *Inv.* Essieu propre à s'adapter
avec avantage à toute espèce de voiture.

CHOISY. Paris. *Inv.* Machine propre à fabriquer
des roues de voiture susceptible d'être mise en
mouvement par un moteur quelconque.

CHOULOT (de). Paris. *Imp.* Procédés à l'aide
desquels il dirige, chauffe ou refroidit l'air
dans les habitations ou dans les ateliers.

CHRÉTIEN. Paris. *Inv.* * Procédés de fabrication
des garnitures en cuivre plaquées or et argent, etc.

CHRIST et MILLS POTTER. Paris. *Inv.* * Procédé
pour la préparation de la tourbe.

CHURCH. Paris. *Imp.* Application aux bateaux à
vapeur et aux machines à eau, d'une roue à
rames constamment perpendiculaire.

CLAMENT-LAPEYRIÈRE. Paris. *Inv.* * Bandages
mécaniques à pivot.

CLARKE. Paris. *Inv.* * Procédés relatifs à la fabrication et au filage du lin.

CLAUDOT-DUMONT. Paris. *Inv.* Procédés à l'aide desquels il clarifie et décolore la cassonade brute.

CLEMENT. Paris. *Inv.* Appareil propre à l'absorption des fluides élastiques solubles, qu'il appelle *cascade absorbante.* -- Nouveau procédé pour fabriquer l'acide sulfurique.

CLEMENT. Paris. *Inv.* * Reliûre de registres à dos élastiques et brisés.

CLUXBERG frères. *Inv.* Huile pour la chevelure, dite *fluide de Java.*

COCHET. Lyon. *Inv.* Application d'une manivelle et d'un cylindre aux métiers à tricot et à tulle de MM. *Jolivet* et *Sarrazin.*

COCHOT. Paris. *Inv.* * Jalousie à cylindre.

COCHOT, BRUNET et GAGNEAU. Paris. *Inv.* et *perf.* Lampe mécanique dite *lampe à la Cochot.*

COCHRANE. Paris. *Imp.* Moyens de régler la pression de l'atmosphère dans les lampes et de préparer l'huile qui sert à les alimenter.

COCHUI et ARSELIN. Paris. *Inv.* * Machine propre à monter ou descendre l'eau, les terres, etc.

COINTEREAUX. Paris. *Inv.* * Art d'accélérer la formation des grandes et petites pierres, moëllons et briques propres aux constructions, en ne faisant usage que des matières communes.

COLLET. Paris. *Inv.* * Tissus imperméables.

COLLET et BONJOUR. Paris. *Inv.* et *perf.* Procédé de fabrication de chapeaux et schakos imperméables.

COLIN DE CANCEY et Cie Paris. *Inv.* * Procédés propres à épurer les huiles.

COLLA et SUREDA. Paris. *Inv.* ⁺ Machine à filer le coton.

COLLADON et HARANEDER. Paris. *Inv.* Fabrication de chapeaux en tresses de bois de toute finesse, faites par des procédés mécaniques.

COLLIER. Paris. *Inv.*, *imp.* et *perf.* Machine propre à tondre les draps et autres étoffes à mouvement de *va et vient* concentrique. — Machine pour lainer les draps et autres étoffes.— Machine pour séparer les gros brins de laine d'avec les fins. — Machine pour tondre les draps. — Machine pour éplucher le poil de Cachemire. — Moulin à bras pour les grains — Moyen d'alimenter de charbons les pompes à feu et cheminées.

COLLINS. Vallognes (Manche). *Inv.* Platine destinée à empêcher l'humidité de pénétrer dans les bassinets des armes à feu.

COLMANT. Paris. *Inv.* * Poudre dite *double noir incorruptible*, pour le cirage des bottes et des souliers.

COLON. Paris. *Inv.* * Laminoir mécanique , fourneau à réverbère, fenderie et manchon propre à toutes les usines.

COLSON. Paris. *Inv.* * Machine appelée *numismabalique*, relative au transport des monnaies.

COMBE. Paris. *Inv.* Cheval mécanique qu'il appelle *chevalorifère*.

COMBES et C.ᵢᵉ Paris. *Inv.* * Procédé pour épurer les huiles de poisson.

COMMARD. *Inv.* * Réverbères de nouvelles formes.

CONTE. Paris. *Inv.* * Crayons artificiels.

CONSTANTIN-PERRIER. *Inv.* * Machine à vapeur.

COOLIDGE. Paris. *Inv.* Une arme à feu avec laquelle on peut tirer plusieurs coups sans qu'il soit besoin de la recharger à chaque fois.

COPINGER (M.ᵉˡˡᵉ). Paris. *Inv.* Nouvelle méthode d'enseigner le français et l'anglais aux enfans.

COPLAND. Paris. *Inv.* Machine appelée *atmosphérique*, de laquelle il résulte une force motrice par l'intermédiaire d'une colonne d'eau ou autre fluide pesant.

CORBETT. Paris. *Imp.* Un fuseau de machines à filer, soit à la main, soit au moulin, etc., diverses matières filamenteuses, appelé par lui *régulateur.*

COTTE. Pouzols (Hérault). *Inv.* * Procédé propre à remonter les bateaux sans le secours d'aucun moteur animal.

COUDER. Paris. *Inv.* * Préparation applicable sur le papier ordinaire, et que l'auteur, par cette raison, appelle *papier syrcin.*

COUDUN. (*Voy.* DELAPORTE-LEROI.)

COUEYÈRE frères. Paris. *Inv.* * Procédés de fabrication d'une espèce de chapeaux qu'ils appellent de *paille blanche* ou de *ris*, et qu'ils annoncent être confectionnés avec des filets de bois.

COULET. (*Voy.* PERAMY.)

COUPAT. Bordeaux. *Inv.* * Habit sans couture.

COURTAUT. (*Voy.* TOURASSE).

COURTEAUT. Nantes. *Perf.* Rames brisées mues par un balancier-pendule.

COURTEAUT. Lyon. *Inv.* Machines propres à être appliquées à la navigation intérieure.

COUSINEAU père et fils et RUELLE. Paris. *Inv.* et *perf.* * Mécanique de harpe à plans inclinés et paraboliques, et à renforcemens acoustiques.

COUTAN. Paris. *Inv.* et *perf.* Une machine à scier la pierre. — Moyen de transmettre un mouvement mécanique aux scies à pierre. — Fabrication des tricots pluchés, par la réunion des métiers à bas et à chaîne. — Fabrication d'un tricot-tulle et autres tricots brochés ; tricot à jour, dit toile d'araignée.

COUTEAU. Paris. *Inv.* * Perfectionnemens ajoutés aux métiers à bas.

COUTEAULT. Poitiers. *Inv.* * Cuisines économiques.

COUTURIER. Lyon. *Inv.* * Moyens de fabriquer sur un seul métier, et par un seul ouvrier, plusieurs pièces d'étoffes à la fois.

COUTURIER et LABEY. Paris. *Inv.* Mécanisme propre à empêcher les cheminées de fumer, et qu'ils appellent *ventilateur*, ou *rosace pneumatique*.

CRÉPU. Lyon. *Perf.* Machines à vapeur, dites à haute pression.

CREVEL. Paris. *Inv.* Bateaux-viviers pour transporter des poissons de mer vivans.

CROMBETTE. (*Voy.* LECLERQ.)

CROSLEY. Paris. *Inv.*, *perf.* et *imp.* Nouveau procédé pour chauffer les habitations, ateliers, etc., sécher des substances, faire bouillir et évaporer les liquides à l'aide d'appareils purgés d'air atmosphérique. — Procédés pour la fabrication des sirops et le raffinage du sucre.

CROSLEY et HAYWARD. Paris. *Inv.*, *imp.* et *perf.* Appareils et machines pour fondre et former d'une manière continue toute espèce de tuyaux et cylindres.

CULHAT. Lyon. *Inv.* Construction d'un battant à bras, à navettes changeantes, propre au tissage des soies. — Procédés pour fabriquer les dents de peignes en acier à ovale long.

CUMINGS. Paris. *Inv.* Amélioration dans l'art de blanchir le coton, la laine, la toile, les draps écrus ou de couleur, et les chiffons destinés à la fabrication du papier.

CURANDAU. Paris. *Inv.* * Procédé à l'aide duquel on fabrique l'alun de Rome. — Procédé pour la construction des fourneaux, cheminées, poëles, etc. — Poële ventilateur.

CUZY. *Inv.* Chapeaux en tissus de coton et autres.

DABAT. Paris. *Inv.* Nouveau système de fusil et de platine à choc de piston.

DAGNEAU. Dunkerque (Nord). *Inv.* Procédés de fabrication d'un goudron vermifuge, propre à la conservation des bâtimens de mer et de toute espèce de bois.

DAGOTTY. Paris. *Inv.* et *perf.* * Poële à carboniser. — Procédé d'éclairage.

DAGUET. Paris. *Inv.* Mécanisme à l'aide duquel on fabrique des clous d'épingle.

DALLERY. Paris. *Inv.* * Mobile appliqué aux voies de transport par terre et par mer.

DALMAS. Castelnaudary. *Inv.* et *perf.* * Machine à battre les grains, les vanner, cribler, et hâcher la paille. — Machine destinée à appliquer l'action du feu au mouvement de rotation des moulins à farine et autres usines.

DALMAS. Clermont (Puy-de-Dôme). *Inv.* Machine hydraulique, dite *poids hydraulique.*

DANTKER. Paris. *Imp.* et *perf.* Procédés de fabrication pour la *bougie diaphane.*

DARCET. Paris. *Inv.* et *perf.* Procédés à l'aide desquels on peut extraire la gélatine contenue dans les os.

DARRAC. Paris. *Inv.* * Siéges et sommiers élastiques.

DARRACQ. Paris. *Inv.* Procédés de fabrication et d'épuration du goudron.

DARTIGUES. Paris. *Inv.* Machine à dresser et doucir les glaces.

DAUDREZ. Paris. *Inv.* et *perf.* Châsse mécanique à bascule, propre au tissage de toutes sortes d'étoffes.

DAUJOU aîné. Paris. *Inv.* * Machine propre à changer de lits les malades et les blessés, sans leur faire éprouver ni secousses ni douleurs.

DAVID et DUMAS. La Salle (Gard). *Inv.* Procédé économique de chauffage des fours avec du charbon de terre.

Debizieux. Nice. *Inv.* * Machine à filer économiquement le chanvre et le lin. — Procédé de fabrication de toile à employer sans couture.

Debard-Theolyère et **Dutillieu.** Lyon. *Inv.* * Velours chiné, réduit par un nouveau moyen mécanique de Chine et de fabrication.

Debassaux. Amiens. *Inv.* Appareil propre à refroidir promptement la bière et à l'empêcher de tourner.

Deberckem. Paris. *Inv.* Procédés de construction d'une voiture à quatre roues à dix-huit places, avec encliquetage, sans ressort ni recul, appelée par lui *la parisienne.*

Deboubert. Paris. *Inv.* Arme à feu qui s'amorce et détone au moyen de la poudre fulminante.

Debrel. Troyes. *Inv.* * Manière de construire les poêles et les foyers de cheminées.

Deceuleneer-Bosch. Maestricht. *Inv.* * Composition d'un café indigène.

Dechateau. Vaugirard. *Inv.* et *perf.* * Préparation d'une substance alimentaire qu'il appelle *soppa d'olla.*

Decœur. Paris. *Inv.* * Machine propre à prévenir l'insalubrité des urines. — Machine à l'instar des lieux à l'anglaise.

Decroix. Paris. *Inv.* * Machine à fabriquer les bas.

Decroos. Bagnolet, près Paris. *Inv.* * Procédés relatifs à la fabrication des savons royaux de Windsor.

Decrugy. La Tremblade (Charente-Inférieure).

Inv. et *perf. Monogamme*, méthode pour exécuter d'une seule manière toutes les gammes usitées sur les claviers.

DEDRÉE. Paris. *Imp.* * Procédés tendant à rendre utile aux arts l'action chimique du cuivre sur divers acides et divers sels.

DEDREUX. Paris. *Perf.* Composition d'une pierre artificielle.

DEFFONTIS. Paris. *Inv.* Procédés pour tremper les lames de rasoirs et autres instrumens tranchans.

DEGRAND. Marseille. *Inv.*, *imp.* et *perf.* * Machine à pulvériser les bois de teinture. — Machine à raser les peaux. — Machine à rayer le papier. — Machine à refendre le cuir. — Machine pour crépir et donner le grain à la peau. — Machine à couper les clous et à en frapper la tête en même temps. — Système de fabrication de clous découpés à tête perdue, et de clous découpés à tête frappée. — Appareil de machines à feu. — Perfectionnement pour la gravure et imprimerie en taille douce. — Laminoir combiné avec une fonderie. — Machine à fabriquer les cardes. — Charrue de desséchement pour creuser des fossés et relever le sel de dessus les tables des salines.

DEGRAND-CORNILLAC. Châtillon. *Inv.* Machine à fabriquer des clous à bande de roues, des rivets à jantes et des chevillettes.

DEJERNON. Paris. *Inv.* Instrument appelé *Nyctographe*, ou *pupitre régulateur*, destiné à faire écrire les aveugles comme les clair-voyans, et ceux-ci la nuit sans lumière.

DELACHAISE et MARSAN. Bordeaux. *Inv.* Appareil de distillation.

DELACOURT (M.ᵐᵉ). Paris. *Inv.* et *perf.* Pâte cosmétique, appelée *topique labial*, propre à rendre les lèvres souples et à les empêcher de gercer, ainsi que les mains, pendant les temps froids.

DELACROIX. Metz. *Inv.* * Bâtiment propre à naviguer sans voiles, sans chevaux et sans rouages.

DELAFORGE. Paris. *Inv.* * Soufflet de forge à double courant d'air.

DELAHAYE-DUMÉNY. La Rochelle. *Inv.* * Fabrication d'une pouzzolane artificielle.

DELAHOUSSAYE et JAIME. *Inv.* Lampe mécanique dans laquelle l'huile monte à la mèche par une pompe foulante et aspirante.

DELALAIN. Paris. *Inv* * Nouveaux caractères d'imprimerie économiques et rendus solides.

DELAMARCHE DE MANNEVILLE. Manneville-la-Raoult (Eure). *Inv.* et *perf.* * Machine pour réduire en pulpe la betterave.

DELAMARRE. Houlme (Seine-Inférieure). *Inv.* * Manière de fabriquer, avec un seul homme, une pièce de toile, drap ou toute autre étoffe, jusqu'à la largeur de 3 mètres 86 centimètres, et plus en augmentant la largeur de son métier.

DELAMARRE. Paris. *Perf.* * Métier à tisser.

DELAMARTISSIERE (le comte de). Vienne en Autriche. *Inv.* Moyen mécanique, appelé *vélo-*

voile, agissant à la manière des voiles placées en ailes de moulins à vent sur un axe horizontal.

DELANDE. Paris. *Inv.* Perruque appelée par lui *botcap*.

DELANGLARD. Paris. *Inv.* Sphère terrestre de grande dimension, destinée à être vue intérieurement, qu'il appelle *géorama*.

DELAPIERRE. *Inv.* * Procédés propres à fabriquer la bière sans substance farineuse.

DELAPORTE-LEROY et COUDUN. Amiens. *Inv.* Appareil pour refroidir la bière.

DELARUE. Rouen. *Inv.* Procédés mécaniques pour donner aux nankins français le pli, la forme, l'odeur et l'apprêt du nankin des Indes.

DELATOUCHE. Paris. *Inv.* Composition d'un principe hydrofuge, pour garantir de l'humidité les objets sur lesquels on l'applique.

DELAVILLE. Paris. *Imp.* et *perf.* * Procédé particulier pour la reliûre des livres et des registres.

DELBEUF. Paris. *Inv.* Marmite fermée à couvercle à cercle, à rainure, et propre à faire cuire promptement et sans évaporation, la viande et les légumes, appelée par lui *marmite Delbeuf*.

DELEUIL. Paris. *Inv.* Instrument qu'il appelle *scarificateur*, propre à remplacer l'opération de la pose des sangsues.

DELHOUGNE. Aix-la-Chapelle. *Inv.* * Machine à raser et lustrer les étoffes de laine. — Nouvelle combinaison de l'armure d'un métier à casimir.— Manière de fabriquer des étoffes de laine de divers genres.

39

DELOGE. Montpellier. *Inv.* * Procédés relatifs à la teinture des fils de lin et de chanvre, en rouge, violet et prune.

DELON. Paris. *Inv.* Carde mécanique destinée à carder les bourres et les déchets de soie.

DELORME. Paris. *Inv.* * Broderie-velours.

DELOYAUTÉ. Paris. *Inv.* * Galoche à bascule.

DELPECH. (*Voy. CASTILLON.*)

DELPONT. Paris. *Inv.* Procédés de fabrication de schakos à deux feutres.

DELUNEL. Paris. *Inv.* Encre indélébile.

DELVAU. Paris. *Inv.* * Procédés de fabrication de tubes en cuir sans couture, pour couvrir les cylindres des filatures de coton et de laine. — Bottes sans couture.

DEMARQUET. Bordeaux. *Inv.* * Mécanisme à l'aide duquel on peut tisser quatre pièces d'étoffes à la fois.

DEMARSON. Paris. *Inv.* Savon de toilette, appelé *savon perfectionné de Demarson.*

DEMBERTE. Paris. *Inv.* * Moyens de conserver les huîtres de Marennes, et de les amener fraîches à Paris, ainsi que le saumon.

DENIÈRE, MATELIN et **MARIOTTE.** Paris. *Inv.* * Procédés de fabrication, 1.º de carreaux en terre cuite, coloriés par des acides métalliques; 2.º de tuiles, plats, assiettes, etc., également coloriés.

DÉNISART. Lille. *Inv.* * Fourneau pour faire suer la mitraille en masse.

DENIZET et **BARRIER.** *Inv.* * Compteur mécanique.

Denohe, **Henrion** et **Rouch**. Paris. *Inv.* *
Cafetière pharmaco-chimique.

Deodoo et **Baradelle** père et fils. Paris. *Inv.*
Appareil destiné à la condensation du gaz hydrogène, lequel serait ainsi rendu transportable
et commercial.

Derepas. Paris. *Inv.* et *imp.* * Composition particulière de briquets à phosphore. — Lorgnette
à bascule.

Dering (Mme). Paris. *Inv.* Voiture à voile.

Derives. Taillan (Gironde). *Inv.* * Machine
pour extraire le liquide contenu dans le marc
des raisins.

Derodes. Bordeaux. *Inv.* et *perf.* Appareil distillatoire continu.

Derode et **Guille**. Bordeaux. *Inv.* * Four propre
à extraire le goudron du bois de pin, au
moyen du gaz hydrogène.

Derodé-Biémont. Reims. *Inv.* * Machine à filer
la laine.

Derosne frères. Paris. *Inv.* et *perf.* * Procédés
relatifs à la purification du sucre brut et au
raffinage de toute espèce de sucre. — Appareils
distillatoires continus. — Appareils distillatoires
et d'évaporation.

Derussy. Lyon. *Inv.* * Machine à faire, sur le
fond du tulle, au moment où il se fabrique,
toutes sortes de dessins.

Dervieu et **Piaud**. Saint-Etienne (Loire). *Inv.* *
Métier propre à fabriquer la dentelle.

Désarnod. Paris. *Inv.* et *perf.* * Appareil de
chauffage et fourneaux. — Fumifuges.

Desblanc et C.ie Trévoux. *Inv.* * Remontage des bateaux par le moyen d'une pompe à feu.

Descroizilles. Paris. *Inv.* et *perf.* Procédés de fabrication de bordures métalliques, pour le renforcement des semelles et talons de toute espèce de chaussure.

Descroizilles. Rouen. *Inv.* Appareils économiques dans les lessivages et blanchîmens.

Descroizilles et Chevallier. Paris. *Inv.* Polymètre chimique, destiné à mesurer la force des alcalis, celle du vinaigre et les demi-millièmes de litre. — Alambic propre à l'essai des vins destinés soit à servir de boisson, soit à être convertis en vinaigre.

Desfossés et Malard. Paris. *Inv.* * Nouveau procédé de secrétage de poils pour fabriquer les chapeaux.

Desnoyers et Guérin. Brabant. *Imp.* * Procédés relatifs à la conversion de la fonte de fer en fer malléable, au moyen du charbon de terre.

Desouches. Paris. *Inv.* et *perf.* * Lits portatifs en fer.

Despian. Paris. *Inv.* * Métiers à ourdir et à tisser.

Despiau. Paris. *Inv.* Mécanisme propre à fabriquer les étoffes de toute largeur.

Despiau fils. Laval (Mayenne). *Inv. Poudre de Ceylan*, ayant la propriété de conserver les dents et les gencives.

Despiaux. Condom (Gers). *Inv.* * Métier à tisser les étoffes. — Machine hydraulique à courant d'air et à poussoir.

DESPINAY-ST-DENIS (le Marquis). St-Georges de Reuheins (Rhône). *Inv.* Nouvelle fabrication de onze modèles d'armes à feu, pour la guerre et la chasse (1).

DÉSPRÈS fils. Paris. *Inv.* * Procédé pour fabriquer la porcelaine.

DESPRETS. Bruxelles. *Inv.* * Balancier hydraulique.

DESQUINEMARE. Paris. *Inv.* Procédés de construction d'un moulin à blé dit *de famille.* — Machine appelée *panémore anémomètre.*

DESROCHES. Paris. *Inv.* * Système de voitures légères, sous la dénomination de *télégraphes.*

DESSAUX. Paris. *Inv.* et *perf.* Procédés de fabrication de chapeaux en tissus de papiers.

DESSAUX-LEBRETHON. St-Omer, et DESSAUX. Courset, arrondissement de Boulogne. *Inv* * Instrument aratoire, appelé binot-bascule à trois socs.

DESSOL DE GRISOLLES. Paris. *Inv.* Métier à tisser.

DESVIGNES. Paris. *Inv.* * Procédés à l'aide desquels on peut dorer, peindre et graver sur le verre, le cristal, l'albâtre et la porcelaine.

DEVESTE et VARAGNAC. Paris. *Inv.* Laminoir à cardes pour étirer la laine peignée.

DEVILLERS. Nivelle (Brabant). *Inv.* * Méthode

---

(1) Les fusils de M. Despinay sont brisés au-dessus du tonnerre, se chargent par la culasse, sans baguette, et contiennent des magasins à amorces. Cette brillante découverte suffirait seule pour établir à son auteur une réputation d'homme de génie, si déjà son nom ne figurait honorablement dans le monde savant.

de travailler les métaux aisés à fondre, tels que le plomb, l'étain, etc.

DEVOULX. Marseille. *Inv.* Machine propre à couper la colle forte et autres corps tendres.

DIDELOT. (*Voy.* LIENVEN-BŒUWENS.)

DIDOT. Paris. *Perf.* Moule à refouloir pour la fonte des caractères d'imprimerie.

DIDOT. Paris. *Inv.* * Composition de formats stéréotypés.

DIDOT fils. Paris. *Imp.* Machine propre à fabriquer les caractères d'imprimerie.

DIDOT (Firmin). *Inv.* * Procédé avec lequel il grave à fond les caractères d'écriture, et surtout le caractère dit *anglaise*, sans interruption dans les liaisons. — Procédés relatifs à la fonte des caractères d'imprimerie.

DIDOT (Henri). Paris. *Inv.* * Manière de fondre les caractères d'imprimerie.

DIDOT et VIBERT. Paris. *Inv.* Moule pour fondre à la fois plusieurs lettres.

DIETZ père. Paris. *Inv.* Machine qu'il appelle *roue à vapeur*, propre à faire tourner un moulin, puiser de l'eau, remonter les bateaux, etc.

DIETZ et CAUCHOIX. Paris. *Inv.* Moteur à vapeur, applicable aux mécaniques.

DIETZ et SEGOND. Paris. *Inv. Clavi-harpe.*

DIHL. Paris. *Inv.* et *perf.* Mastic pour la construction et la conservation des édifices, ainsi que de divers objets d'art.

DIKINSON. Versailles. *Inv.* Procédés pour construire les navires et autres bâtimens en grande partie en fer et en fonte de fer.

DINEUR. Paris. *Imp.* * Vélocipède.

DISSEY et PIVER. Paris. *Imp.* Composition d'une poudre dite *serkis du sérail*, propre à la conservation de la peau et à l'usage de la toilette, appelée par eux *poudre favorite des sultanes.*

DITHURBIDE. Baïonne. *Imp.* et *perf.* Tableau mécanique donnant, à l'aide d'un calcul qui n'exige pas plus de seize chiffres, la latitude très précise dans l'hémisphère du nord, par une seule opération de l'étoile polaire, prise à toutes les heures de la nuit indistinctement.

DIVE. Mont-de-Marsan. *Inv.* Distillation de matières résineuses.

DOBO. Paris. *Inv.* Procédés et moyens mécaniques de filature de laine peignée, tant sur des métiers construits exprès, que sur ceux à filets de coton.

DOBRÉE. Paris. *Inv.* Procédés de fabrication de feutres pour le doublage des navires.

DOBSON. Paris. *Imp.* et *perf.* Construction d'un four économique à réverbère, à l'usage des boulangers, etc.

DODÉ et DUVERNE. Paris. *Inv.* * Seringue mécanique.

DODÉ et FRIN. *Inv.* Paris. Procédé pour faire des bas-reliefs de tout genre en porcelaine.

DOLFFUS. Bonnelles (Seine-et-Oise) *Inv.* * Maroquins et peaux de chamois de toutes couleurs, imprimés en différens dessins et nuances imitant les étoffes de soie et velours.

DOLLFUS et JÆGERSCHMID. Mulhausen (Haut-Rhin). *Inv.* * Procédés relatifs à la fabrication de l'acide muriatique oxigéné, et son emploi dans le blanchîment des toiles.

DONAT. Paris. *Inv.* et *perf.* Dessiccation subite des urines, et manipulation des issues de vidanges dans les 24 heures qui suivent leur extraction, par des moyens et procédés particuliers.

DONY. Liège. *Inv.* Fourneau et procédés pour extraire le zinc de la calamine.

DORIGNY. Soissons. *Inv.* * Procédé relatif à la carbonisation de la tourbe.

DORSAY. *Inv.* * Paris. Procédés relatifs à la fabrication du papier et à la préparation du parchemin.

DORY. Paris. *Inv.* Mécanique propre à laver les cendres provenant de matières d'or et d'argent.

DOSCHOT (de). *Inv.* Paris. Appareil pour économiser le combustible.

DOUGLAS. *Inv.* et *perf.* Moulin à dents d'acier pour broyer les écorces de tan. — Machine pour faire manœuvrer les bateaux à vapeur. — Machine pour broyer l'indigo ou toute autre matière. — Machine propre à couler, laminer et rouler des feuilles de plomb.

DOUGLASS. Paris. *Inv.* * Machines perfectionnées propres à la fabrication, à l'apprêt et au brossage de toutes sortes de draps, casimirs, étoffes de laine, etc.

DREXEL. *Inv.* St-Quentin. Siége élastique.

DRONSARD et JACOB. Paris. *Inv.* et *perf.* Moulin à bras.

Drulhon et **Miergue**. Anduze (Gard). *Inv.* Chapeaux d'homme et de femme en soie-feutre imperméable. — Mécanique appelée *hydrocycloïque*, pour faire bouillir l'eau nécessaire aux filatures de soie.

Dubochet. Nantes. *Inv.*, *perf.* et *imp.* Procédés nouveaux de construction de voitures avec chemins de fer. — Construction de pompes à feu à un seul robinet ou soupape tournante. — Procédés pour le raffinage du sel commun.

Dubois (M.me). Lyon. *Inv.* * Manière de préparer le verdet avec un mélange de riz et d'acide acéteux. — Perfectionnement du briquet pneumatique. — Robinet à piston.

Dubois-Auzoux. Louviers. *Inv.* et *perf.* * Carde métallique pour remplacer le chardon dans le peignage des draps.

Dubois-Poncelet. Sédan. *Inv.* Forces à tondre les draps, susceptibles de recevoir des lames de rechange.

Dubouchet. Nantes. *Inv.* * Procédés relatifs à la conduite des bateaux.

Duboul. Bordeaux. *Inv.* Machines propres à la fabrication des cordages.

Dubourgeal et **Lehu**. Paris. *Perf.* * Lampes circulaires dites *à la Rumfort*.

Dubussoir. Vailly, arrondissement de Soissons. *Inv.* * Sirop d'orge.

Ducommun. Paris. *Perf.* Procédés de filtration des eaux.

Ducos. Paris. *Inv* * Châsse qui peut s'adapter à toute espèce de métier à tisser.   40

DUCREST (le marquis). Paris. *Imp.* Nouvelles machines propres à être employées, au lieu de chardons, pour la fabrication et le lustrage des draps.

DUCREST. Genève. *Inv.* * Nouveau système de navigation intérieure et maritime.

DUCROS. Châteauneuf d'Isère (Drôme). *Inv.* Pressoir à vin perfectionné.

DUFAGET. Paris. *Inv.* et *perf.* Mastic à l'usage des bâtimens, et propre à mouler toutes sortes d'objets, tels que statues, bas-reliefs, corniches, chapiteaux et autres ornemens d'architecture.

DUFAU fils. Nevers. *Inv.* * Procédés propres à la fabrication du fer, par le seul secours du calorique, sans le contact du combustible.

DUFFOUR. Bourg. *Inv.* et *perf.* * Préparation d'une substance provenant d'une plante indigène, propre à faire des mèches et des ouates.

DUFORQ. Bordeaux. *Inv.* Corps morts à quatre ancres, pour amarer toute espèce de vaisseaux.

DUFORT. Paris. *Inv.* et *perf.* * Procédés de fabrication de nouveaux embouchoirs de bottes et de souliers en cuir.

DUFORT. Paris. *Inv.* et *perf.* Procédés relatifs à la fabrication d'une sorte de carton composé de déchets de peaux.

DUFOUR. Paris. *Inv.* * Machine propre à faire toutes sortes d'étoffes globées d'une seule pièce.— Moyen de prendre la forme de la tête et de faire les perruques sans rubans de monture, sans couture, et dont les cheveux sont implantés suivant l'ordre de la nature.

DUFOUR. Paris. *Inv.* et *perf.* Nouvelles latrines salubres et portatives. — Appareils anti-méphitiques, applicables aux lieux d'aisance.

DUGAS. (*Voy.* BEAUVAIS.)

DUGAS frères et C.ⁱᵉ Saint-Chamond (Loire). *Inv.* * Procédés de fabrication d'une étoffe de soie, nommée *crêpe de la Chine.* — Procédés pour l'ouvraison de la soie. — Procédés de fabrication de rubans et étoffes de soie préparée, qu'ils appellent *soies ondées.*

DUGUERS. Paris. *Perf.* * Elaboration des matières fécales et leur conversion en poudre végétative.

DUMAREST et BRUNET. St-Etienne (Loire). *Inv.* Mécanisme propre à fabriquer économiquement des galons de toute espèce et de toutes sortes de matières.

DUMERY. Paris. *Inv.* * Chapeaux ordinaires garnis en dedans de divers médaillons susceptibles de paraître et disparaître au moyen d'un mécanisme.

DUMONT. Metz. *Inv.* * Balance-pendule.

DUMOULIN. Paris. *Inv.* et *perf.* Encre inattaquable par les acides et alcalis.

DUMOUTIER. Paris. *Inv.* * Procédé au moyen duquel on puise de l'eau à une grande profondeur et on la porte au plus haut degré d'élévation.

DUMOUTIER et AILLAND. Pantin-Paris. *Inv. Chaux hydraulique,* propre aux canaux, bassins, etc.

DUNNAGE. Versailles. MARSHAL. Neuilly (Seine).

Imp. Procédés de fabrication de chapeaux en soie veloutés.

DUNNE. Paris. *Inv.* Presse à imprimer qu'il appelle *albion.*

DUPASQUIER (V.e) Lyon. *Inv.* et *perf.* Procédés de fabrication de l'ostéocolle, substance gélatineuse remplaçant avec avantage la colle de poisson.

DUPIEU. Paris. *Inv.* * Dépolissage des globes et garde-vue en verres et cristaux, à l'usage des lampes à courant d'air.

DUPLAT. Paris. *Inv.* et *perf.* * Construction de latrines inodores.

DUPLAT. Paris. *Inv.* Gravure sur pierre calcaire imitant la taille-douce.

DUPLAT et GEORGES. Paris. *Inv.* * Procédés relatifs à l'impression de la musique avec la presse typographique.

DUPONT. Paris. *Inv.* et *perf.* Changemens apportés par lui dans la construction de la trompette d'harmonie et du cor. — Procédé pour la fabrication des socques articulés.

DUPONT. Dieuport (Brabant). *Inv.* * Moyen de souder l'acier avec la fonte, de manière que leur séparation devienne impossible.

DUPRE. Lyon. *Imp.* Procédés pour fabriquer des chapeaux de paille à l'instar de ceux d'Italie, et pour employer les pailles cultivées en France à cette fabrication.

DURAND. Aux Blaches (Ardèche). *Inv.* Moulins pour la soie, qu'il appelle *moulins économiques.*

DURAND. Paris. *Inv.* Presse typographique.

DURAS. Paris. *Inv.* Procédés de fabrication et d'épuration des huiles et dégras, pour la préparation des peaux.

DURASSIER et TROCARD. Bordeaux. *Inv.* et *perf.* Machine destinée à faciliter la navigation sur la majeure partie des rivières obstruées par des moulins.

DURIVOIR. Paris. *Inv.* * Construction de nouvelles voitures.

DUROSELLE fils. Paris. *Inv.* et *perf.* * Appareil distillatoire servant à déflegmer l'esprit de vin et à en réduire le titre.

DUSAULCHOY. Paris. *Inv.* * Une optique.

DUSSORDET. Dreux. *Inv.* * Machine propre à câbler et à retordre.

DUTILLEU et THÉOLYÈRE. Lyon. *Inv.* * Fabrication d'une peluche de soie imitant l'agneau d'Astracan.

DUTOUR. Paris. *Inv.* Nouveau système de fusils qui se chargent par la culasse.

DUVAL. Paris. *Inv.* * Procédés relatifs, soit à la construction des armes à feu, soit à la manière de s'en servir. — Polyèdre à lampe, ou miroir concave à glace plane.

DUVERGER. (*Voy.* GOTTEN.)

EATON. Paris. *Imp.* et *perf.* Trois systèmes de machines propres à filer la laine, le coton, la soie, etc.

EBINGRE. Franciade. *Inv.* * Mécanique propre à faire des fonds sablés sur toile.

ECKARDT. Leyde. *Inv.* * Perfectionnement à la roue inclinée à palette.

EDWARD. Paris. *Inv.* et *perf.* Machine à vapeur à double pression. — Pompe à vapeur à simple et double moteur, non sujette à explosion.

ELLIS. Paris. *Imp.* et *perf.* Machine à tondre les draps, appelée *forces hélicoïdes.* — Machines à fabriquer les cardes. — Machine propre à ouvrer et à nettoyer la laine et le coton.

ENAULT. Paris. *Inv.* Réchaud de table en plaqué.

ENGELMANN. Paris. *Inv.* Procédés de lavis typographiques.

ERARD frères. Paris. *Inv.*, *perf.* et *imp.* Piano-forté à son continu; — de nouvelle forme; — ayant la forme d'un secrétaire. — Mécanisme de harpe. — Piano-forté en forme de clavecin; — à échappement d'un nouveau genre. — Nouveau barrage applicable aux forté. — Moyens tendant au perfectionnement de la harpe. — Nouvelles formes de harpes. — Mitre de cheminée, avec ses accessoires, appelée par les frères Erard *cylindre-cône-fumifuge,* propre à empêcher la fumée de se répandre dans les appartemens. — Mécanisme à deux claviers placés vis-à-vis l'un de l'autre.

ESPERON. (*Voy. AIGUEPARCHES.*)

ESCAX. Paris. *Inv.* Siphon propre à soutirer les liquides sans tuyau aspiral.

ESQUIROL. Himoux (Aude). *Inv.* Procédé pour faire le vin à la mécanique.

ESTÈVE. Plessingue. *Inv.* * Moyen de fabriquer le bleu anglais.

ETANG (de l'). Versailles. *Inv.* et *perf.* * Platine de fusil pour enflammer la poudre suroxigénée.

ETCHEGOYEN (baron d') et de MULDER. Paris. *Inv.* Mécaniques propres à la préparation de la bourre de soie.

EYMIEU. Saillans (Drôme). *Inv.* Procédés mécaniques propres à carder et à filer les débris de soie.

FABRE. Marseille. *Inv.* * Diverses presses et procédés relatifs à l'extraction de l'huile des olives.

FABRE. Paris. *Perf.* Procédés de fabrication des tricots peluchés.

FABRE (Joseph et Prosper). Montauban. *Inv.* Procédés de distillation des eaux-de-vie.

FABRE. St-Martin-d'Orbre (Hérault). *Inv.* Machine hydraulique.

FABRÉ. Paris. *Inv.* * Composition d'une eau cosmétique dite *des Templiers*, ou *eau de Cologne balsamée*.

FAES. (*Voy.* SCHUSTER.)

FAIZAN. Paris. *Inv.* * Procédés de fabrication et application d'émaux en bas-reliefs sur or et autres métaux.

FARINA. Paris. *Inv.* Procédés de fabrication d'une crême destinée à la toilette, appelée *crême de Cathay.*

FAUTRAT. Nantes (Loire-Inférieure.) *Inv.* Deux mouvemens élémentaires : le premier, propre à changer le mouvement rectiligne continu en mouvement rectiligne alternatif; le second, à combiner le mouvement rectiligne alternatif avec lui-même.

FAUX. Verviers (Brabant). *Inv.* et *perf.* * Machine à lainer les draps. — Machine à ouvrer et carder la laine.

FAVIER. Pise. *Inv.* Procédé pour tanner les peaux.

FAVRE. Toulon. *Inv.* et *perf.* * Presse horizontale portative.

FAVREAU et THIÉBAUT. Paris. *Inv.* * Métier à manivelle ou rotation continue.

FÉBURIER. Paris. *Inv.* * Méthode perfectionnée de féconder les terres et de multiplier le produit des grains.

FECHET. Paris. *Inv.* Procédés relatifs à la fabrication du pain sans levain.

FERDINAND. Paris. *Inv.* Procédés de fabrication de cartelles propres à écrire la musique avec économie.

FESQUET. Nîmes. *Inv.* et *perf.* Procédés mécaniques à l'aide desquels il fabrique des étoffes en soie chinées et unies, appelées par lui *velours d'Astracan.*

FININO. Paris. *Inv.* Chandelier à tirage qu'il appelle *brûle-tout.*

FITCH. *Inv.* Mécanisme propre à faire mouvoir les bateaux, navires et autres bâtimens par la machine à feu.

FLEURET. Paris. *Inv.* * Moule propre à la fabrication d'une pierre factice pour les conduites d'eau en général.

FLEURY. Paris. *Inv.* Procédés pour extraire la

térébenthine superfine des matières résineuses qui la contiennent.

FLIEKWIER. Cète. *Inv.* * Moyen d'opérer facilement, et à peu de frais, la rectification de l'alcohol.

FOCARD-CHATEAU. Paris. *Inv.* * Machine appelée *manége de campagne.*

FOCARD-CHATEAU. Lannoy (Nord). *Inv.* * Appareil nommé *retardateur des fermentations.*

FONZI. Paris. *Inv.* Poêles économiques.

FORD et REYNAUD. Paris. *Inv.* * Procédés pour fabriquer toutes sortes d'étoffes.

FOREST père et fils. Montereau. *Inv.* * Moyen de fabriquer les toiles à voiles.

FOREST. Paris. *Inv.* * Fabrication de farine de pommes de terre et autres racines.

FORGET. Paris. *Perf.* * Verni destiné à être appliqué sur les papiers maroquinés de diverses couleurs.

FORIO. Liège. *Inv.* * Machine destinée à enlever en même temps d'une mine l'eau et le minérai.

FORTIN. Paris. *Inv.* Digesteur de *papin* perfectionné, accompagné d'un fourneau hydraulique.

FOUCAUD. Paris. *Perf.* * Moyen de carboniser le bois par distillation.

FOUCAUD. Paris. *Inv.* * Appareil destiné au terrage des sucres bruts.

FOUCAUD et C.ie Paris. *Inv.* Appareils destinés à abriter le bois carbonisé dans les forêts, par le procédé de la suffocation.

FOUCQUES. Paris. *Perf.* * Savons de diverses

couleurs, et une liqueur lixivielle, avec les chairs, les os et les intestins provenant de l'écarrissage des chevaux, en extrayant aussi de ces débris un aliment propre à la nourriture des animaux carnivores.

FOULQUES. Belleville (Seine). *Perf.* * Extraction des divers produits des débris d'animaux.

FOUET. Paris. *Inv.* * Machine destinée à faire aller un vaisseau dans un temps calme, ou même contre le vent, à l'aide de rames mues par un poids suspendu au mât du vaisseau.

FOUGEROLLE. Paris. *Inv.* et *perf.* * Mitres de cheminées en terre cuite, et de faitières de même nature et d'une seule pièce, pour les murs de clôture.

FOULON. Paris. *Inv.* Siége mécanique destiné à être adapté aux fosses d'aisance mobiles et inodores. — Appareil à vanne, dit *fosse d'aisance économique.*

FOUQUES. Paris. *Inv.* * Fabrication de savon et gâteaux-viande.

FOUQUES, GAROS et C.ie Paris. *Inv.* Instrument propre à être adapté aux talons de la chaussure, et destiné à garantir les vêtemens de la boue, et qu'ils appellent *paracrotte.*

FOURCHE. Paris. *Inv.* Seringue mécanique.

FOUREMAND. Nantes. *Inv.* Procédés de fabrication de câbles de fer propres au service de la marine.

FOURNIER DE SUREMONT. Paris. *Inv.* et *perf.* Procédés d'application de rouleaux de friction aux essieux de voitures, combinaison qu'il nomme *quadrature impulsive.*

FOURNIER. Nimes. *Inv.* et *perf.* * Appareil distillatoire.

FRAISSINET. Montpellier. *Inv.* Nouveau banc de menuisier avec ses accessoires.

FREMIN. Paris. *Inv.* * Procédé de carbonisation par distillation.

FREMY frères et BOTTREL. Paris. *Inv.* Bouteille en verre ayant la forme d'un livre.

FRICHOT. Paris. *Inv.* * Instrument de musique nommé *basse trompette.*

FRIMOT. Landernau. *Inv.* Machine à vapeur produisant le mouvement circulaire continu et le mouvement rectiligne alternatif.

FRIN. (*Voy.* DODÉ.)

FROGIER. Paris. *Inv.* Nouvelle fermeture hermétique, applicable aux vaisseaux employés dans les arts, et l'économie domestique.

FROGIER. Paris. *Inv.* et *perf.* Procédés pour échauffer économiquement les chaudières destinées au service des pompes à feu.

FROMENT. Paris. *Inv.* et *perf.* Machine destinée à tondre sur leur longeur deux pièces d'étoffes à la fois, par un seul mouvement de manivelle.

FROMENT. Paris. *Inv.* * Procédés de fabrication de dentelles et de tulles en coton, en soie, en or et en argent.

FROSSARD. (*Voy.* MARGÉRIDON.)

FUCHS. Paris. *Inv.* Machine à fabriquer des chandelles à la baguette. — Autre machine à fabriquer des chandelles moulées.

FULTON. Paris. *Imp.* et *perf.* * Tableaux circulaires appelés *panorama.*

FULTON. Paris. *Inv.* * Nouveau système de canaux navigables sans écluses.

FULTON et CUTLING. Paris. *Inv.* * Fabrication de cordes et cordages de toute espèce.

FURET. Laboulays (Eure). *Inv.* * Machine susceptible d'être adaptée à toutes sortes de métiers à toile, rubans, mousseline, gaze, etc.

GAILLARD. Paris. *Inv.* Nouvelle voiture qu'il appelle *gaillarde.*

GALÈS. Paris. *Perf.* * Appareils fumigatoires propres à prendre des bains de vapeur sulfureuse.

GALIANI DE SERRI. Paris. *Inv.* et *perf.* Mécanisme nommé *chiroplaste,* destiné à faciliter l'enseignement du piano.

GALLAND. Niort. CHAMBLANT. Paris. *Inv.* Système quadrangulaire d'optique achromatique et d'héliophlogie.

GALLIEN. Paris. *Inv.* Procédés de fabrication d'une lorgnette à secret, appelée par lui *lorgnette galline.*

GALLOIS. Rouen. *Inv.* * Tables à tondre les draps, mises en mouvement sans le secours du manége ou de l'hydraulique.

GARBY. Liancourt (Oise). *Inv.* Veilleuses qui, entre autres avantages, offrent celui d'indiquer les heures par la seule combustion de l'huile.

GARDET. Paris. *Inv.* * Parafumée.

GARNERIN. Paris. *Inv.* * Machine nommée *parachute.*

GARNEST (V.ᵉ). *Inv.* * Machine à filer la laine peignée.

GARROS. Paris. *Inv.* * Manière de suspendre les voitures.

GASTRE. Bessan (Hérault). *Perf.* Appareil distillatoire.

GATEAUX. Paris. *Inv.* * Deux presses mécaniques pour apposer sur le papier, d'un seul coup de piston, le timbre sec et le timbre à l'encre. — Machine hydraulique dite *noria*. — Procédé pour multiplier les planches de caractères mobiles en planches solides, sous le nom de *manotypage*.

GATTEAUX (V.ᵉ). Paris. *Inv.* * Machines monétaires.

GATTEY. Paris. *Inv.* * Jauge logarithmique.

GAUCHERET. Paris. *Inv.* Ecrans mécaniques dits *écrans panorama*.

GAUDET. Paris. *Inv.* Cafetière à double filtre pour faire le café.

GAUTHIER. Nantes. *Inv.* Procédés propres à purifier, saler et conserver le beurre.

GAUTHIER. Paris. *Inv.* Moyens propres à extraire la gélatine des os.

GAWAN. Paris. *Inv.* Bandages pour contenir les hernies ombilicales et inguinales.

GAY. Montpellier. *Inv.* Procédé de vinification, applicable à toute espèce de liqueurs, obtenue par la fumigation.

GAZZINO, DESCHAMP et ARMAND. Marseille. *Inv.* * Procédés pour la décomposition de muriate de soude et la fabrication de la soude artificielle. — Procédé pour fabriquer le savon avec les marcs d'olive.

GENGEMBRE. Paris. *Inv.* et *perf.* Changemens dans la construction des presses hydrauliques. — Appareil d'éclairage par le gaz hydrogène.

GENGEMBRE et FOREST. Lyon. *Inv.* et *perf.* * Thermolampe portatif.

GENGEMBRE et JOLICLERC. Paris. *Imp.* et *perf.* Machine propre à la confection des bottes, souliers et autres chaussures.

GENSOUL. Lyon. *Inv.* et *Perf.* Pompe à balancier hydraulique, applicable à divers usages. — Chaudière propre à être employée dans les appareils à vapeur, destinés au chauffage des filatures de soie.

GENSSE-DUMINY et Cie Amiens. *Inv.* Procédés de fabrication d'une espèce de draps qu'il appelle *clauthse* et *clauthse double*; autre drap qu'il appelle *drap-phénix*.

GENTIL. Orléans. *Inv.* et *perf.* * Machine propre à empêcher la chute totale des voitures.

GENTILLOT. Vayres (Gironde). *Inv.* et *perf.* Nouvelles brouettes qu'il appelle *goulets*.

GEORGE. Paris. *Inv.* * Procédés de construction d'un globe géo-céleste, destiné à faciliter l'enseignement de l'astronomie et de la géographie.

GEORGE. Lyon. *Perf.* Procédés d'étamage des tôles et tuyaux de fer laminé et battu.

GEORGET. Paris. *Inv.* Lampe à un seul réservoir placé au-dessus de la lumière, et auquel l'abat-jour est adapté.

GÉRENTE. Paris. *Inv.* Procédés de fabrication de cylindres en fer, revêtus de cuivre, propres à imprimer les toiles.

GARIN. Nîmes. *Perf.* * Pompe à deux pistons dans le même corps.

GERVAIS. Montpellier. *Inv.* et *perf.* Procédés propres à la fabrication des vins de raisins et de toutes les liqueurs résultant de la fermentation vineuse, qu'il appelle *répercuteur.*

GERVAIS (D.le). Montpellier. *Inv.* Appareil destiné à recueillir l'esprit de vin qui se vaporise pendant la fabrication du vin.

GESSIOMME. Paris. *Perf.* Procédés propres à appliquer des sujets lithographiés ou des fleurs sur des sacs, gibecières, etc. en peau, à l'usage des dames.

GETTIFFE père et fils. Paris. *Inv.* * Procédés pour tanner les cuirs, fixer les fosses et extraire le suc du tan sans substances corrosives.

GIBON. Paris. *Perf.* * Construction d'un moulin à bras, propre à moudre toute espèce de graines.

GILET. Paris. *Inv.* * Moyen de construire les terrasses.

GILLES. Paris. *Imp.* Mécanisme applicabe aux harpes.

GILLET et JOURDAN (Gabriel). Bruxelles. *Inv.* * Mécanique qui s'adapte aux métiers à bas, destinée à fabriquer du tulle piqué.

GILLY père. Calvisson (Gard). *Inv.* * Procédé propre à opérer le dédoublement des esprits, ou leur conversion en eau-de-vie de bon goût et de première qualité.

GINGEMBRE. Paris. *Perf.* Machines à vapeur.

GIRARD. Paris. *Inv* * Mécanisme applicable aux lampes à double courant d'air.

GIRARD et AUZILLY. Paris. *Inv* * Procédé pour fabriquer le savon à la vapeur.

GIRARD (de) Paris. *Perf.* Machines à filer le lin.

GIRARD et TAMISIER. Paris. *Inv.* Appareil distillatoire.

GIRARD frères. Paris. *Inv.* et *perf.* * Procédé pour filer mécaniquement le lin, le chanvre et autres substances végétales. —Lampes hydrostatiques et à globe de cristal. — Moyen de construire des orgues dont on pourra à volonté enfler ou diminuer les sons. — Procédés propres à appliquer mécaniquement, sur la tôle vernie, toutes sortes d'ornemens en or, en couleur ou en gravure. — Chandelier mécanique et économique, au moyen duquel on peut appliquer les mèches mobiles aux bougies et chandelles. — Machine à vapeur portative.

GIRARD père et fils. Paris. *Inv.* * Moyens mécaniques de tirer parti de l'ascension et de l'abaissement des vagues de la mer, comme forces motrices.

GIRAUD. St-Etienne. *Inv.* Fabrication des étoffes et rubans avec la soie grège, mécanisme propre à les décruer après leur confection, et à leur appliquer en même temps toute espèce de couleurs.

GIRAUD. *Inv.* et *perf.* * Fumifuge.

GIRAUDY-DE-BOUGON. Marseille. *Inv.* et *perf.* Poudre fécondante végétative.

GIROUX. ⸱⸱⸱⸱ *Inv.* Instrument d'optique appelé par lui *transfigurateur* ou *kaléidoscope perfectionné.*

GLUXBERT frère et sœur. Paris. *Inv.* Huile pour les cheveux, nommée *fluide de Java.*

GODART. Amiens. *Inv.* Machine destinée au grillage des étoffes.

GODIN. Paris. *Inv.* Machine nommée *lévier hydraulique.*

GOHIER. Paris. *Inv.* Fourneau portatif, propre à la carbonisation du bois et à l'extraction de l'acide pyroligneux et du goudron.

GOHIN et MATHIEU. Paris. *Inv.* * Machine à fabriquer les cardes.

GOIN et MARPEGER. Paris. *Inv.* * Machine hydraulique propre à élever les fardeaux.

GOMBERT, MICHELEZ et WELTER. Paris. *Inv.* Machine pour doubler et retordre les fils de coton et autres matières filamenteuses.

GONORD. Paris. *Inv.* Procédés à l'aide desquels il imprime, par aspiration, sur porcelaine et sur toute espèce de matières.

GORNIER. Paris. *Inv.* Moyen de régler la consommation du gaz inflammable dans l'éclairage par le gaz.

GOSSET. Paris. *Inv.* Procédés de fabrication d'une arme à feu à percussion.

GOTTEN. Paris. *Inv.* Lampe mécanique hydraulique à courant d'air.

GOUBELY. Lyon. *Inv.* Procédés de fabrication d'une ichtyocolle indigène, extraite des écailles de poisson.

42

GOUBET (Mme), Paris. *Inv.* Rouge liquide pour
la peau.

GOUNANT, REINGPACH, PARISOT et Ve MÉRIQUE.
Plancher-les-Mines (Haute-Saône). *Inv.* * Procédés mécaniques pour former les filets des
clous à vis.

GOURDOUX. Paris. *Inv.* Cheval mécanique qu'on
peut diriger et gouverner à volonté.

GOUT et SIMONS. Paris. *Inv.* Fabrication avec le
poil de lapins, d'une étoffe appelée *cachemire
de Paris.*

GOUTTES. Castelnaudary (Aude). *Inv.* Siége de
latrines, appelé par lui *jacqueline.*

GOUVY frères. Paris. *Imp.* * Procédés propres à
fabriquer les aciers naturels de fusion.

GRASSOT. Paris. *Inv.* * Cheminée économique à
l'abri de la fumée.

GRAVIER. Annet (Seine-et-Marne). *Perf.* * Machine à cribler le blé.

GREBIN et FOUGEROLLES. Paris. *Inv.* * Jeu du
templier.

GREEN-MILNER. Paris. *Imp.* Machine destinée à
rompre les chiffons de laine.

GRÉGOIRE. Paris. *Inv.* * Etoffes ou tissus circulaires, plans et autres formes à lisières ou à
fonds inégaux, qu'il nomme *tournoise.*

GRENIÉ. Paris. *Inv.* * Orgue expressif à compression d'air plus ou moins forte.

GRESTON. (*Voy.* DOUGLAS.)

GRIEBEL. Paris *Inv.*, *imp.* et *perf.** Cadran propre
à être adapté aux horloges publiques. — Pen-
dules-veilleuses.

GRIERSON. Paris. *Imp.* Procédés de fabrication de câbles en chaîne de fer, destinés au service de la marine.

GRIEUMARD. Paris. *Inv.* Procédés propres à extraire de substances végétales, une gomme pour remplacer celle employée dans les arts et la médecine, nommée *gomme-grieumard*.

GRIFFITH et ARTZBERYER. Paris. *Imp.* et *perf.* Voitures propres au transport des grandes ou petites charges, mises en mouvement par des machines à vapeur.

GRIGNES. Paris. *Inv.* * Moulin propre à faire l'orge perlé.

GRIGNET. Paris. *Inv.* * Méthode de préparer la tourbe.

GRILLI et BARBOT. Paris. *Perf.* * Composition d'un métal appelé *artimomantico*.

GRIMOUT. Paris. *Inv.* * Mécanisme adapté aux brides des chevaux de voiture, au moyen duquel on peut se rendre maître d'un cheval emporté.

GROBERT. Paris. *Inv.* et *perf.* * Voitures pour la ville et le commerce.

GROERTAERS. Bruxelles. *Inv.* et *perf.* Bascule à l'aide de laquelle on peut faire monter ou baisser l'eau dans les écluses.

GROS. Montpellier. *Inv.* * Machine pour la dépiquaison des grains.

GROS et GESSIOMME. Paris. *Inv.* Procédés propres à appliquer des sujets lythographiés sur des sacs-gibecières, souvenir, etc.

GROS-D'ANISY. Paris. *Inv.* et *perf.* * Procédés d'impression sur faïence, cristaux, bois, etc.

GROSLEY. (*Voy. Hague.*)

GROVES. Paris. *Imp.* Mécanique propre à fabriquer les essieux et boîtes de voitures, appelée *tour universel.*

GUEMAL. Paris. *Inv.* Machine propre à opérer les quatre règles de l'arithmétique, nommée le *vérificateur* et le *calculateur mécanique.*

GUÉRIN frères. Bordeaux. *Perf.* * Sabots appelés *bouts carrés* et *bouts ronds.*

GUÉROULT. Fontaine-Guérard (Eure). *Perf.* * Additions à la machine à chariot pour filer la laine.

GUERRAZZI. Florence. *Inv.* * Procédé pour extraire le sucre des châtaignes sans altérer la fécule.

GUIBERT. Paris. *Inv.* Substance pour préserver de l'humidité les toiles d'emballage, rubans de fil, cordages, etc.

GUIBERT. Paris. *Inv.* * Pommade propre à repasser les rasoirs.

GUIGNET. Giey (Haute-Marne). *Inv.* Procédés de construction d'un four pour cuire la porcelaine qu'il appelle *phidoxyle.*

GUILLAUME. Paris. *Inv.* et *perf.* * Charrue à deux socs. — Bateau à double gouvernail; machine à remonter les bateaux contre le courant des fleuves.

GUILLAUME frères. *Inv.* Machine à battre et triturer toutes espèces de grains.

GUILLAUME et LEMARRE. Paris. *Inv.* * Procédé qui produit des éditions prototypes.

GUILLEMIN. Paris. *Inv.* Procédés de construction

de montures de parapluie. — Procédés de fabrication d'une arme à feu à bascule.

GUILLON. Paris. *Inv.* et *perf.* * Voiture économique. — Clarification des sirops et rafinage du sucre.

GUILLOUD et LAPREVOTE. Lyon. *Inv.* * Pierre factice pour la lythographie.

HUY. Ile d'Oleron. *Inv.* * Chaudière pour distiller l'eau-de-vie.

GUYAUX dit DURAS et MAUPASSANT, de Nancy. Paris. *Inv.* Machine propre à fabriquer les bouchons de liége.

GUZY. Paris. *Inv.* * Procédés relatifs à la fabrication des chapeaux en tissus de coton et de toutes autres étoffes filamenteuses.

HACKS. Paris. *Inv.* Machine destinée à faire des moulures en bois, et à les préparer à la dorure pour l'encadrement des glaces et tableaux, et pour la décoration des appartemens.

HADROT. Paris. *Inv.* * Cafetière filtrante sans ébullition et à bain d'air.

HAGUE et CROSLEY. Paris. *Inv.*, *imp.* et *perf.* Nouvelle machine à vapeur. — Nouveaux procédés propres à chauffer les habitations, etc., à l'aide d'appareils purgés d'air atmosphérique.

HALARY. Paris. *Inv.* Instrumens à vent et à clef, susceptibles de rendre des sons d'harmonie inconnus jusques à ce jour.

HALL. Paris. *Imp.* Machines destinées à flamber les fils de lin, etc.

HALL fils. Paris. *Inv.* Système de presse applicable

aux huiles de graines, et mis en mouvement par la vapeur. — Appareil fumivore. — Machine à haute pression qui économise le combustible.

HALLETTE fils. Blangy-les-Arras (Pas-de-Calai). *Perf.* * Machines susceptibles d'être adaptées aux tordoirs à huile.

HALLETTE-DELIMAL père et fils. Lille. *Inv.* et *perf.* * Moyen d'imprimer le mouvement aux meules d'un tordoir à huile.

HANCHELT. Versailles. *Inv.* Application du pouvoir réactif de l'eau à la marche des bateaux et vaisseaux de toute espèce.

HANIN. St-Romain de Colbosc (Seine-Inférieure). *Inv.* et *perf.* Avant-sac à bascule avec un régulateur destiné à être adapté aux charrues ordinaires.

HARANEDEV. (*Voy.* COLLIGON.)

HARDACRE. Paris. *Imp.* * Composition d'une graisse pour les agrès des vaisseaux et les rouages, graisse qu'il appelle *anti-attrition.*

HAREL. Paris. *Inv.* * Cheminée économique, salubre et agréable. — Appareil pour faire rôtir les viandes.

HART. Paris. *Inv.* et *perf.* Nouveaux bandages herniaires à ressort.

HASKOLL. (*Voy.* MARTIN.)

HATON. Paris. *Inv.* Tableau mécanique servant à l'exécution des panorama, diorama, cosmorama, etc.

HATON. Paris. *Inv.* Cheminée économique à réverbération, à soupape et à tuyau de chaleur ordinaire et extensible, et à double courant d'air.

Haton. Paris. *Inv.* Chaudière à vapeur et à ébullition propre à divers usages, et pouvant servir de poêle hydraulique pour chauffer convenablement de grandes serres. — Bateau insubmersible appelé *navis supernatans.*

Haucisz. Lille. *Imp.* Procédés de fabrication d'essieux de voiture mouvans.

Hawkins. Paris. *Imp.* * Nouvelle manière de fabriquer et d'employer les canons et leurs affûts, d'après les procédés de *Gover.*

Haye (de la), **Pruvost, Poussin, Bonaud, Rohaut, Billion.** Paris. *Inv.* * Métier pour fabriquer le tricot à jour.

Heath. Paris. *Imp.* Méthode propre à tenir une chaudière toujours pleine d'eau, en y produisant et condensant la vapeur.

Heathcoat. Paris. *Imp.* et *perf.* Machines pour fabriquer la dentelle, appelée *bobbin-net* en Angleterre.

Hebre. Paris *Inv.* et *perf.* * Procédés de construction d'une voiture à quatre roues, dites *gondole.*

Hedde. St-Etienne (Loire). *Inv.* Machine propre à la mise en carte des dessins d'étoffes et de rubans de soie de tous les genres, et qu'il appelle *schiamètre.*

Hélix. Mans. *Inv.* * Composition d'une pierre factice pour aiguiser les outils tranchans.

Hénault. Douai. *Inv.* * Cheminée économique propre à la consommation de la houille, et qu'il appelle *cheminée du nord.*

HENIN (d') *Inv.* * Machine propre à laver les cendres, contenant des matières d'or et d'argent.

HENORY. Paris. *Inv.* * Manière perfectionnée de préparer un fluide propre à rendre toute espèce de cuir, vieux ou neuf, imperméable et élastique.

HENRION. Paris. *Inv.* * Lampes à tuyaux et à courans d'air.

HENRY. Paris. *Imp.* et *perf.* Moyens propres au raffinage du sucre brut.

HENRY, MAUBY et WILSON. Paris. *Imp.* Appareils propres à la préparation du gaz hydrogène destiné à l'éclairage.

HENRY et WILSON. Paris. *Inv.*, *imp.* et *perf.* Procédés d'éclairage par le gaz.

HERHAN. Paris. *Inv.* et *perf.* * Procédés pour imprimer avec des formats solides, produit de matrices mobiles fondues.

HÉRICHART. Dieppe. *Inv.* * Procédés de fabrication de nouvelle chaussure.

HERISSON. Rouen. *Inv.* Procédés de construction d'un fourneau destiné à mettre en ébullition deux chaudières à la fois, à faire chauffer un réservoir et à faire moudre, sans frais, de l'alizari, ou à broyer de l'indigo, au moyen d'un moulin dont le mécanisme est placé dans l'intérieur de la cheminée dudit fourneau.

HERMAN–NAST. Paris. *Inv.* * Procédés pour faire des ornemens en relief à la molette, sur les pièces de porcelaine.

HERTAULT. Paris. *Inv.* Fabrication de figures mécaniques, soit de stuc, bronze, plâtre, cire, mastic, soit en bois, appelées *branle-tête*.

HERVAIS. Caen. *Inv.* * Machine propre à mesurer les distances et à compter les pas.

HERVIEUX. Paris. *Inv.* et *perf.* * Aréomètre-thermomètre.

HEUTER et HOSELT. Aix-la-Chapelle. *Inv.* * Casimir-satin, simple, croisé, chaîne de coton et trame de laine.

HEYDEVEILLER. Cuveld (Brabant). *Inv.* * Fabrication des rubans de velours en soie, par l'usage des lisses de lisières des deux côtés. — Procédés relatifs à la fabrication des velours de coton.

HILL. Paris. *Inv.* Nouvelle grue à double moteur et triple puissance.

HILL et BUNDY, représentés par le sieur WORDLEY. Paris. *Imp.* Machine pour sérancer le lin et le chanvre sans l'action du rouissage.

HIRIGOYEN fils. Budos (Gironde). Papier et carton de paille.

HOBON. Paris. *Inv.* et *perf.* Mécanique propre à fabriquer des sacs sans couture.

HOLLOND. Paris. *Inv.* Système de roulage.

HOLLONG et MADAN. Paris. *Inv.* Mécanisme qui rend les navires propres à naviguer par le moyen des vagues, sans le secours du vent, et se passant de mâture, de voiles et d'agrès, ainsi que de toute machine à vapeur.

HOLTZAPFFEL. Paris. *Inv.* * Flûte traversière perfectionnée, et la manière d'en faire usage.

43

HOLVOET. Paris. *Imp.* Poudre à fortifier la vue, qu'il appelle *poudre de Laeyson.*

HONORÉ et C.ᶦᵉ Paris. *Inv.* Procédés pour l'application de la lythographie au décor des porcelaines.

HOUSSET. Bordeaux. *Inv.* Poudre saline, propre à l'engrais des terres, prairies, etc.

HOYAU. Paris. *Inv.* Procédés mécaniques à l'aide desquels on peut faire naviguer des bateaux.

HUART. Marcinelle (Brabant). *Inv.* * Procédés propres à souder et à réduire en barres le vieux fer battu.

HUETGENS. Aix-la-Chapelle. *Inv.* * Divers tissus et étoffes de laine.

HUMBLOT-CONTÉ. Paris. *Perf.* * Fabrication des crayons-Conté.

HUMPHREY-EDWARDS. Paris. *Inv.*, *imp.* et *perf.* Construction de pompes à feu.

HUSSON frères. Sédan. *Inv.* * Procédé pour teindre les laines en vert solide.

HUYGH. Bruxelles. *Perf.* * Machine à laminer des tuyaux de plomb sans soudure.

ISNARD. Strasbourg. *Inv.* * Presse dite continue à double effet, pour pressurer la betterave.

JACQUART (1). Lyon. *Inv.* * Métier à filets. — Mécanique pour la fabrication des étoffes brochées et façonnées. *

(1) Le procédé de cet auteur a contribué puissamment à la prospérité des manufactures de soiries.

JAKSON. St-Etienne (Loire) *Inv.* et *imp.* Procédé de fabrication de l'acier cémenté et de l'acier fondu.

JACQUEMART et BÉNARD. Paris. *Inv.* * Fabrication de papier peints, imitant le linon-batiste.

JACQUEMIN. Guebwiller (Haut-Rhin). *Perf.* Moulin à bras portatif.

JACQUET. Versailles. *Inv.* Horloge à poids sonnant l'heure et la demi-heure sans rouage.

JACQUINET. Paris. *Inv.* * Nouvelle cheminée à vapeur en tôle, dite *à la Nancy.*

JAIME. (*Voy.* BRION.)

JALABERT. Paris. *Inv.*, *imp.* et *perf.* Substitution de l'air atmosphérique à la vapeur ou à l'eau, comme moteur dans les machines à feu ou hydrauliques. — Machine pour la fabrication des couverts en métal. — Réchaud de table qu'il appelle *aqui-calor.*

JALLADE-LAFOND. Paris. *Inv.* et *imp.* * Bandages herniaires qu'il appelle *rénixigrades.*

JAMES-DOUGLAS. Paris. *Perf.* * Machines à filer la laine.

JAMES-SMITH, CUCHET et MONTFORT. Paris. *Inv.* * Filtres inaltérables.

JAMES-SMITH et JAMES-THOMAS. Paris. *Inv.* * Cuirs impénétrables à l'eau.

JAMES-WHITE. Paris. *Inv.* * Appareils propres à perfectionner la fabrication des chandelles et bougies.

JEANDEAU. Paris. *Inv.* et *perf.* * Machine à fabriquer des bas.

JANIN. Paris. *Inv.* * Procédés relatifs à la dorure sur bois.

JANNIN. Lyon. *Inv.* et *perf.* * Machine à fabriquer les tulles doubles et simples.

JANTI père et fils. Paris. *Inv.* * Peinture en ciment, appliquée sur la pierre et terre cuite.

JAPY. Beaucourt (Haut-Rhin). *Inv.* * Machine propre au tirage de fil d'acier, de laiton et de fer. — Procédé de fabrication de serrures, cadenas et pènes circulaires. — Machine pour fabriquer des vis et des clous d'épingles. — Machines propres à simplifier et à diminuer la main-d'œuvre de l'horlogerie.

JAUBERT. Marseille. *Inv.* Fabrication de papier avec la chenevotte, le sparte et le bois de réglisse mélangés ou séparément.

JAUDEAU. Liancourt (Oise). *Perf.* * Métier à bas.

JEAN. Paris. *Inv.* * et *perf.* Billard d'une nouvelle forme.

JEANDEAU. Châlons (Marne). *Inv.* Application de la machine à vapeur, au mouvement des usines à fer.

JECKER frères. Paris. *Inv.* et *perf.* * Parapluie à canne et à tube. — Nouveau moyen de fabrication des châsses de lunettes à lire.

JENNEPIN. Paris. *Inv.* Machine à naviguer.

JERNSTEDT. Paris. *Imp.* et *perf.* Procédés pour préserver de la putréfaction les objets fabriqués avec les étoffes de chanvre et de lin. — Bateau à vapeur et à canal. — Boîte mécanique destinée à amener toutes les chances du jeu de dés.

JESSE-BRIDGMAN. Paris. *Imp.* Changement dans la construction des voitures à roues en tout genre.

JEUNESSE. Paris. *Inv. Selle ombrifère.*

JOANNE-DÉCAILLY. Dijon. *Inv.* et *perf.* * Voitures qu'il appelle *inversables.* — Moyens de dételer les chevaux qui s'emportent, et d'enrayer en même temps les roues de la voiture.

JOANNIS. Turquan (Maine-et-Loire). *Inv.* et *perf.* Procédés ayant pour objet la carbonisation et distillation du bois.

JOBERT, LUCAS et C.ᵉ Reims. *Inv.* et *perf.* Schalls de Cachemire, étoffe qu'ils appellent *drap d'hermine.* — Fabrication des schals de mérinos.

JOEL frères. Paris. *Imp.* Fabrication de crayons de mine colorée portative.

JOHANNOT DE CROCHART. Paris. *Inv.* Diverses machines et mécaniques propres à fabriquer toute espèce de tonnes, tonneaux, etc.

JOHN-FORD. Paris. *Inv.* et *perf.* * Machine pour fabriquer tous ustensiles ou autres objets de formes circulaire, ovale, etc. — Nouveau procédé pour la fabrication des draps.

JOHN-MOUR et Georges ARMITAGE. Paris. *Imp.* * Addition à la construction et à la main-d'œuvre du métier à bas, et à la machine à faire la dentelle.

JOHN-MADDEN et PATRIK-O-NÉAL. Paris. *Inv.* * Machines à filer le lin, le chanvre et les déchets de soie.

JOLI. Paris. *Perf.* * Lampes à double courant d'air.

JOLICLERC et ROLLAND. Paris. *Perf.* Machines destinées à la fabrication des bottes, des souliers, etc.

JOLIVET et COCHET. Lyon. *Inv.* * Fabrication d'une étoffe-tricot à double maille fixe.

JOLIVET, COCHET et PERRANY. Lyon. *Inv.* et *perf.** Nouvelle méthode pour fabriquer le tulle croisé.

JOMAR DE SAVERGUE. Paris. *Imp.* Boisson qu'il appelle *quas* ou *kisliki.*

JORDIS. Paris. *Inv.* Globes en métal pour préserver de l'usure les essieux de voiture.

JORGE. Paris. *Imp.* et *perf.* Machine hydraulique propre à élever les eaux.

JOSSE-SURÉDA. Paris. *Inv.* Fuseau mécanique.

JOUFFROY D'ABBANS (le marquis de). Paris. *Inv.* et *perf.* Bateau à vapeur.

JOURDAN. Paris. *Inv.* Mécanique adaptée au métier *à la Jacquart.*

JOURDAN père et fils. Lyon. *Inv.* et *perf.* * Métier propre à la fabrication de fonds de dentelle en soie.

JOUVET. Paris. *Inv.* * Procédés relatifs à la marqueterie.

JUDSON. Bruxelles. *Inv.* * Métier à bas.

JULIEN-LE-ROY. Paris. *Inv.* * Métier à bas, appelé le *tricoteur français.*

JULIENNE. Paris. BARREZ. Gand. *Imp.* et *perf.* Appareils propres à revivifier les noirs animal et végétal et le noir provenant des résidus du bleu de Prusse.

JULLIEN. Brignolles (Var). *Inv.* Appareil à distiller les eaux-de-vie.

JULLIEN. Paris. *Inv.* * Appareils pour la décantation des liquides.

JULLIEN, GUÉRIN et LAURENT. Thermes, avenue de Neuilly. *Perf.* * Montagnes artificielles dites *de santé.*

JUMELIN. Lyon. *Imp.* Fabrication de glaces minces et de petit volume.

KEYSER-DELISLE. Paris. *Inv.* * Instrument de musique appelé *harpe harmonico-forté.*

KOCH. Paris. *Inv.* * Fourneau destiné à la carbonisation du bois. — Serrures de sureté.

KLISPIS. Paris. *Inv.* Moyens mécaniques employés sur la scie circulaire, propres à découper le bois ou autres matières dans les formes et figures rectilignes.

KNAEFUSS. Paris. *Imp.* et *perf.* * Essieu de voiture de construction anglaise.

KREY. Paris. *Inv.* Nouveau procédé de fabrication des cylindres de laminoir en fonte.

KURTZ. Choisy-sur-Seine. *Perf.* Procédé pour l'extraction de l'acide pyroligneux, etc.

KUTGENS. Aix-la-Chapelle. *Inv.* Machine à bras propre à lainer les casimirs.

LABARTHE. Paris. *Inv.* Lampe à régulateur, qu'il appelle *lampe-Labarthe.*

LABBAYE. Paris. *Perf.* Changemens à une basse d'harmonie, appelée *ophicléide.*

LABBÉ. Virofflai (Seine-et-Oise). *Inv.* et *perf.* * Procédé propre à filer le coton.

LABERTY. Tarascon (Arriège). *Inv.* Procédé hydraulique applicable aux moulins à blé ou à huile.

LABOULAYE-MARILLAC. Paris. *Inv.* Appareils et procédés pour teindre en toutes couleurs toute espèce d'étoffes en pièces, ainsi que les peaux.

LACLOTTE. Paris. *Inv.* Moyens propres à donner aux étoffes de laine, de soie, etc., l'aspect de fonds de dentelles.

LACOMBE fils. Alais (Gard). *Inv.* Roue à tambour, pour faire tourner des tours à tirer la soie des cocons.

LAFILLE et EBERHARD. Paris. *Inv.* * Seringue à bâton mécanique.

LAFONTAINE. Bordeaux. *Inv.* * Procédés de fabrication de taffetas gommés ou cirés.

LAGRANGE. La Madelaine, près Lyon. *Inv.* et *perf.* * Nouveau jeu de cartes et nouveau mode d'exécution des dessins qu'il y applique.

LAIGNEL. Paris. *Inv.* Roues ambulantes garnies de socs et d'augets pour creuser la terre, les canaux et élever les eaux dormantes.

LAINÉ. Paris. *Inv.* * Moulin pour laver les cendres des orfévres.

LAJUDE. Senlis. *Imp.* * Mécanique pour la fabrication des ouates de coton.

LALOUET-PUISSAN. Paris. *Inv.* Balancier pour la fabrication des boutons de métal.

LAMBERT. (*Voy.* BLANCHEFORT.)

LAMBERT. Paris. *Inv.* Fusil à percussion.

LAMBERTIN et DEBAIS. Paris. *Inv.* * Lampes propres à brûler des huiles et des graisses.

LANDELLE. Paris. *Inv.* * Procédés propres à graver sur le verre.

LANDOUIN. Paris. *Inv.* et *perf.* * Changemens à la navette volante.

LANDRIEUX. Louviers. *Inv.* * Manége pour remplacer les machines hydrauliques, etc.

LANGE. Paris. *Inv.* et *perf.* * Lampe à double courant d'air, appelée *mélas-statique.* — Procédés propres à élever les fluides, même le gaz, et notamment l'huile dans les lampes à courant d'air.

LANGE. Paris. *Inv.* * Pommade cosmétique au beurre de cacao.

LANGE et MICHEL. Paris. *Inv.* Pommade dite *mexicaine*, pour les cheveux.

LANGOIROUX. Paris. *Inv.* * Parapluie de nouvelle forme.

LANIER. Paris. *Inv.* * Hydromètre universel.

LANTEIN et GUENET. Reims. *Inv.* Régulateur propre à perfectionner la filature des laines cardées.

LANTELME. Aix (Bouches-du-Rhône). *Inv.* Appareil pour distiller les vins, eaux-de-vie, etc.

LAPÉROUSE frères. Châtillon-sur-Seine. *Inv.* Machine qu'ils appellent *ciseau à bascule*, pour fabriquer les clous à roues.

LAPLATTE. Paris. *Inv.* * Machine pour enfoncer les pilotis.

LAPORTE. St-Jean du Gard (Gard). *Perf.* Système de filature de la soie.

LARESCHE. Paris. *Inv.* Cadrature de montres à

répétition, sans rouage de répétition, et machine à réveil.

LAROCHE et MOUNIER. Paris. *Inv.* Machine à fabriquer les clous d'épingles à pointes tournées.

LARTIGUE et LOZE. Bordeaux. *Inv.* Procédés propres à la décoloration des sirops de sucre brut, etc.

LASSÈRE. Paris. *Inv.* Instrument pour tailler les plumes.

LASSIEUR. Paris. *Imp.* et *perf.* Chronomètre compteur des secondes et de leurs fractions.

LATOURRETTE (D.^{lle}). Paris. *Inv. Arguphale*, machine pour séparer et faire reconnaître la mise au jeu des joueurs.

LAUGIER père et fils. Paris. *Inv.*, *perf.* et *imp.* Eau d'Ispahan. — Eau de Paris. — Eau régénératrice. — Eau de Cologne. — Procédés de fabrication de *balezan saboon*, ou savon oriental.

LAURENS. Paris. *Inv.* Cafetière à filtre sans évaporation.

LAURENT. Paris. *Inv.* Machine propre à préparer la laine destinée à être filée.

LAURENT. Paris. *Inv.* * Flûtes en cristal.

LAURENT. Amiens. *Imp.* Tapis en laine à double tissu et double face.

LAURENT-MORAND. Amiens. *Inv.* Machine destinée à gaufrer les velours dits d'Utrecht.

LAUVERGNAT. Passy. *Inv.* * Machine propre à séparer le suc du marc de betterave.

LAVIGNE. Bordeaux. *Inv.* Procédé vinificateur.

LAVIGNE. Paris. *Inv.* * Aréomètre.

LAVILLE-DE-LA-PLAIGNE. Lyon. *Inv.* Changemens

aux machines et appareils destinés à fabriquer les eaux minérales factices (1).

LAVOCAT. Veissembourg (Bas-Rhin). *Inv.* * Moulinet à vent.

LÉARENVERTH. Paris. *Imp.* * Machine à découper la tôle pour fabrication de clous.

LEBERECT-STEINHŒUSER. Paris. *Imp.* Machine à vapeur à mouvement parallèle.

LEBŒUF DE VALDAHON. Paris. *Inv.* Fusil à tonnerre et à cartouches mobiles, etc., qu'il appelle *fusil de Valdahon.*

LEBLANC-PAROISSIEN. Reims. *Inv.* et *perf.* * Machine à tondre les étoffes.

LEBLANC-PAROISSIEN. Tours. *Inv.* Machine propre à la fabrication des porcelaines, faïences, etc.

LEBLON-DANSETTE. Armentières (Nord). *Imp.* et *perf.* Métier à tisser les étoffes de coton, à l'aide d'une machine hydraulique ou *à vapeur.*

LEBON. Paris. *Inv.* Moyens propres à atteindre la perfection dans l'art de la coupe des habits et des autres vêtemens.

LEBON. Paris. *Inv.* * Appareil distillatoire.

LE BOUCHER-VILLEGUNDIN. Rennes (Ille-et-Villaine) *Imp.* et *perf.* Fabrication de toiles à voiles, à fils simples et blanchis façons russe, anglaise et hollandaise.

LEBREC. Brest (Finistère). *Inv.* * Procédés relatifs

(1) L'établissement formé à Lyon par M. Laville-de-la-Plaigne, pour la fabrication des eaux minérales factices, est un des plus beaux qui existent en France.

à la fabrication de chapeaux de peau de mouton tannée et vernie.

LEBRUN. Paris. *Inv.** Transmutation de différentes matières indigènes en soie et coton.

LECARON. Amiens. *Inv.* et *perf.* Procédés propres à l'impression des velours de coton.

LECLERQ. Paris. *Imp.* Savon préservatif de la syphilis.

LECLERCQ et CROMBETTE. Paris. *Inv.* Nouvelle capotte propre à être adaptée à toute espèce de voitures qu'ils appellent *disparaît.*

LECOFFRE. La Luzerne (Manche). *Inv.* Procédés de fabrication de rouleaux de pression, à l'usage des filatures de coton.

LECOUFFLÉ et BAUDIN. Paris. *Inv.* et *perf.* Procédés de fabrication de plaquer or sur argent, et de plaquer or et argent sur cuivre gravé, ciselé, etc.

LECOUR. Paris. *Inv.* et *perf.** Procédé de moulage.

LED'HUY. Coucy-le-Château (Aisne). *Perf.** Lyre-guitare.

LEE. Paris. *Inv.* et *perf.* Arme à feu avec laquelle on peut tirer plusieurs coups successifs.

LEFEBVRE. Paris. *Inv.** Encaustique pour préserver le tain des glaces de l'humidité. — Ciment qu'il appelle *pétrosiliceux.*

LEFEBVRE. Soulte-sous-Forêts (Bas-Rhin). *Inv.* Procédés à l'aide desquels il retire l'essence d'huile de pétrole.

LEFÉVRE. Paris. *Inv.* et *perf.* * Machine pour

scier les bois de placage en feuilles minces.
— Nouvelle roue hydraulique.

LEFEVRE fils aîné et PORTAIL. St-Quentin. *Inv.*
Moyen d'envider sans manivelle le fil sur les
broches des *mulls-jennys.*

LEFORT. Paris. *Inv.* Composition de sirops appelés
sucres acidules.

LEFORT. Paris. *Inv.* Buanderies publiques.

LEFRAN. Colmar (Haut-Rhin). *Inv.* Série de
porte-crayons, depuis celui uniligne jusqu'au
porte-crayon trace-page.

LEGAVRIAN. Arras (Pas-de-Calais. *Inv.* Métiers
à fabriquer des panneaux et des tissus ignifuges
destinés à remplacer les couvertures de paille
ou de chaume.

LEGER et PETEY. Paris. *Inv.* * Moulin à manége.

LÉGER-BOISARD. St-Martin-des-Vignes (Aube).
Inv. et *perf.* * Moyen de modifier et varier le
mécanisme du métier à bas dit *anglais.*

LÉGER-DIDOT. Paris. *Inv.* Diverses machines à fabriquer le papier et le carton.

LEGRAND. Paris. *Inv.* * Poudre imitant le café.

LEGRAND, BERNARD et C.ie Paris. *Inv.* * Confection
d'un tricot noué, façonné, zébré à dentelle, ou
tulle appelé *tricot de Berlin.*

LEGRAS. Bruxelles. *Inv.* * Composition appelée
café des bois.

LEGROS-D'ANISY-STONE et COQUEREL. Paris. *Inv.* *
Impression des couleurs sur la porcelaine par
des moyens mécaniques.

LEGROS-DE-LA-NEUVILLE. Paris. *Inv.* Mécanisme

pour fixer les chevilles des instrumens à cordes, qu'il appelle *fixateur.*

LEGUAY. Lyon. *Inv.* * Nouvelle manière de faire les perruques.

LEHOULT. Versailles. *Inv.* Machine pour préparer le coton.

LEHOULT jeune et C.ie *Inv.* * Métier pour fabriquer des tissus brochés de toute sorte.

LEIGNADIER. Paris. *Imp.* * Plaques de propreté que l'on applique sur les portes d'appartement. — Garde-robe hydraulique.

LEIRÉS. Paris. *Inv.* Machine pour fabriquer des châssis de croisée en tôle.

LEISTENSCHNEIDER. Poucey (Côte-d'Or). *Inv.* et *perf.* * Machine pour fabriquer le papier.

LELONG. Paris. *Inv.* Procédés de fabrication d'émaux colorés en reliefs.

LELOUIS. Rochelle (Charente-Inférieure). *Inv.* Appareil de distillation.

LEMAIRE. Paris. *Inv.* Appareil pour donner des bains de vapeur à domicile.

LEMAISTRE. Paris. *Inv.* * Canne destinée à la navigation.

LEMAISTRE. Paris. *Inv.* * Souliers sans couture.

LEMAITRE. Wière-Effroy (Pas-de-Calais). *Inv.* Tuiles à double coulisse.

LEMARE. Paris. *Inv.*, *imp.* et *perf.* Fourneaux, réchauds et chaudières à l'usage des bains de la cuisine, etc., qu'il appelle *hydrauliques, autoclaves* et *non autoclaves, chlamidés* et *non chlamidés.* — Autoclaves propres à fermer her-

métiquement des vases ou chaudières à vapeur.
— Chaudière à vapeur pour la préparation de
la gélatine sèche d'os.

LEMIRE père et fils. Clairiaux (Jura). *Inv.* * Procédés pour opérer la conversion en fer doux
des fontes aigres et cassantes. — Procédés mécaniques pour fabriquer les clous à froid.

LEMOINE. Paris. *Inv.* Machine pour broyer les
couleurs.

LENOIR-LHERMILLIER et MAILLIET. Beauvais. *Inv.* *
Méthode de lever les pilons dans les moulins à
fouler les draps.

LENORMAND. Paris. *Inv.* et *perf.* Procédés mécaniques pour faciliter la navigation intérieure.

LENORMAND. (*Voy.* PESCHOT.)

LENTEIGNE. (*Voy.* BILBILLE.)

LEORIER-DE-LISLE et GUILLOT. Paris. *Perf.* * Fabrication d'un papier blanc avec caractère de
couleur.

LEORIER. Tonnerre (Yonne). *Inv.* Application
d'une roue oblique à diverses espèces de mécaniques.

LEPAGE. Paris. *Inv.* et *perf.* * Platine de fusil
pouvant servir à volonté à poudre fulminante.
— Fusil imperméable. — Platine de fusil pour
enflammer la poudre oxigénée.

LEROY. Paris. *Inv.* et *perf.* Procédés de fabrication
de fusils et bouches à feu.

LEROY. Paris. *Inv.*, *imp.* et *perf.* * Procédés relatifs
à la fabrication des lampes en cristal et autres
matières, dites *Julien-Leroy*. — Mécanique

pour fabriquer des piqués en coton d'un dessin particulier. — Nyctographie. — Nouveau système de chauffage. — Quatre nouveaux moyens propres à lancer la navette volante sur les métiers à tisser. — Mécanisme pour la filature du lin et du chanvre.

LEROUX. Paris. *Perf.* Fusils dits à la *Pauly.*

LESEURE et BRECHOT. Pontoise. *Inv.* * Procédés relatifs à la fabrication du blanc de plomb.

LESIGNE. Paris. *Inv.* Mécanisme pour faire courir quinze chars à la fois, et qu'il appelle *promenade dédalienne.*

LESSARD. Paris. *Inv.* * Lampe d'une nouvelle forme.

LEUCHSENRING. Wissembourg. *Inv.* * Moyens pour tanner les cuirs.

LEURIN. Paris. *Inv.* Procédés de fabrication d'un doublé d'or et d'argent sur cuivre jaune.

LEUSSEN et BRINCK. Brabant. *Inv.* * Liqueur qui rend les étoffes impénétrables à l'eau.

LEVRAT. Paris. *Perf.* Nouveaux sirops appelés sucres acidules.

LEWILLE. Paris. *Inv.* * Appareil pour extraire le bitume du charbon de terre.

L'HERMITE. Paris. *Inv.* * Procédé pour écrire à la fois plusieurs copies d'une lettre.

LHOMOND. Choisy-le-Roi. *Inv.* et *perf.* * Réflecteur hypodiaphane à l'usage des lampes d'Argant.

LHOMOND et KURTZ. Paris. *Inv.* et *perf.* Appareil pour extraire l'acide pyroligneux et le goudron de toutes les substances végétales.

LIARD. Dijon. *Inv.* * Moyen de carboniser le bois.

LIAUTAUD. Paris. *Inv* * Eau des Alpes.

LIEBER. Thann (Haut-Rhin). *Inv.* * Procédés de fabrication de mèches soufrées pour les vins.

LIETZ. Pau. *Inv.* * Secrétaire nyctalope.

LIÉVEN-BOVENS et DIDELOT DE LA FERTÉ. Paris. *Inv.* Machines pour préparer, peigner, couper et filer la bourre de soie.

LION. Paris. *Inv.* Moule propre à fondre les garnitures d'imprimerie.

LIXON. Liége. *Inv.* et *perf.* * Machine à vapeur.

LOLOT. Paris. *Inv.*, *imp.* et *perf.* Divers mouvemens applicables à une machine propre à fabriquer les cardes par une seule opération.

LONA COLDERON. Paris. *Perf.* Construction de voitures, calèches, chariots, etc.

LOQUE. Paris. *Inv.* Lampe mécanique s'allumant d'elle-même, appelée par lui *lampe ignifère*.

LORGNIER. Boulogne. *Inv.* et *perf.* Procédés de fabrication de tuiles à coulisses.

LORIMIER (le ch.er). Paris. *Inv.* Chapiteau de lampe.

LORIMIER. Paris. *Inv.* Serpette à deux lames, propre à l'incision annulaire de la vigne.

LORRAINE. Paris. *Inv.* * Procédé propre à la fabrication de chandelles, bougies parfumées, blanches et coloriées.

LOTZ et SIMON. Saint-Didier (Vosges). *Inv.* Procédés de construction de cheminées en tôle.

LOUIS et LOUYET. Paris. *Perf.* * Métier à fabriquer le tulle-dentelle, tricots dits de Berlin, les ouvrages peluchés, etc.

LOUSTAU. Paris. *Inv.* et *perf.** Procédés de fabrication de schakos, etc. en tissus de matières filamenteuses.

LOUYET, CARTIER, BRAINNUGER, LEGRAND, PIERRE-LOUIS. Paris. *Inv.* * Moyens de fabriquer le tricot noué, croisé, façonné.

LUINES et DERBY-SCULLY. Paris. *Imp.* * Procédés de construction d'une voiture publique destinée au service de la malle.

LUSCOMBE. Paris. *Imp.* Télégraphe universel, applicable aux bâtimens de mer.

LUZARCHES. *Inv.** Cadran horizontal, équinoxial, universel, solaire et lunaire.

MACHON père et fils. Grand-Serre (Drôme). *Inv.* Deux peignes mécaniques pour arracher les mauvaises herbes des terres.

MACQUER, V.e CAVAROZ. Paris. *Inv.* Broderies en papier lisse velouté, imperméable, etc. sur toute espèce d'étoffes.

MADDEN. (*Voy.* HOLLOND.)

MAELZEL. Paris. *Inv.* * Métronome.

MAGNAN. Paris. *Inv.* et *perf.* * Machine à dévidoir pour l'ourdissure. — Appareil distillatoire ambulant.

MAGNAN et C.ie Paris. *Imp.* Nouveau système de force motrice.

MAHIET fils. Chinon (Indre-et-Loire). *Inv.* et *perf.* Mécanisme particulier adapté à la platine d'un fusil à percussion.

MAIGNEU. Paris. *Inv.* Instrument portatif qu'il

appelle *fixe-longue* pour attacher les chevaux.

MAILLOT fils. Lyon. *Inv.* Mécanique à fabriquer les pointes en fil de fer, dites *de Paris*, ayant le bout tranchant.

MAIN. Niort (Deux-Sèvres) *Inv.* * Manière d'apprêter les peaux d'agneaux et de chevreaux en mégie.

MAIZIÈRE. Rouen. *Inv.* et *perf* * Mécanisme pour imprimer le mouvement aux peignes des machines à laver la laine et le coton. — Mécanisme destiné à donner moitié plus de force aux manéges en usage dans les fabriques.

MALAPEAU. Paris. *Inv.* Procédés propres à faire des tableaux à l'huile par impression.

MALARTRE. Paris. *Inv.* Procédés pour l'extraction du jarre des peaux.

MALHERBE. Civey (Meurthe). *Inv.* * Construction de four à étendre le verre et à sécher les billettes sans combustible.

MANBY. Birmingham (Angleterre). *Imp.* Construction de vaisseaux et de bateaux en fer. — Machine à cylindres oscillans.

MANCEAU (D.^lle). Paris. *Inv.* et *perf.* Procédés de fabrication de chapeaux en soie écrue, imitant la paille d'Italie.

MANCEAUX. Paris. *Inv.* et *perf.* Une coquille d'épée ployante à volonté. — Nécessaire contenant les outils propres à monter et à démonter les armes à feu.

MANICLER. Paris. *Perf.* Appareils propres à carboniser la tourbe et à en former un combustible nommé *charbon-Manicler*.

Mannoury-Declot (marquis de). Paris. *Inv.* et *perf.* * Divers appareils de machines à feu. — Système mécanique de moulin à blé.

Manseau. Paris. *Inv.* Eau cosmétique appelée *eau de stahl.*

Manufacture de glaces de St-Gobin. *Inv.* * Procédés pour faire du verre avec le muriate et le sulfate de soude sans alcalis.

Marc. Paris. *Inv.* Pompe à incendie qu'il appelle *pompe-jumelle.*

Marcel. Paris. *Inv.* * Appareil propre à tirer parti des vapeurs qui se dégagent de la tourbe pendant la carbonisation.

Marcet. Paris. *Perf.* * Procédés d'éclairage.

Marchais et **Raymond.** Paris. *Inv.* * Selle élastique.

Marechal. Savignies (Oise) *Inv.* et *perf.* Fontaine épuratoire en terre cuite et en grès. — Procédés de fabrication de mitres de cheminées en terre cuite.

Margeon fils. Bordeaux. *Inv.* Machine à fabriquer des cordes et cordages.

Margéridon et **Frossard.** Paris. *Inv.* et *perf.* Bateau articulé composé de deux bateaux qui s'emboîtent l'un dans l'autre.

Marguerie Paris. *Inv.* * Procédé de chauffage économique. — Papier de tenture imitant le satin et l'argent.

Marguerite. Paris. *Inv.* * Procédés pour doubler en argent fin les dés à coudre.

Marie. Dijon. *Inv.* Fabrication d'une nouvelle eau de Cologne.

MARIOTTE. *Inv.* * Cadran de sureté.

MARMIN. Paris. *Imp.* Machine hydraulique dite *fontaine à vin et à liqueur.*

MARMONT. Paris. *Inv.* * Miroir appelé *odonto-technique.*

MARQUISAN. Toulon (Var). *Inv.* * Moulin à huile.

MARSAN. (*Voy.* DELACHAISE.)

MARTIN. Paris. *Inv.* Procédés d'impression de diverses couleurs sur le velour poil de chèvre.

MARTIN. Orléans. *Inv.* * Mécaniques propres à la filature des laines.

MARTIN et DUMAS. Lasalle (Gard). *Perf.* Procédé économique de chauffage des fours avec du charbon de terre.

MARTIN et HASKOLL. Paris. *Inv.* Lampe d'émailleur qu'ils appellent *idio-agoutique.*

MASSE et LEROY-BRAZIER. Arras (Pas-de-Calais). *Inv.* Procédés pour purifier les huiles d'œillette.

MASTERMANN. Paris. *Imp.* Roue motrice mue par la vapeur, qu'il appelle *troke.*

MATEL. Paris. *Inv.* * Nouveaux rasoirs.

MATHÉ. St-Jean-d'Angely. *Inv.*, * Serrures de sureté.

MATHER. Mons. *Inv.* et *perf.* * Moyen d'imprimer le mouvement aux machines à filer le coton et la laine.

MATHIEU. Paris. *Inv.* Appareils de fosses d'aisances portatives.

MATHIEU-DE-DOMBASLE. Nancy. *Inv.* et *perf.* Appareil distillatoire appelé *combineur hydro-pneumatique.*

MATRAU. *Inv.* * Patin brisé.

MAUGEY frères, VIGNAUX et TABOURIER. Paris. *Inv.*
Procédés de fabrication de schakos en soie-feutre.

MAUPASSANT-DE-RANCY. Paris. *Inv.* et *perf.* Mécaniques à fabriquer les bouchons et à garnir de
liége les cylindres à filer le coton et autres matières filamenteuses.

MAUPEOU (de). Paris. *Perf.* Système de cardage
et de filature de la laine.

MAUREY. Incarville (Eure). *Inv.* * Machine propre
à peigner la laine, le lin et les déchets de soie.

MAYER et NAQUET. Paris. *Inv.* Eau cosmétique
qu'ils nomment *eau persane des Bayadères,
eau de Cologne.*

MAZELINE. Carcassonne. *Inv.* * Machine pour
tondre les draps.

MAZELLINE. Louviers. *Inv.* * Machine à lainer le
drap, imitant le travail des mains.

MAZZONI et PACCHIONI. Prato (Toscane). *Inv.* *
Bonnets tissus en laine.

MEENS-VANDERBORCHT. Bruxelles. *Inv.* et *perf.* *
Fabrication de dentelles fil or et argent.

MENAULT. Paris. *Inv.* * Moulins à feu pour moudre
le blé.

MENDES fils aîné. Bordeaux. *Inv.* Fabrication des
esprits ou alcohols, sans vins, avec des *eaux de
bacs à formes* ou eaux sucrées.

MENESTREL. Arles (Bouches-du-Rhône). *Inv.*
Lévier hydraulique propre à arroser.

MENGIN et PETIT JEAN. Paris. *Inv.* Machine destinée à doucir les glaces.

MERCIER. Paris. *Inv.* Parapluies et ombrelles qui s'ouvrent seuls par un mécanisme placé dans le manche.

MERCIER. Paris. *Inv.* Appareil propre à fabriquer avec toutes espèces d'huiles du gaz destiné à l'éclairage.

MÉRIMÉE. Paris. *Imp.* Mécanisme de harpe.

MERLIN. Paris. *Inv.* * Pont à bascule à trois léviers.

MEROGLIO. Paris. *Inv.* * Chapeaux dans la composition desquels il entre de la soie provenant des cocons de graine.

MÉRY. Choisy-Leroi. *Inv.* * Impression sous couverte sur toute espèce de terre cuite.

MESMER. Paris. *Perf.* * Machine à carder et à filer la laine.

MESSANCE. Lyon. *Inv.* * Moyens de mettre en activité les eaux stagnantes.

MESTRALLET (Joseph). Lyon. *Inv.* et *perf.* Filières de pierres fines, destinées à la fabrication des *traits*, argent pur et argent doré, à l'aide desquelles on obtient des fils de ces métaux, dans toutes les proportions d'égalité et de finesse (1).

MEUNIER et JOHN-MADDEN. Versailles. *Inv.* * Machines pour filer le lin et le chanvre.

MEUNIER fils. Lyon. *Inv.* * Procédés relatifs à la fabrication de rubans, palatines, palatins, moires, velours, etc. — Moyens de fabriquer des

(1) La maison de Joseph Mestrallet de Lyon est la plus ancienne et la plus considérable de cette ville pour le commerce de la dorure fine.

mousselines en soie. — Fabrication de peluché.

MEYNARD cadet. Nîmes. *Inv.* et *perf.* * Métier destiné à fabriquer un tissu en soie chiné, qu'il nomme *tricot velouté.*

MICHALLON. Paris. *Inv.* * Procédés relatifs au tissage des cheveux.

MICHAUD dit LABONTÉ et DUPUIS. Paris. *Inv.* Nouveau moyen de plaquer le platine sur cuivre.

MICHEL. Marseille. *Inv.* et *perf.* * Procédé relatif au raffinage du soufre.

MICHEL. (*Voy.* LANGE.)

MICHIELS aîné et les frères FRAITURE. Maëstricht. *Inv.* et *perf.* * Machine appelée photo-périphore-catadiophique.

MICHON. Melun. *Inv.* Procédés pour fabriquer des chapeaux d'homme et de femme, en natte de paille, osier et baleine, sans couture.

MIÉDEL. Paris. *Inv.* et *perf.* Appareil de distillation.

MIERGUE. (*Voy.* DRULHON.)

MIGEON et SCHERVIER frères. Aix-la-Chapelle. *Imp.* et *perf.* Procédés de fabrication d'épingles à têtes coulées.

MIGNARD-BILLINGE. Belleville (Seine). *Inv.* Procédés de fabrication de *cannes universelles* ou *parapluies français.*

MIGNERON. Paris. *Inv.* Emploi du zinc au doublage des navires.

MILCENT SCHÉRIKENBICK (M.me). Rouen. *Perf.* Procédés de fabrication de chapeaux formés de ganses de coton, de fil et de soie.

MILLET. Paris. *Inv.* Cheminée économique préservatrice de la fumée.

MILLET. Paris. *Inv.* * Procédés de fabrication de la soude raffinée.

MILLIAN. Paris. *Inv.* Seringue de compression et dillatation, qu'il appelle *philippine.*

MILNE. Paris. *Inv.* Machines destinées à ouvrer, peigner et filer toute espèce de laine, soie, déchet de soie, lin, chanvre, coton, etc.

MINET. Paris. *Inv.* Encre sèche et en liqueur, qu'il appelle *encre des trois règnes.*

MISTRAL. (*Voy.* BOURLIER.)

MOIROND. Paris. *Inv.* * Procédés relatifs à la fabrication des roues et des cadres pour tableaux.

MOIZARD. Paris. *Inv.* * Chapeau à double fond.

MOLÉ. Paris. *Inv.* et *perf.* * Garnitures d'imprimerie à jour.

MOLINÉ. Auch (Gers). *Inv.* Machine propre à broyer les plantes oléagineuses et à extraire l'huile.

MOLINIE. St-Pons (Hérault). *Inv.* Moyens de perfectionnement des drousses et cardes servant à travailler la laine et le coton.

MOLLERAT. Paris. *Inv.* * Appareil propre à distiller et recueillir les produits du bois. — Procédé au moyen duquel il fabrique artificiellement de la soude.

MONAVON. Ferrandière, près Lyon. *Inv.* et *perf.* Application de planches et de cylindres en tuf, en schiste, etc., à l'impression des étoffes.

MONIER et RAY. Belzentier (Var). *Inv.* et *perf.* * Moyens de préparer les cuirs dits *vaches lissées* avant le tannage.

46

MONNET et FAYT. Paris. *Inv.* * Appareil destiné à chauffer économiquement les liquides.

MONS. Paris. *Inv.* * Procédés propres à rendre les draps, toiles et papiers impénétrables à l'eau.

MONTAGNE. (*Voy.* TISSOT.)

MONTASSIER et REINE. Paris. *Inv.* * Goudron minéral.

MONTELOUX-LA-VILLENEUVE et HAUDRY-DE-JIEN-VRY. Paris. *Inv.* * Carton appelé *laque français.* — Imitation de la porcelaine dite Wudgvood, en toutes sortes d'objets fabriqués en métal et vernis. — Procédé pour dorer à l'huile et en or bruni toutes sortes d'objets fabriqués en métal verni.

MONTGOLFIER et ARGAND. Paris. *Inv.* * Machine nommée *bélier hydraulique.*

MONTGOLFIER et DAYME. Paris. *Inv.* Nouveau système de remonte des rivières.

MORAND. Paris. *Inv.* * Construction de ponts d'une arche en fer ou en bois.

MOREAU. Paris. *Inv.* Arme à feu, dite *à capotte,* qui s'amorce avec la poudre fulminante.

MOREAU-DE-LA-ROCHE. Tours (Indre-et-Loire). *Inv.* * Composition d'un jeu de cartes mystiques.

MOREAU-VINCARD. Paris. *Inv.* * Jeu de société, appelé jeu de berger.

MOREL. Paris. *Inv.* * Classeur.

MORIN-DE-GUÉRIVIÈRE. Paris. *Inv.* * Procédé au moyen duquel on fixe sous glace les gravures, découpures et vignettes. — Machine à fabriquer un doublé d'or et d'argent propre à faire des ornemens et bordures sur tout objet de bronze, ébénisterie, cartonnage, etc.

MORIZE. Paris. *Inv.* Cafetière à double filtre pour le café. — Lampe astrale à niveau constant.

MOTT et HENRY. Paris. *Inv.* et *imp.* Appareil destiné à obtenir des sons continus d'instrumens de musique à cordes et autres.

MOUGUET. Lyon. *Inv.* * Guitare-lyre.

MOULARD-DUFOUR. Paris. *Inv.* Fusil à double sureté.

MOULFARINE. Paris. *Inv.* Marmites dites *autoclaves.*

MOUNIER. (*Voy.* LAROCHE.)

MOUREY. Paris. *Inv.* Machine à réparer le blanc des moulures sur le bois avant d'y faire l'application de la dorure. — Machine pour scier les arbres sur pied.

MOZZANINO. Paris. *Inv.* * Cheminée mécanique et économique.

NANTÉ. Paris. *Inv.* et *perf.* * Pompes et tonneaux antiméphitiques. — Serrure de sureté.

NAQUET. Paris. *Inv.* Pâte pour la toilette.

NAQUET et MAYER. Paris. *Imp.* * Huile de Macassar.

NAST. Paris. *Perf.* * Addition pour l'impression à la molette sur porcelaine.

NAUDIN. Paris. *Inv.* * Jeu des coureurs. — Brosses à dents nommées *brosses françaises.*

NAVIER fils. Péronne (Somme). *Inv.* * Moulin à ailes horizontales.

NAZO. Marseille. *Imp.* * Procédé relatif à la fabrication de l'eau-de-vie avec des raisins secs.

NEBEL-CRÉPUS. Malmedy (Brabant). *Inv.* et *perf.** Cuir fort imperméable.

NEGASSECK. Paris. *Inv.* * Seringue.

NEPPEL. Paris. *Inv.* * Peinture et impression sur porcelaine et faïence, etc.

NEUVILLE. Bordeaux. *Inv.* Appareil mécanique propre à faire mouvoir un bateau, un moulin ou tout autre objet à bras d'hommes, ou par la force des animaux, des poids, des ressorts, etc.

NEYRAUD frères et THIOLLIER. St-Chamond (Loire). *Imp.* Procédés relatifs à la fabrication des rubans de fer.

NICOLAS. Verdun (Meuse). *Inv.* Platine de fusil di.e *à poudre fulminante.*

NICOLET. Paris. *Imp.* Poudre végétative et préservatrice des maladies des grains.

NIEPCE frères. Paris. *Inv.* * Machine appelée *pyréolophore.*

NOSARZEWSKI. Paris. *Inv.* * Pierres de couleurs imitant la mosaïque.

NOYON. Villedieu (Manche). *Inv.* Machine à percer les cribles, grenoirs et cartes à dentelles.

OBRION. Paris. *Inv.* et *perf. Polygraphe.*

ODIORNE. Paris. *Imp.* * Horizon artificiel. — Loch perpétuel.

OGEN (le baron d') de FURSTENSTEIN. Paris. *Inv.* Procédés de fabrication de moyeux en métal.

OLIVERAS. Paris. *Inv.* Procédés propres à appliquer,

sans soudure, de l'or de couleur et de l'acier sur l'or destiné à la fabrication des bijoux.

OLLIVIER. Paris. *Inv.*, *imp.* et *perf.* Procédés propres à fondre, graver et imprimer la musique et le plain-chant en caractères mobiles. — Fabrication de tableaux en faïence et terre vernissée. — Calorifère. — Procédés de fabrication de chaussure.

OPPENHEIM. Paris. *Inv.* * Moyen de graver sur pierres fines, métaux, etc.

OUDARD et MATER. Paris. *Imp.* Procédés propres à teindre et à imprimer en diverses couleurs les cheveux et les tissus unis et veloutés de lin, laine, soie et coton.

OXLEY. Paris. *Inv.* Laine filée d'une manière particulière et propre à la confection des crêpes de laine.

OYON et C.ie Villabé (Seine-et-Oise). *Inv.* et *perf.* * Nouveaux procédés de manipulation de la tourbe.

PAIFER. Fixheim (Moselle). *Inv.* * Mécanique pour extraire la farine et le jus des semences végétales.

PAILLART frères. *Inv.* et *perf.* * Procédés pour imprimer la faïence *sous couverte.*

PAILLART-VAILLANT. Paris. *Inv.* * Procédés pour tanner et corroyer les cuirs en conservant leur poil, etc.

PAILLETTE. Saint-Quentin (Aisne). *Inv.* Machine destinée à extraire l'huile des plantes oléagineuses.

PAISANT-DE-LAMOTHE. Frith-Saint-Léger , près de Valenciennes. *Inv.* Application des matières animales au blanchîment du lin , du chanvre , du coton , etc.

PAJOL et C.ie *Inv.* , *perf.* et *imp.* Machine à feu adaptée à leur système de navigation.

PALETTE. Paris. *Inv.* * Moyen mécanique de faire tenir sur la tête les perruques.

PALISSON. Paris. *Inv.* Tuyaux fumifuges.

PARIS et TOULUT. Paris. *Inv.* Procédés de placage d'émaux et de métaux émaillés, peints sur le cristal.

PARIS. Bernis (Gard). Procédés d'évaporation permanente dans la cuisson du suc de betteraves et autres liquides.

PARKIN. Valenciennes. *Imp.* et *perf.* Matière avec laquelle il fabrique des balles d'imprimeurs.

PAROY (le marquis de) et GUEDET. Paris et Bordeaux. *Perf.* Procédés d'application d'une couverte en émail métallique, couleur d'or, d'argent, d'acier, etc., sur porcelaine et sur faïence.

PASSE. Paris. *Inv.* et *perf.* * Lampe hydrostatique à régulateur.

PAUL. Genève. *Inv.* * Lampe économique à réverbère.

PAULY. Paris. *Inv.* * Nouvelles armes à feu.

PAXTON. Paris. *Imp.* et *perf.* Nouvelle machine à vapeur.

PAYARD. Paris. *Inv.* Boîte fumigatoire propre à prendre des bains de gaz acide minéral et tout autre.

PAYEN, BOURLIER et PLUVINET frères. Clichy (Seine). *Inv.* * Procédés d'assainissement des matières animales provenant de l'écarrissage des chevaux et autres animaux. — Moyen de calciner les matières animales et les résidus du bleu de Prusse.

PÉAU. (*Voy.* HOBON.)

PÉCANTIN. Orléans. *Inv.* Moulin à bras.

PEIX. Paris. *Inv.* * Parapluie à canne et à lunette.

PELLET. Saint-Jean-du-Gard (Gard). *Inv* et *perf.* Métier à bascule double et à loquet, propre à filer la soie.

PELLETAN fils. Paris. *Inv.* * Procédé pour fabriquer l'acide sulfurique.

PELLETIER. Paris. *Inv.* * Nouveau système d'étirage, applicable à toutes les matières filamenteuses.

PENDOLA et ULIVI. Livourne. *Inv.* * Procédé pour obtenir de l'eau-de-vie de l'arbousier.

PENET. Lyon. *Inv.* * Métier à fabriquer le fond de dentelles en fil or et argent.

PENGEOT frères et SALIN. Héméricourt (Doubs). *Inv.* Machine à l'aide de laquelle ils opèrent tout à la fois sur les lames de scie le *recuit*, le redressage, l'aplatissage, etc.

PERELLE fils. Ancy (Rhône). *Perf.* * Régulateur pour donner la régularité aux tissus de coton.

PEREZ. Paris. *Inv.* * Procédés de fabrication des mosaïques modernes.

PERISSOL. La Houillère de Champagney (Haute-

Saône). *Inv.* * Bateau à machine hydraulique.

PERRICHON. Paris. *Inv.* Application de l'impression par pyrographique sur la porcelaine, tôle vernie, faïence, etc.

PERRIER et BETTANCOURT. Paris. *Inv.* * Presse hydraulique.

PERRIER. Bordeaux. *Inv.* Appareils distillatoires et évaporatoires continus.

PERRIER. Paris. *Inv.* * Machine à vapeur.

PERRIN. Paris. *Inv.* * Changemens à la fabrication et à la forme des chapeaux ronds.

PERRIN. Paris. *Perf.* Bâtimens de navigation combinés avec des machines à vapeur.

PESCHOT , DUCLOS et LENORMAND. Paris. *Inv.* Chronomètre français.

PETIBLED. Paris. *Inv.* Patins destinés à exécuter dans les appartemens tout ce que les patineurs peuvent faire sur la glace.

PETIT-JEAN. (*Voy.* MENGIN.)

PETRIE. Paris. *Imp.* Appareils pour purifier le gaz inflammable.

PETON père et fils. Louviers. *Inv.* * Procédés de fabrication de casimirs dits cuirs de laine.

PÉTOU. Louviers. *Inv.* Etoffes qu'ils appellent draps d'été.

PEURIÈRE. St-Etienne. *Inv.* * Fusil à deux coups s'amorçant avec de la poudre suroxigénée.

PEYRE. Lyon. *Imp.* * Moteur universel.

PEYTAVIN. Paris. *Inv.* Application des toiles métalliques et préparations propres à la peinture au rentoilage des tableaux.

PAILLETTE. St-Quentin (Aisne). *Inv.* Machine destinée à extraire l'huile des plantes oléagineuses. — Système de renvidage à toute longueur, applicable aux *mulls-jennys*.

PAILLIETTE. Paris. Machine à rames mécaniques propre à faire remonter les bateaux.

PALYART-L'ÉPINOIS. Paris. *Inv.* et *perf.* Moyens propres à transporter des bains chauds à domicile, à filtrer et à chauffer l'eau.

PARCHEMINIER. Paris. *Inv.* Procédés propres à purifier l'argent, à l'appliquer sur la porcelaine.

PARIS. Paris. *Inv.* Procédé propre à fabriquer des chapeaux en crin.

PAROI (le marquis et le comte de) père et fils. Paris. *Inv.* Divers procédés de stéréotypie qu'ils appellent *pan-kytotypie*.

PARROTT et Cie Crevecœur (Oise). *Imp.* Machine propre à filer la laine peignée.

PARTRE. Bessan (Hérault). *Perf.* Chauffe de l'appareil de distillation de *feu Edouard Adam.*

PATOULET, LEBEAU, HUILIER, PICOUT et **ANDRY.** Paris. *Inv.* * Placage en argent sur le fer et l'acier.

PFEIFFER et Cie Paris. *Imp.* et *perf.* * Harnomello.

PHILLIX. Marseille. *Inv.* * Mécanique pour la fabrication des clous à vis.

PICARD. Rouen. *Inv.* et *perf.* * Sécherie destinée à sécher les étoffes de laine, etc., et à chauffer plusieurs étages à la fois. — Procédés de construction d'un poêle à fourneau et à four.

PICHAUD. Paris. *Inv.* Navipède.

PICHEREAU. Paris. *Inv.* Platine de fusil à percussion.

PICHON. Paris. *Inv.* Machine destinée à la fabrication des tuyaux en plomb laminé sans soudure.

PICHON (V.ᵉ). Paris. *Inv.* * Impression sur soie en or et argent.

PICHON et MOYAUX. Paris. *Inv.* * Machine à râper la betterave.

PICTET. Genève. *Inv.* * Schalls tramés de laine sur soie.

PIERRARD. Sédan. *Inv.* Machine hydraulique qu'il appelle machine *sédanoise*.

PIERRE. Cherbourg. *Inv.* Pompe aérienne.

PILARDEAU. Paris. *Inv.* Machine destinée à faire remonter aux bateaux les fleuves.

PILARDEAU et PELLETAN. Paris. *Imp.* Machine de rotation pour imprimer au fer les formes usitées dans le commerce.

PILLET DE BEAUMONT. Paris. *Inv.* * Etablissement qu'il appelle *promenade aérienne*.

PINABEL. Paris. *Inv.* * Machine appelée *promeneuse d'enfant*.

PINARD. Bordeaux. *Inv.* Presse okytypique.

PINET, DEMENOU, FABRE et PONTUS. Paris. *Perf.* Tricoteur français.

PINSON. Paris. *Inv.* Moyens d'apprêter et de presser les étoffes sans plis.

PITET. Lyon. *Inv.* et *perf.* Moulin.

PLACE. Louviers. *Inv.* * Machine à tondre les draps.

PLAIDEUX. Rully (Oise). *Inv.* * Charrue double à *tourne-oreille.*

PLANE. Paris. *Inv.* * Nouvelle mécanique de harpe.

PLANT. Paris. *Inv.* et *imp.* Procédés de construction de voitures à moyeux à réservoir.

PLENEY. St-Etienne. *Imp.* et *perf.* * Eau de Cologne.

PLEYEL. Paris. *Imp.* Procédés pour la fabrication des cordes blanches et jaunes métalliques.

PLUCHART–BRABANT. Valenciennes. *Inv.* * Blanchîment du lin-chanvre et coton.

POBECHEIM et JAMES-WHITE. Paris. *Inv.* * Machines propres à filer toutes sortes de matières filamenteuses.

POCHON. Paris. *Inv.* et *perf.* Buanderies communes. — Mécanique propre à laver et à sécher le linge.

POINCELET. Paris. *Inv.* * Machine à broyer le cacao.

POISNEL. Chaillot. *Inv.* Procédés de construction de voitures et berlines.

POISSON et C.ie Paris. *Inv.* Poudre péruvienne pour nettoyer les dents.

POLLET. Paris. *Inv.* et *perf.* Platines à percussion. — Fusil de chasse à fusil et à pierre.

POLTER et MOURLAT. Paris. *Inv.* * Foyer propre à brûler sans odeur le charbon de terre.

PONT. Toulouse. *Inv.* * Procédé pour remplacer dans la préparation des peaux de veaux et de moutons, les huiles de baleine et de morue, par les huiles végétales.

POPULUS. Paris. *Imp.* Procédés relatifs à la construction des montagnes artificielles dites de *santé.*

PORCHÉ. Paris. *Inv.* Pompe portative propre à vider les fosses d'aisance.

PORRY, BOFFE et C.ⁱᵉ Marseille. *Inv.* Raffinage de soufre.

POTEL. Rouen. *Inv.* Mécanisme propre à mettre à la fois en mouvement une carderie, une plaquerie et un laminoir, à l'aide d'un seul homme.

POTTER père et fils. Paris. *Inv.* et *imp.* * Procédé pour imprimer sur verre, porcelaine, poterie, tôle et bois vernissés. — Procédé relatif à la manipulation des terres.

POUCHET. Rouen. *Inv.* et *perf.* * Perfectionnement du système du roulage. — Machine à filer le coton.

POUILLOT, FAYOLLE et HULLIN. Paris. *Inv.* * Machine à faire le tricot à jour, appelé *tricot de Berlin, toile d'araignée, œil de perdrix*, etc.

POULLAIN-SAINTE-FOIX. Croui-sur-Ourcq (Seine-et-Marne). *Inv.* * Nouveau procédé pour carboniser la tourbe.

POULLEAU. Paris. *Inv.* * Instrument musical nommé *orchestrino*.

POUPART. Sédan. *Inv.* Machine à tondre les draps.

POYET. Paris. *Inv.* Pont en fer et en bois.

PRADIER. Paris. *Inv.* Pâte minérale destinée à aiguiser les rasoirs. — Rasoirs Pradier. — Petit nécessaire d'écrivain.

PRELAZ. Paris. *Inv.*, *imp.* et *perf.* * Platine de fusil à percussion.

PREUSS. Paris. *Perf.* Procédés relatifs à l'art de peindre les panoramas.

PRINCEPS. Strasbourg. *Inv.*, *imp.* et *perf.* * Machines à canettes. — Fabrication de bandes à pansement.

PRIVAT. Mèse (Hérault). *Inv.* et *perf.* Appareil destiné à la distillation continue des liquides spiritueux, des matières épaisses et fermentées, des marcs de raisins, etc.

PRIVAT. Lodève. *Inv.* * Machines propres à carder et filer la laine, le coton, etc.

PRIVAT. Lyon. *Inv.* et *perf.* * Procédés de fabrication de tissus en coton façonnés, liserés, lamés, brochés à poil, etc., au moyen de la mécanique à la Jacquart.

PROST frères. St-Symphorien-de-Laye. *Inv.* et *perf.* * Mécanisme pour régulariser toutes sortes de tissus clairs.

PRUNGNAUD. Paris. *Inv.* * Préparation et impression des cuirs corroyés.

PUGH. Rouen. *Inv.* et *perf.* Fabrication de chandelles de suif azoté, avec mèche d'un ou deux fils imprégnée ou non imprégnée d'un composé métallique. — Moyen de fondre le suif en branches en le rendant plus pur, plus blanc et plus ferme que par les moyens ordinaires, et en évitant l'odeur fétide de l'opération.

PUIFORÇAT. Paris. *Inv.* Deux platines de fusil à percussion et à recouvrement ou à pierre, à piston se changeant à volonté.

QUEST. Paris. *Inv.* * Procédé pour la fabrication des briquettes.

QUÉTIER. Corbeil (Seine-et-Oise). *Inv.* Machine à fabriquer les tuyaux sans couture en fil de chanvre.

QUINET. Lyon. *Inv.* * Procédés de fabrication de bandages herniaires.

QUINTENS. Strasbourg. *Inv.* Balance portative.

RABOISSON. Asnières (Seine-et-Oise). *Imp.* Procédés de construction d'une pompe hydraulique.

RAEDEL. *Inv.* * Procédés de fabrication de cadres en tôle vernissée.

RAGEY. Lyon. *Inv.* * Fabrication des crêpes en soie cuite, rayée et chinée.

RAINGO. Gand. *Inv.* * Pendule à sphère mouvante.

RANQUE. Orléans (Loiret). *Inv.* Angrais dit *chrysotin.*

RAST-MAUPAS. Lyon. *Inv.* * Appareil propre à la dessiccation des soies.

RAVELET. Paris. *Inv.* * Fourneaux économiques.

RAVINA, DAGUILLON, MÉHIER et JACQUARD. Lyon. *Inv.* Procédés de fabrication d'une étoffe pour meubles, sans couture.

RAWLE. Deville (Seine-Inférieure). *Inv., imp.* et *perf.* Machine propre au tissage et à l'encollage de toutes espèces de tissus. — Procédé de cardage et de filature de coton. — Machine pour peigner toutes sortes de laines. — Cylindres gravés pour l'impression de toutes espèces de tissus. — Procédés pour imprimer au rouleau cinq couleurs à la fois.

RAYMOND. Paris. *Inv.* Bateau mécanique portant

un manége qui imprime le mouvement de rotation.

RÉAL. Paris. *Inv.* * Appareil à filtrer les eaux.

REBOUL. Calvisson (Gard). *Inv* * Appareil distillatoire pour les eaux-de-vie 3/5 et 3/6.

REBOUL. Tourbes. PLANCHE aîné et MARTIN fils aîné. Pézénas. *Inv.* * Procédés pour le mutage et le soufrage des vins.

REBOUL. Pézénas (Hérault). *Inv.* Procédés propres à la fabrication de la céruse.

RECICOURT (V.ᵉ), JOBERT, LUCAS et C.ⁱᵉ Reims. *Inv.* * Nouvelle manière de fabriquer les schalls de vigogne.

REDON. Paris. *Imp.* Machine à vapeur appliquée à la navigation. — Nouvelle méthode de construction de machines à feu et à vapeur.

REES-DAVIES. Paris. *Imp.* et *perf.* Fours propres à la fonte et à la fabrication du fer.

REGNAULT. Paris. *Inv.* Jeu de Montoison.

REGNIER. Paris. *Inv.* * Serrepapier à secret.

RELIACQ. Paris. *Inv.* * Procédés à l'aide desquels on peut estamper d'un seul morceau les plateaux en tôle à bords droits.

RENAUD-BLANCHET. Paris. *Inv.* Nageoires *hydroarques*, applicables aux bateaux à vapeur.

RENAUD-BLANCHET et BINET. Paris. *Inv.* cric hydraulique.

RENAUD-BLANCHET et MUNERET. Dijon. *Inv.* * Losange hydraulique.

RENAUD et CARON. Paris. *Inv.* et *perf.* Lampe à double courant d'air.

RENAUD. Martillac (Gironde). *Inv.* Machine propre à triturer le jonc marin épineux, et à le rendre susceptible de servir d'aliment au bétail.

RENIHARD et MERTIAN. Paris. *Inv.* * Procédés relatifs à l'impression de la musique, d'après un nouveau système typographique.

REUMONT, WICARD et BEELS frères. Lille (Nord). *Imp.* Moyens propres à moudre le sarrasin.

REVILLIOD fils. Lyon. *Inv.* Taffetas diaphane.

REVILLON. Mâcon. *Inv.* et *perf.* Horloges publiques et particulières à sonnerie.

REVOL. Lyon. *Inv.* * Four à cuire la faïence avec du charbon de terre.

REVOL et RIGONDET. Paris. *Inv.* * Procédé avec lequel ils fixent, sur toute espèce d'étoffes, un dessin quelconque, même sur le papier, bois et métaux.

REY. Paris. *Inv.* et *perf.* * Registres à dos en cuir.

RICCI. Paris. *Inv.* * Moyen de fixer les râteliers artificiels d'une manière invariable.

RICHARD. Paris. *Inv.* * Mécanisme pour faire mouvoir des simulacres de vaisseaux dans un tableau représentant la mer agitée.

RICHARD-WARD. Paris. *Imp.* * Moyen d'éclairer les boussoles de l'habitacle d'un vaisseau.

RIEUSSEC. Paris. *Inv.* Chronographe.

RIFFÉ. Paris. *Perf.* * Brouettes.

RIGOUDET et Antoinette NORDI, sa femme. *Perf.* * Procédés d'impression d'étoffes de laine en couleurs solides.

RISLER. Mulhausen (Haut-Rhin). *Inv.* * Procédés

propres à imprimer, par une seule opération, trois couleurs sur une toile.

RIVAZ (de). Sion (Valais). *Inv.* * Manière de se servir du gaz inflammable, à l'effet d'imprimer le mouvement à diverses machines. — Appareil de distillation. — Méthode de fabriquer tous les sels avec ou sans combustibles.

ROBERT. Essonne (Seine-et-Oise). *Inv.* * Machine à faire, sans ouvriers, du papier d'une grandeur indéfinie.

ROBERT. Paris. *Inv.* * Lanterne magique nommée *funtascope.* — Garde-note.

ROBIN – DE – LA – QUINTINYE. Angoulême. *Inv.* * Caisse en fer dite *métalli-mécanique*, destinée à l'encaissement des arbres.

ROCHE et MILLIEN. Paris. *Perf.* Carbonisation du bois dans des vases clos.

ROCHON. Paris. *Inv.* * Chandelle économique avec la graisse des os et du suif de mouton.

RODIER. Nîmes. *Inv.* et *perf.* Moteur hydraulique.

RODIER. Paris. *Inv.* * Machine propre à tirer parti des épluchures et déchets du coton.

RODIER fils. Saint-Jean-du-Gard (Gard). *Perf.* Mécanique à manivelle propre à filer la soie.

ROGER. Paris. *Inv.* Bains ambulans.

ROGERS. Paris. *Inv.* Sous-pieds élastiques à l'usage des pantalons et guêtres.

ROGUIN. Calais. *Inv.* et *perf.* Machine à travailler le bois.

ROI. Paris. *Perf.* Divers moyens propres à la fabrication des armes à feu.

ROLLER. Paris. *Inv.* Sommier de métal pour les pianos.

RONDINELLI. Florence. *Inv.* Mécanique propre à mettre en mouvement toutes sortes de machines, sans le secours de l'eau et des animaux.

RONY. Paris. *Inv.* Machine dite *uranographique*.

ROSNAY. Paris. *Inv.* * Ponts en fer.

ROTCH. Bordeaux. *Inv.* et *perf.* * Bateaux propres à la pêche de la baleine.

ROTCH. Paris. *Imp.* Presse à imprimer qui présente des combinaisons particulières.

ROTTÉ. Strasbourg. *Perf.* Balance dite portative.

ROUAN. Paris. *Inv.* et *perf.* Machines appelées par lui *rouanettes salvanat*, propres à la natation. — Batelet ou flotteur insubmersible.

ROUGET. Paris. *Inv.* Fauteuil mécanique propre à faciliter l'accouchement.

ROUGIER. Bordeaux. *Perf.* Asphalte artificiel.

ROUMIEU frères. Paris. *Inv.* * Transmutation du lin, du chanvre et de leurs étoupes, en coton, soie et bourre de soie.

ROUSSEAU. Paris. *Inv.* * Mécanique à trame propre aux manufactures de toile de coton et autres.

ROUSSELLE et EBERHARD. Paris. *Perf.* * Seringue à bâton mécanique.

ROUVAL. Paris. *Inv.* * Machine propre à semer toutes sortes de grains, et applicable à toute charrue montée sur des roues.

ROUX. Paris. *Inv.* et *perf.* Perfectionnement aux armes de Pauly.

ROVY. Villeneuve (Haute-Garonne). *Inv.* * Machine à râper le tabac.

Rowson-Wood. Paris. *Imp.* Presse à imprimer.

Royer. Annonay. *Inv.* Moyen de travailler *de rivière* les petites peaux.

Royer. St-Etienne (Loire). *Inv.* Mécanisme destiné à faire mouvoir les navettes des métiers à la *zurichoise.* — Mécanisme destiné à faire basculer le lévier de la mécanique à la Jacquart, adapté au métier à la zurichoise.

Ruper-Sporrer. Paris. *Inv.* * Moulin à moudre toutes sortes de grains.

Ruty, Ogier et C.ie Morez (Jura). *Inv.* Nouveau mécanisme de tréfilerie.

Rydt (de). Paris. *Inv.* * Procédés de fabrication de cadrans carrés pour les montres et pendules.

Sabardin (de). Paris. *Inv.* et *perf.* * Voitures dites *vélocifères.*

Saladin. Maubuisson', commune de St-Ouen (Seine-et-Oise). *Inv.* et *perf.* Procédés relatifs à la filature du coton sans duvet.

Sagaux. Paris. *Inv.* Moule à fondre les caractères d'imprimerie.

Saget. Bordeaux. *Inv.* Moulin à bras.

Sagnier. Paris. *Inv.* et *perf.* * Parapluie mécanique.

Saguiel et Milne. Marly (Seine-et-Oise). *Inv.* * Machine à filer la laine, le coton, la bourre de soie et le lin.

Saillant. Paris. *Inv.* * Tabatières plaquées en or sur argent en forme de poulies.

St-Amand. Paris. *Perf.* * Cuir à rasoirs cylindriques.

St-Criq-Cassaux. Paris. *Perf.* Procédés économiques propres à la cuisson des porcelaines, faïences, etc., ainsi que pour la fabrication des briques, tuiles et noir d'os.

St-Laurent, femme **Desquiron.** Paris. *Perf.* * Bretelles élastiques.

St-Martin. Paris. Nécessaire à jeu.

Sakoski. Paris. *Inv.* et *perf.* * Formes et embouchoirs mécaniques.

Saladin. Maubuisson, près Pontoise. *Inv.* Procédé mécanique pour obtenir sur les *mulls-jennys*, pour le coton et pour la laine, une bobine toujours régulière et qui se dévide facilement.

Salichon. Lyon. *Inv.* Machine à déplacer tout volume d'air ou d'eau, etc.

Salichon. Paris. *Inv.* Nouveau système de navigation, tant maritime qu'intérieure.

Salmon et **Busine.** Tournay. *Inv.* * Acier fondu.

Salmon-Mauge. Paris. *Inv.* Procédé d'assainissement et de conservation des substances sujettes à fermenter et à se putréfier.

Salmon, Ouy et Cie Paris. *Inv.* Bandages élastiques.

Salomon. Marseille. *Imp.* Fabrication du blanc de céruse.

Sandrin. Machine à tisser les étoffes de laine et de soie.

Sargent. Paris. *Perf.* Appareil mécanique à l'aide duquel il prépare les bois et leur fait prendre toutes sortes de formes sans en altérer la force.

SARTOIS. Paris. *Imp.* Seringue pneumatique.

SARTON père. Liége. *Perf.* * Machine propre à extraire la houille et autres minérais.

SARTORIS. Paris. *Imp.* Arme à feu qui se charge par la culasse.

SASTRE dit Horace BRUNET. Lyon. *Perf.* Reliûre à dos flexibles des livres à l'usage du commerce.

SAUTERMEISTER. Lyon. *Inv.* * Basse-orgue.

SAUVAGE-DE-ST-MARC. Paris. *Inv.* Cylindres réac-

SAUZAI. Paris. *Inv.* * Fourneau épuratoire du charbon de terre.

teurs applicables à différentes machines.

SCHELHEIMER. Paris. *Inv.* Peinture sous glace et sous verre.

SCHEY. Paris. *Inv.* * Procédés relatifs à la fabrication des boutons.

SCHMIDT. Paris. *Inv.* * Machine nommée *gril-aérien*. — Piano-harmonica.

SCHMITTSSCHNEIDER. Paris. *Inv.* Cor et trompette.

SCHWKARDI. Paris. *Inv.* et *perf.* * Trois sortes de lampes qu'il appelle *polychrester*. — Surtouts et réchauds pour le service de la table. — Etriers auxquels il adapte des lanternes. — Chaufferettes-lanternes à six fins.

SCHONENDALL D'AZIMONT père et fils. Busancy (Ardennes). *Inv.* * Métier à tisser.

SCHULDER. Paris. *Inv.* * Nouvelle bassinoire.

SCHUTTE et FITS. Cologne. *Inv.* * Teinture et impression sur velours.

SCRIVE (V.⁴) et fils. Lille. *Inv.* * Mécanique pour fabriquer les dents des cardes.

Seguin. Paris. *Inv.* * Procédés propres à ffaire du papier avec de la paille. — Lampe à double courant d'air.

Selligue. Genève. *Inv.* Tétimètre. — Presse propre à imprimer des deux côtés, mue par une machine à vapeur.

Séné. Paris. *Inv.* * Nouvelle cafetière.

Senffelder. Paris. *Inv.* et *perf.* Planches artificielles à imprimer qu'il appelle *papyrographie.*

Serre. Paris. *Inv.* Baignoire à réservoir qu'il appelle *baignoire-serre.*

Servais, Vanhoutem et C.ie Berci. *Imp.* et *perf.* Machine propre à blanchir le linge sans le tordre ni le batire.

Seuce. Hâvre. *Inv.* * Aune cylindrique.

Sevène. Marvejols (Lozère). *Inv.* Pompe perfectionnée.

Sévène. Paris. *Perf.* Machine à tondre les draps et autres étoffes.

Sevenne frères. Rouen. *Inv.* * Fabrication des velours, basins et piqués à deux trames.

Sièvrac. Paris. *Imp.* et *perf.* Voitures dites *célérifères.*

Simon. Paris. *Inv.* Tabatières ayant la forme de livres.

Simonin et Braconnot. Nancy. *Inv.* Procédés de fabrication d'une matière analogue à la cire qu'ils nomment *céromimême.*

Simons. (*Voy.* Gouv.)

Simons fils. Bruxelles. *Inv.* * Voiture suspendue d'une manière opposée à celle dont le sont toutes les autres.

SINGER et C.ie Mareuil-sur-Ourcq (Oise). *Perf.* *
Four à tuiles, chaux, etc.

SIRET. (*Voy. BUCHÈRE-DE-LÉPINOIS.*)

SIRY. Toulouse. *Inv.* Fabrication de faïence à
l'instar de celle d'Albisolo.

SIZAIRE. Violet (Aude). *Inv.* * Perfectionnement
de la distillation des eaux-de-vie.

SKOLA. Lyon. *Inv.* Mécanisme à l'effet de remplacer 90 millimètres de carton par 21 millimètres de papier fort pour chaque coup de navette adapté au métier *à la Jacquart.*

SLEDRAUSKI. Strasbourg. *Inv.* * Métier à fabriquer
la percalle à jours et à nœuds.

SMILH et CUCHET. Paris. *Perf.* * Filtres inaltérables.

SOLEIL. Paris. *Inv.* * Instrument d'optique appelé
pronopiographe.

SOLIMAN. Paris. *Inv.* et *perf.* * Nouveau procédé
de distillation. — Appareil distillatoire.

SOLLER. Paris. *Inv.* Procédés relatifs à l'épuration
des eaux.

SOLLERN. Paris. *Perf.* * Cuirs à rasoirs cylindriques.

SOUCHARD. Bordeaux. *Inv.* Procédés propres à
fabriquer des perruques et des faux toupets imitant la nature.

SOUDAN. Paris. *Inv.* Fourneau pour torréfier la
racine de chicorée.

SOUTON. Paris. *Inv.* Machine s'adaptant à la marmite de *Papin*, destinée à prévenir les accidens
produits par la vapeur.

SOYEZ. Paris. *Inv.* Moutardes aromatiques.

SPÉAR. Paris. *Imp.* Machine destinée à fabriquer les rots de tisserand.

SPOONER. Paris. *Inv.* * Lampe pneumatique à régulateur flottant et à hauteur variable. — Machine pour fabriquer les épingles.

STAMM et LOH. Maubach. *Imp.* * Lame de fleuret.

STEVENSON. Creil-sur-Oise. *Inv.* * Procédé avec lequel il applique des peintures herborisées sur toute espèce de faïence.

STONE, COQUEREL et LEGROS-D'ANISY. Paris. *Perf.* * Procédés pour appliquer mécaniquement les couleurs sur la porcelaine.

STRAUBHARTH. Paris. *Inv.* Planches et cylindres en métal polytypés propres à l'impression des tissus de toute espèce.

SUIREAU-DUROCHEREAU. Paris. *Inv.* * Eau de Cologne.

SUJOL-DUPUY. Nîmes. *Inv.* * Fours qui se chauffent par deux foyers établis sur les côtés.

SUTORIUS. Cologne. *Inv.* * Machine à imprimer.

TABARIN. Paris. *Inv.* * Tour propre au tirage de la soie.

TABOURIER. (*Voy.* MAUGEY.)

TACHOUSIN et GOUNON. Eause (Gers). *Perf.* Appareil distillatoire continu à la vapeur.

TALRICH. Perpignan. *Inv.* Instrument propre à opérer la fistule lacrymale compliquée.

TAMISIER (*Voy.* GIRARD.)

TANARD. Paris. *Inv.* Mécanique à fabriquer le tricot sans envers.

TAULET. Paris. *Inv.* Moyens de parvenir à une épuration plus prompte et plus pure du suif, et à une fabrication plus facile et plus économique de la chandelle.

TAURIN frères. Elbœuf. *Inv.* et *perf.* Machine à lainer les draps.

TAURIN aîné. Elbœuf. *Inv.* Machine à tondre les draps.

TAYLOR. Paris. *Inv.* Machine propre à imprimer un seul côté ou les deux à la fois d'une feuille de journal ou d'ouvrage de librairie.

TEISSIER. Paris. *Inv.* Pierre artificielle propre à remplacer la terre cuite, le plâtre et même la pierre de carrière.

TELLIER. Paris. *Inv.* Mécanisme à l'aide duquel il fabrique sur le métier à bas ordinaire, des tricots élastiques ou peluchés avec des cheveux ou avec toute espèce de matière filamenteuse. — Perruques désignées sous le nom de coiffures artificielles à montures métalliques.

TERNAUX frères. Paris. *Inv.* et *imp.* * Etoffes appelées *sati-draps* et *draps façon de vigogne.* — Casimirs à côtes élastiques, appelé *stricot.*

TERNAUX et fils. Paris. *Inv.* et *imp.* * Nouvelles étoffes appelées par eux *asimodes.* — Machine pour couper les bois de teinture.

TERTIER et DELAVIGNE. Nantes. *Inv.* Pompe aspirante foulante, à rotation continue.

TESTU. Château de Belle-vue, commune de Meudon (Seine-et-Oise). *Inv.* Système de construction de voitures, et moyens de prévenir la rupture des essieux.

49

THERRY. Belleville. *Inv.* * Machine pour peler , broyer et pétrir la pomme de terre.

THIBAUT. *Inv.* * Procédés de fabrication de chapeaux de femme en lacets de coton.

THIÉBAUD et **GARNIER.** Paris. *Inv.* Fours propres à carboniser la tourbe et à cuire le plâtre et la chaux.

THIERY. Paris. *Inv.* * Machine à râper la betterave.

THILORIER. Paris. *Inv.* et *perf.* * Poêles et fourneaux fumivores. — Construction du radeau plongeur. — Perfectionnement de l'art de profiter du vent et du courant pour vaincre leur résistance ou celle des autres corps. — Voitures à croix.

THIRIA fils. Saint-Mernie (Marne). *Inv.* * Fabrication de blanc d'Espagne.

THOMAS. Caen. *Imp.* et *perf.* Procédés de fabrication de barils , tonneaux, tonnes et autres vases de même nature.

THOMAS. Ivetot (Seine-Inférieure). *Inv.* Procédés de fabrication de nouveaux rots ou peignes à tisser, *en tous comptes.*

THOMAS. (*Voy. Bosc.*)

THOMAS. Paris. *Imp.* Nouveaux moyens de fabriquer les fers feuillards et les fers en barre, de toute dimension.

THOMAS-STONE et James **HENDERSON.** Paris. *Inv.** Principe de mécanique destiné à remplacer la main-d'œuvre, en joignant les côtés des segmens de toute matière flexible , et particulièrement applicable à l'habillement des armées et de la marine.

THOMASSIN, CORBITT, BLACKS et CUTTS. Douai. *Imp.* Mécanique pour fabriquer les tulles de fil, de lin ou de coton point de dentelle, de toute largeur.

THOMPSON. Londres. *Imp.* Procédés de fabrication de tuyaux, tubes ou tringles en cuivre, bronze, airain, métal plaqué ou métaux précieux, destinés à l'ornement des meubles.

THORIN. Paris. *Inv.* * Conversion de la tourbe en charbon.

THORY. Paris. *Inv.* et *perf.* * Mécanisme de harpe harmonique. — Pianos carrés à six octaves, et moyens d'en maintenir l'accord.

THUEZ. Paris. *Inv.* * Machine hydraulique.

TISSOT et FOULON. Paris. *Inv.* * Machine à fabriquer des peignes.

TISSOT. Paris. *Inv.* Procédés pour durcir et marbrer les pierres de carrières gypseuses.

TISSOT. Paris. *Inv.* Mouvemens de sonnerie propres à être adaptés aux horloges publiques.

TISSOT, MONTAGNE et Cie. Paris. *Inv.* Machine à teiller le chanvre et le lin sans rouissage.

TONE. Paris. *Imp.* * Moyens de clarifier, purifier, imprégner ou saturer, composer ou décomposer des fluides ou des corps susceptibles d'être rendus fluides par le feu.

TOUBOULIE. Brest. *Inv.* * Pompe à incendie portative. — Machine à plonger, appelée *ichtyoandre*.

TOUCHARD. Bordeaux. *Inv.* Machine destinée à être adaptée à un bateau à canal et à le faire remonter contre le courant.

TOULOUSE. Paris. *Inv.* et *perf.* Voiture à deux roues portant deux caisses suspendues par l'impériale.

TOURASSE. Paris. *Inv.* * Machine destinée à tarauder les vis dites *vis à bois*. — Machine pour la cuisson des formes à sucre.

TOURASSE et COURTAUT. Paris. *Inv.* Halage mobile, destiné à faciliter la navigation sur la Loire.

TOURON. Paris. *Inv.* * Fabrication d'étoffes de crin imprimées.

TOUSSAINT père et fils. Rancourt (Ardennes). *Inv.* * Cylindres creux destinés à polir la bijouterie en acier.

TRÉBOULT. Beaune (Côte-d'Or). *Inv.* Machines propres à fabriquer les rasoirs à baguettes et d'autres articles de coutellerie.

TREGAN. Bordeaux. *Inv.* Procédés de fabrication d'eau-de-vie avec des prunes sèches.

TRENCHELAHAUSSE. Paris. *Inv.* Chaise roulante destinée à transporter les malades et les infirmes.

TSCHAGGENI. Paris. *Inv.* * Machine à scier les planches.

TUILLIÈRE jeune. Auch (Gers). *Inv.* Appareil distillatoire continu.

URLING. Paris. *Imp.* Nouveau procédé propre à fabriquer l'amidon.

UTZCHNEIDER. Sarguemines. *Inv.* * Pâte rouge propre à fabriquer toutes sortes de vases.

VACASSY-DE-GRAMONT. Paris. *Inv.* et *perf.* * Formation d'un établissement dit *Ramasse.*

VACHETTE. Paris. *Inv.* * Machine destinée à accélérer la marche des bacs et bachots.

VACHIER. Paris. *Inv.* Machine propre à pulvériser et à bluter les matières telles que la garance, le plâtre, le ciment, le tan, etc.

VAILLANT. Belleville, près Paris. *Inv.* * Procédés de fabrication de lampes mécaniques.

VALETTE frère et sœur. Paris. *Inv.* et *perf.* Moyen de transport à domicile d'eaux minérales et d'eau naturelle épurée, chaudes ou froides. — Procédés de fabrication de baignoires en cuivre verni. — Moyen de conserver la chaleur dans les baignoires de zinc et de cuivre.

VALLEAUS. Paris. *Inv.* Lampe astrale appelée *constante.*

VALLET. Paris. *Imp.* Moyen de rendre les feuilles d'étain destinées à l'étamage des glaces, susceptibles de recevoir le moiré.

VALLOIS. Rouen. *Inv.* * Poêle économique.

VALLON. Paris. *Inv.* † Procédés propres à convertir les étoupes en charpie-vierge et en ouate. — Perruque en tulle chevelu.

VANDERMERSCH. Royaumont (Seine-et-Oise). *Imp.* Perfectionnement applicable aux machines à filer le coton, le chanvre, le lin, etc.

VANDERTEEN. Gertruidenberg (Deux-Nèthes). *Inv.* Salaison du saumon à la manière écossaise.

VARNOD-OSVALD. Montpellier. *Inv.* Appareil distillatoire.

VASTEY. Bacqueville (Seine-Inférieure). *Inv.* Système d'ailes verticales mues par le vent pour les moulins et usines.

VATRIN. Brest. *Inv.* * Moyens pour extraire le sel le plus pur des eaux sourcilleuses salées.

VATRIN, MULLIER. Paris. *Inv.* et *perf.* Moyens de filtrer les eaux de fleuves et rivières.

VAUCHELET. Paris. *Inv.* * Peinture sur velours de soie et coton.

VAUQUELIN. Rouen (Seine-Inférieure). *Perf.* * Eau de Cologne.

VAUTRIN. Paris. *Inv.* * Machine propre à faire mouvoir à la fois cinquante métiers destinés à la fabrication de toutes sortes de tissus.

VAVASSEUR. Paris. *Inv.* * Nouvelles perruques échancrées.

VÉE-ST-ALPHONSE. Paris. *Inv.* Système-pratique de peinture d'impression propre aux meubles, qu'il appelle *extemporal.*

VERDIER. Montpellier. *Inv.* Mouchoirs en soie et coton, auxquels il donne le nom de *cotepoli.*

VERGER. Paris. *Inv.* Aérostat-baleine.

VERNERT. Paris. *Inv.* * Globes et gardes-vue en verre dépoli, représentant toute sorte de sujets en peinture, à l'usage des lampes à courant d'air.

VERNET. Bordeaux et Paris. *Imp.* Fabrication de tapis de pied, à l'imitation des tapis anglais, appelés *floor-cloth.*

VERNET, GOTTEN et DUVERGER. Paris. *Inv.* Pâte cristallisée servant à fabriquer des réflecteurs, lanternes et toute espèce d'enveloppes de lumières.

VERZY. Paris. *Inv.* et *perf.* * Lampe verzyenne.

VIART. Paris. *Inv.* et *perf.* * Impression sur laine.

VIBERT-DUBOUL. Bordeaux. *Inv.* Poudre alcaline végétative.

VIDAL. Paris. *Perf.* * Procédés à l'aide desquels on peut adapter des châssis mobiles aux portières des voitures dites *landau.*

VIEILLE et BILLET. Besançon. *Inv.* * Fourneau potager économique.

VIGNAUX. (*Voy. MAUGEY*).

VIGNERON. Paris. *Inv.* et *perf.* * Mécanisme qui s'adapte aux métiers à tisser les étoffes unies croisées et damassées.

VIGNERON. Paris. *Inv.* et *perf.* * Tordoir-ourdissoir et tordoir porte-volant.

VILLAIN. Rouen. *Inv.* et *perf.* Hydre hydraulique.

VILLAIN. Paris. *Inv.* Procédés d'épuration de camphre.

VILLALON-CALÉRO. Bordeaux. *Inv.* * Machine propre à broyer le cacao.

VILLALON-CALÉRO. Amiens. *Inv.* Plaque à griller les étoffes.

VILLEROY. Trégnier (Côtes-du-Nord). *Inv.* Mécanique propre à être adaptée au manche de la lyre ou guitare, et à l'aide de laquelle on peut tirer les sons harmoniques avec netteté, promptitude et facilité.

VINÇARD. Paris. *Inv.* * Caractères d'imprimerie nommés *hamapoly-grammatiques.*

VINCENT. Paris. *Inv.* * Mécanique pour garantir les cheminées de la fumée.

VIVIEN. Paris. *Inv.* * Procédés pour confectionner les chaussures.

VIVIEN. Bordeaux. *Inv.* et *perf.* * Réverbère à mèche plate unique et lampe à coupole.

VOLAND. Paris. *Inv.* et *perf.* Appareils propres à presser la tourbe lors de son extraction, et pour des cylindres destinés à l'épuration et à la carbonisation de cette substance.

WAGNER. Arras (Pas-de-Calais). *Perf.* Nouveau piano.

WALDECK. Paris. *Inv.* Mécanisme propre à enfermer sous clef toute espèce de vins, liqueurs, etc.

WALKER. Paris. *Inv.* * Fabrication de gants élastiques.

WALTERS. Paris. *Imp.* Procédés de construction et de radoub des vaisseaux.

WATHIER. Charleville (Ardennes). *Inv.* * Machine à tondre les draps et les étoffes.

WATTEBLED. Paris. *Inv.* Moteur Wattebled.

WEBER. Paris. *Imp.* et *perf.* * Machine à filer la laine.

WEBER. *Inv.* * Propagation de la couleur rouge dite de Turquie.

WEBER. Mulhausen (Haut-Rhin). *Inv.* * Voiture à charge sans essieux.

WEIMUN. Haguenau (Bas-Rhin). *Perf.* * Procédés relatifs à la dessiccation de la garance.

WERLY. Bar-le-Duc (Meuse). *Inv.* Machine pour fabriquer des nappes, des serviettes de toute grandeur, avec des dessins, paysages, etc. — Parallèle universel.

WHITE. Paris. *Inv.* et *perf.* * Additions aux procédés pour la préparation et filature de laine. —
Machine pour filer toutes sortes de matières filamenteuses. — Nouveaux moyens de construire
les horloges et autres machines mues par les
poids et les ressorts. — Machine pour fabriquer
des clous d'épingles et des clous forgés.

WICART. (*Voy.* REUMONT *et* BEELS.)

WILLCOX et CREPU. Paris. *Inv.* * Procédés de
chauffage et d'éclairage par le gaz hydrogène
carbonné. — Pompe à feu.

WILLCOX et ROUYER. Forges-de-la-Claireau. *Inv.*
Procédés de fabrication du fer.

WILLIAM-ROBINSON. Paris. *Imp.* * Mécanique
propre à la filature du lin et du chanvre.

WILLIAMS-ROGERS. Mons (Brabant): *Inv.* *
Gomme élastique.

WILLIAM-STORY. Fontenay-sous-Bois (Seine).
Inv. * Fabrication d'un bleu céleste anglais.

WILLIAMSON. Montrouge (Seine). *Imp.* * Fourneau de cuisine chauffé à la vapeur.

WILSON. (*Voy.* HENRY.)

WINSOR fils. Paris. *Inv.* et *perf.* Kaléidoscope.
— Eclairage par le gaz hydrogène.

WITHE. Paris. *Inv.* * Navire brisé, nommé *an-
guille.* — Limes perpétuelles.

WUY. Paris. *Inv.* * Boules de bleu céleste, avec
la faculté colorante du pastel.

OBSERVATION.

L'Auteur, afin de prévenir les reproches que l'on pourrait lui adresser d'avoir emprunté les pensées et les opinions d'autrui, indique ici les ouvrages qu'il a consultés, et dans lesquels il a puisé une partie des matériaux qui ont servi à la rédaction du *Code des Brevets d'invention.*

Bulletin des lois; Description des machines et procédés spécifiés dans les Brevets d'invention, de perfectionnement et d'importation, dont la durée est expirée, publiée d'après les ordres du gouvernement, par C. P. Molard. Paris, 4 vol. in-4.° *Répertoire universel de jurisprudence,* par Merlin; *Annales de l'industrie nationale et étrangère,* par L. Séb. Lenormand et J. G. V. Moléon; *De l'industrie française,* par M. le comte Chaptal; *Recueil général des lois et arrêts,* publié par A. Sirey.

TABLE
ALPHABÉTIQUE ET RAISONNÉE
DES MATIÈRES
CONTENUES DANS LE CODE DES BREVETS D'INVENTION.

_____
(1) MM. Grand frères.

FIN.

www.ingramcontent.com/pod-product-compliance
Lightning Source LLC
Chambersburg PA
CBHW060957220326
41599CB00023B/3742